THE MINIMUM VIABLE WAY TO DIGITAL TRANSFORMATION

企业数字化转型最小可行之道

始于流程自动化，终于软件设计自动化

褚幼鸿 著

电子工业出版社
Publishing House of Electronics Industry
北京·BEIJING

内 容 简 介

如今，数字化转型已经上升为国家战略，并且也成为企业发展的必经之路。本书以流程数字化和自动化为起点，通过流程自动化达到软件设计自动化，让所有的企业成为"软件企业"；通过敏捷的业务架构设计和应用系统交付，应对千变万化的外在业务环境，解决企业IT系统开发"慢、贵、难"的问题，实现业务和IT的一体化，让业务人员和IT人员一起面对客户，提供优质的客户体验和具有独特价值主张的数字化产品包，提升产品包的竞争力，满足客户现在和未来的需求。

本书内容主要包括企业数字化转型概述、企业数字化顶层设计方法论、企业数字化架构、企业数字化业务设计、企业数字化转型路线图、企业流程自动化、企业软件设计自动化。另外，本书还介绍了华为和星展银行数字化转型的案例。

本书最大的特色是融合了数字化转型理论、工具和实战，为意欲进行数字化转型的企业提出了一条"最小""可行"之道。

未经许可，不得以任何方式复制或抄袭本书之部分或全部内容。
版权所有，侵权必究。

版权贸易合同登记号　图字：01-2023-3964

图书在版编目（CIP）数据

企业数字化转型最小可行之道：始于流程自动化，终于软件设计自动化 / 褚幼鸿著. —北京：电子工业出版社，2023.9
ISBN 978-7-121-46095-1

Ⅰ．①企… Ⅱ．①褚… Ⅲ．①企业管理—数字化 Ⅳ．①F272.7
中国国家版本馆CIP数据核字（2023）第148850号

责任编辑：王　静
印　　刷：北京瑞禾彩色印刷有限公司
装　　订：北京瑞禾彩色印刷有限公司
出版发行：电子工业出版社
　　　　　北京市海淀区万寿路173信箱　邮编：100036
开　　本：720×1000　1/16　印张：17.25　字数：276千字
版　　次：2023年9月第1版
印　　次：2023年9月第1次印刷
定　　价：106.00元

凡所购买电子工业出版社图书有缺损问题，请向购买书店调换。若书店售缺，请与本社发行部联系，联系及邮购电话：(010) 88254888，88258888。
质量投诉请发邮件至zlts@phei.com.cn，盗版侵权举报请发邮件至dbqq@phei.com.cn。
本书咨询联系方式：faq@phei.com.cn。

前　言
Preface

让所有企业成为"软件企业"

市面上关于数字化转型的方法论和指南已经相当多了，但是其中大部分并没有指出一条"最小""可行"之道。而且，这些数字化转型方法论和指南并不支持国际标准，只是某个咨询公司或机构的"独门"见解，不适合应用到所有行业或企业。

这些方法论和指南的另一个缺点是没有适当的工具支持，所有的方法论和实践指引都被记录在文件中，不能快速完成共享、更新、协作及发布成为企业数字化标准作业程序，并且企业数字化标准作业程序的产出物也没有标准格式，不能被集中保存在企业的数据库或知识库中。

企业在数字化转型中常遇到的问题是产品开发投资高、回报低，而且失败案例多。通过数字化转型"最小""可行"之道，企业可以降低投资风险，并通过敏捷迭代快速提供"可行"（可用）的数字化产品包（包含产品和/或服务），以及在短时间内将产品包投入市场。企业通过市场与客户的反馈，将反馈建议融入产品包的下一个版本中，可以快速提供满足客户不断变化需求的最小、可用的产品包。

本书的主旨就是解决上述问题，以流程数字化和自动化为起点，通过流程自动化达到软件设计自动化的终极愿景，让所有企业成为"软件企业"：通过敏捷的业务架构设计和应用系统交付，应对千变万化的外在业务环境，解决企业 IT 系统开发"慢、贵、难"的问题，实现业务和 IT 的一体化，让业务人员和 IT 人员一起面对客户，提供优质的客户体验和具有独特价值主张的数字化产品包，提升产品包的竞争力，满足客户现在和未来的需求。

构建企业数字化转型最小可行之道

如今，数字化改革已经上升为国家战略，数字化转型也成为企业必经之路。本书介绍了企业如何通过数字化业务设计、架构设计与流程自动化实现数字化转型，以及企业如何依据 Eric Reis 的《精益创业》中的最小可行产品（MVP，Minimum Viable Product）理论，构建企业数字化转型最小可行之道：始于流程自动化，终于软件设计自动化。

MVP 不是最小的产品或服务，它是一种战略和以流程为导向的敏捷产品或服务的制造与销售。企业在数字化方向不确定的情况下，可以通过 MVP 设计实验来快速检验数字化方向是否可行。如果通过验证，那么再投入资源进行大规模数字化改革；如果没有通过验证，那么这就是一次快速试错的过程，需要尽快调整方向。其最终目的就是以最低的成本尽可能地展现企业的数字化战略，用最快、最简明的方式建立一个可行的数字化转型的原型。这个原型要表达出企业数字化最终想要的效果，然后通过迭代来完善细节。

本书基于最小可行企业架构（MVEA@1），将复杂的顶层设计/企业架构模型种类从数十种简化为 9 种，让企业以最小和最简单的方式进行企业和软件架构设计，通过用户界面、流程逻辑和数据模型的接口，将软件架构设计和软件开发平台（如流程引擎或低代码开发平台）集成在一起，基于流程自动化实现软件设计自动化。

许多数字化转型项目都忽略了自动化。自动化是在不"伤筋动骨"的组织转型和文化变革下，最容易突破的关键点，尤其是在流程方面。流程的数字化与自动化技术已经相当成熟。例如，目前最流行的机器人流程自动化，它可以在 3~6 个月内让企业获得投资回报；又如，顺丰在其供应链的"加速数字化项目"中引进了软件机器人和硬件机器人，在加速 260 个站点的数字化转型后，节省了 60%的财务成本，速度比人工快 32 倍，而数据的精确性达到 100%。

实现全面自动化（从硬件机器人到软件机器人，再到所有员工都有一个数字化助理）的企业是数字化转型成功的企业。因为自动化可以帮助企业落实数字化转型。在整个企业内大规模采用自动化技术，建立自动化平台，并让员工参与，能让企业更快地看到成果。这类企业被称为全面自动化企业，它们的效率更高、更具弹性，业绩表现优于同行，而且企业的客户和员工的满意度都更高。

实现全面自动化能降低企业数字化转型失败的风险。本书说明了如何从架构模型（尤其是流程模型）开始，使用流程自动化平台，集成架构模型与流程引擎，实现软件设计自动化，让所有企业成为"软件企业"。使用软件设计自动化平台、低代码开发平台和流程自动化平台，能快速实现软件设计自动化和全面自动化，帮助企业实现数字化转型。

但自动化不是仙丹妙药。相反，先分析和梳理流程与数据，再优化，然后自动化更有意义。所以，企业需要学习如何规划、分析和设计企业架构，才能够进行数字化转型的优化和自动化。

在 IBM 商业价值研究院的专家洞察报告《"十四五"开局之年，再谈企业架构驱动的数字化转型》中列出了以下要点：企业架构对数字化转型具有关键驱动作用，企业架构方法论的实施具有极大的挑战性，开放式企业架构将有助于生态连接。本书针对这些要点说明了企业架构的基本知识、工具和方法，以解决企业在企业架构方法论实施中面临的挑战。

根据国际数据公司（IDC）的一项研究，到 2023 年，全球关于企业数字化转型的支出会达到 2.3 万亿美元。将这笔钱花在数字化转型上的企业并不是匿名的——他们是你的竞争对手、你的合作伙伴、你的供应商，希望其中也有你。

每家企业都试图通过更有效地工作、更好地为客户提供服务，以及在此过程中（在理想情况下）节省资金来保持领先地位。在这个瞬息万变的商业环境中，自动化是企业增加利润和提高效率的关键。麦肯锡全球研究所在对500多名高管进行调查时发现："部署自动化技术的企业可以显著提升绩效，并在其行业中处于领先地位。它们的努力有助于提高社会经济发展水平。"

本书内容

企业数字化转型是"一把手"工程，"一把手"需要了解架构、流程、软件设计知识，以及全面自动化的概念、方法论与工具，这些是本书的论述重点。书中将企业领导与业务人员需要了解的这些知识与概念，以简化的方式进行阐述，并介绍相关的国际标准和案例，帮助企业领导与业务人员理解流程自动化和软件设计自动化，从而用全面自动化来实现企业数字化转型的最小可行之道。

作　者

目 录
Contents

第 1 章 企业数字化转型概述 / 1
1.1 企业数字化转型标准与自动化 / 2
1.2 本书内容介绍 / 4

第 2 章 企业数字化顶层设计方法论 / 8
2.1 企业数字化顶层设计的架构开发方法 / 10
2.2 企业数字化顶层设计的架构内容框架 / 13

第 3 章 企业数字化架构 / 15
3.1 最小可行企业架构与 MVEA@1 工具 / 16
3.2 数字化架构构建块 / 24
    3.2.1 共享的客户洞察 / 25
    3.2.2 运营平台 / 30
    3.2.3 数字化平台 / 36
    3.2.4 问责框架 / 46
    3.2.5 外部开发者平台 / 56

第 4 章　企业数字化业务设计　/ 64

4.1　数字化业务设计　/ 66
  4.1.1　数字化产品/服务包交付新价值主张　/ 67
  4.1.2　数字化业务设计：它是什么和为什么需要它　/ 68
  4.1.3　数字化业务设计：它不是什么　/ 70
  4.1.4　数字化转型是漫长的旅程　/ 72
  4.1.5　为了数字化企业如何转型　/ 72
  4.1.6　行动呼吁　/ 74

4.2　业务流程建模与 BPMN 流程建模语言　/ 75
  4.2.1　流程定义与效益　/ 75
  4.2.2　BPMN 流程建模语言　/ 77
  4.2.3　流程建模　/ 83
  4.2.4　流程建模参考模型　/ 86
  4.2.5　流程逻辑　/ 91
  4.2.6　BPMN 流程图示例　/ 93
  4.2.7　为什么要采用 BPMN 标准　/ 99

第 5 章　企业数字化转型路线图　/ 103

5.1　企业数字化转型路线图　/ 104
5.2　企业数字化转型路线图案例　/ 106
  5.2.1　星展银行的数字化转型路线图　/ 106
  5.2.2　施耐德电气的数字化转型路线图　/ 109
  5.2.3　皇家飞利浦的数字化转型路线图　/ 112

5.3　总结：数字化路线图的建议　/ 115

第 6 章　企业流程自动化　/ 118

6.1　机器人流程自动化（RPA）　/ 119

        6.1.1　RPA 介绍　/ 119

        6.1.2　RPA 案例　/ 120

        6.1.3　RPA 产品的主要功能　/ 123

        6.1.4　RPA 厂商评估　/ 127

        6.1.5　RPA 项目实施阶段与产品模块　/ 130

        6.1.6　RPA 卓越中心　/ 132

        6.1.7　RPA 总结　/ 133

    6.2　数字化流程自动化（DPA）　/ 134

        6.2.1　DPA 介绍　/ 134

        6.2.2　DPA 市场调研　/ 136

        6.2.3　DPA 功能需求　/ 137

        6.2.4　DPA 基础：BPMN 2 级分析型流程建模元素与符号　/ 142

        6.2.5　决策模型和标记法（DMN）　/ 147

        6.2.6　可执行 BPMN 流程引擎　/ 149

        6.2.7　DPA 案例　/ 151

        6.2.8　DPA 总结　/ 153

第 7 章　企业软件设计自动化　/ 154

   7.1　流程卓越、流程自动化与相关技术趋势　/ 157

   7.2　低代码开发平台与企业架构的集成　/ 171

        7.2.1　企业架构与低代码开发平台的集成　/ 176

        7.2.2　低代码开发平台案例　/ 180

第 8 章　企业数字化转型案例　/ 191

   8.1　华为的数据建模与数字化 IT　/ 193

        8.1.1　数据建模　/ 194

        8.1.2　IT 部门的参考架构　/ 196

8.2　星展银行数字化转型　　/ 211

8.3　数字化转型能力建设："训战结合"和数字化转型架构平台　　/ 228

附录 A　商业模型画布模板与示例　　/ 236

附录 B　ArchiMate 企业架构建模语言简介　　/ 246

附录 C　客户旅程地图模板与示例　　/ 259

第 1 章

企业数字化转型概述

企业数字化转型的核心是顶层设计/企业架构，其中包含商业模型与价值主张、流程模型、数据模型、应用系统与基础设施的架构模型。企业依据顶层设计方法论发展其业务、数据、应用和技术的架构模型。这些架构模型中描述了标准的流程、数据和系统。将架构模型导入机器人流程自动化平台或第三方低代码开发平台，可以集成架构设计与代码开发，实现软件设计自动化。企业按照数字化转型路线图，可以逐步实现数字化转型项目的里程碑，完成数字化转型解决方案的实施，实现企业数字化转型的目标。

本书共计 8 章，图 1-1 说明了各章之间的关系。下面基于此图展开详细说明。

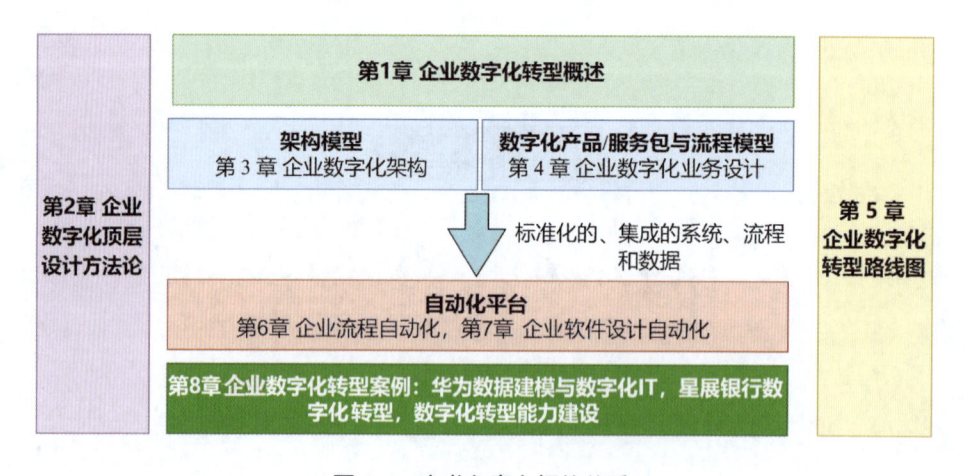

图 1-1 本书各章之间的关系

1.1　企业数字化转型标准与自动化

本书结合了企业数字化转型的相关架构标准与自动化技术：TOGAF 数字化/顶层设计方法论，麻省理工学院的斯隆管理学院信息系统研究中心出版的《数字化设计——如何架构你的企业以保障持续成功》，国际标准 BPMN（Business Process Modeling Notation，业务流程模型与标记法）可执行流程建模语言，数字化流程自动化（DPA，Digital Process Automation）和机器人流程自动化（RPA），基于最小可行产品（MVP）敏捷开发的最小可行架构（MVEA@1），以及集成架构设计和软件开发的软件设计自动化（SDA, Software Design Automation）。

本书内容可满足企业管理人员、业务人员和技术人员在企业架构和自动化方面的需求，以完成"以企业架构为核心构建现代化 IT 治理体系，促进 IT 投资与业务变革发展持续适配"的目标。

企业数字化转型最容易突破的关键点在于自动化，例如目前最流行的机器人流程自动化（RPA）技术。RPA 的愿景是为所有员工提供数字化助理机器人，使员工日常的重复性工作自动化，大幅度提高员工的生产力，并快速提高投资收益。

而软件设计自动化（SDA）的困难之处在于：在软件设计中，如何将客户体验、流程、数据、架构设计与软件开发整合在一起，并自动集成和检查软件生命周期中的每个阶段：规划、分析、设计、开发、测试与运营的交付物。

在以上软件生命周期的每个阶段中，企业/个人都使用着不同的工具（或没有工具），而且这些工具经常来自不同的厂商或没有共享和可重用的软件资产储存库，从而造成软件生命周期中存在许多的断点和痛点。以至于到今天，软件设计自动化相比于半导体/电子零件设计自动化，在效益方面存在巨大的差距。甚至有人怀疑架构设计是无用的，架构设计与软件开发的断层是显著的。

本书的目的是说明企业如何通过架构模型化、数据驱动和流程自动化来重新设计企业的业务和构建软件的开发生态，然后通过自动化平台，集成架构设计和软件开发，让企业的数字化转型可以轻松地通过自动化来获得投资回报。企业的数字化转型离不开自动化，例如，RPA 是企业数字化转型中最简单、可靠的自动化方法，因为它可以在短期内快速实现，并且在节省员工时间方面是十分有用的。许多企业在数字化转型中经常忽略了全面自动化，而这正是本书的重点：自动化可以帮助企业落实全面的数字化转型。

1.2 本书内容介绍

本书共计 8 章并且包括 3 个附录:

第 1 章介绍了企业如何以模型驱动、数据驱动和流程自动化来实现数字化转型。

第 2 章介绍了企业数字化顶层设计方法论,以及如何采用国际标准开放群组架构框架(TOGAF,The Open Group Architecture Framework)的架构开发方法(ADM,Architecture Development Method)作为数字化转型的步骤,并使用 TOGAF 的架构内容框架(ACF,Architecture Content Framework)以规范数字化转型每个步骤的输入和输出格式。

第 3 章介绍了如何基于最小可行产品(MVP,Minimum Viable Product)敏捷开发最小可行企业架构作为企业数字化转型的顶层设计,以及如何利用架构工具(MVEA,Minimum Viable Enterprise Architecture)开发架构组件(构建块),并且包含职能、组织结构、流程、数据、IT 系统、基础设施等架构组件。MVEA@1 是作者自研的架构建模与画图工具。本书将提供 6 个月免费订阅的软件即服务(SaaS:Software as a Service)社区版给本书的读者。

第 4 章介绍了数字化业务设计,以及业务流程建模方法与基于国际标准 ISO 19510 的 BPMN 业务流程模型与标记法(流程建模语言)。另外,本章还介绍了如何用国际标准流程建模语言描述企业的业务流程,设计正确的、清晰的、完全的和一致的优质流程图,作为下一步流程自动化的输入。

第 5 章介绍了一些企业的数字化转型路线图,如星展银行、施耐德电气和皇家飞利浦,它们的数字化转型路线图基于第 3 章中介绍的 5 种数字化架构构建块,路线图中描述了这些构建块的开发顺序和关系。

第 6 章介绍了目前最流行的和最可行的流程自动化技术:机器人流程自动

化（RPA）。目前，企业数字化转型的成功率仍然偏低，其中一部分原因是企业忽略了业务设计、软件架构和流程的重要性。流程自动化是企业数字化的成功之道。

在第 7 章中提到微软首席执行官 Satya Nadella 曾说过"所有的公司都是软件公司"。但是与电子设计自动化（EDA）相比，软件设计自动化（SDA，Software Design Automation）仍然处于起步阶段。没有软件设计自动化，所有的公司都不能成为软件公司。本章将说明如何基于流程自动化实现软件设计自动化，使公司转型为软件公司。

第 8 章介绍了华为的数据建模和数字化 IT 案例，以及世界最佳银行——星展银行的数字化转型案例。

附录 A 介绍了如何使用商业模型画布（Business Model Canvas）来描述企业的商业模型。商业模型的核心是价值主张。价值主张定义了企业的产品和服务，并说明了客户为何要买企业的产品和服务，而不是竞争对手的。商业模型是企业在数字化转型中必须建立的。通过分析商业模型画布中的价值主张（产品和服务包）和分析客户（客户细分、客户关系和渠道），可以发现或增强产品/服务的竞争优势、营销战略和收入来源。商业模型画布中的关键活动（价值流、业务场景、客户旅程地图）、关键资源（人、物和知识）和关键伙伴说明了企业如何实现价值主张和计算相关成本。附录 A 中还介绍了用 MVEA@1 制作的商业模型画布模板，保险公司的商业模型示例，以及如何依据商业模型设计企业架构。

附录 B 中列出了 ArchiMate 企业架构建模语言中架构元素之间的连接关系，定义了每个架构元素和对应图示并摘要说明。在 MVEA@1 中已经建立了这些架构元素和图示，读者可以使用 MVEA@1 来更好地理解 ArchiMate 企业架构建模语言。附录 A 中的商业模型画布模板和示例都是使用 ArchiMate 和 MVEA@1 来构建的。本书中的许多模型/图表也都使用了 ArchiMate 的架构元素。这种表示方法是架构建模的一种创新，其简化和统一了模型中的架构元素和连接关系。

附录 C 中说明了企业数字化转型中非常重要的客户体验是如何通过设计思维（Design Thinking）和客户旅程地图（Customer Journey Map）来获取的。客户旅程地图随处可见，它们是构建客户研究数据、获取有价值的客户洞察并将这些洞察转换为行动的绝佳工具。

附录中介绍的这些技术可以支持图 1-2 所示的这些企业数字化转型中的新要素。

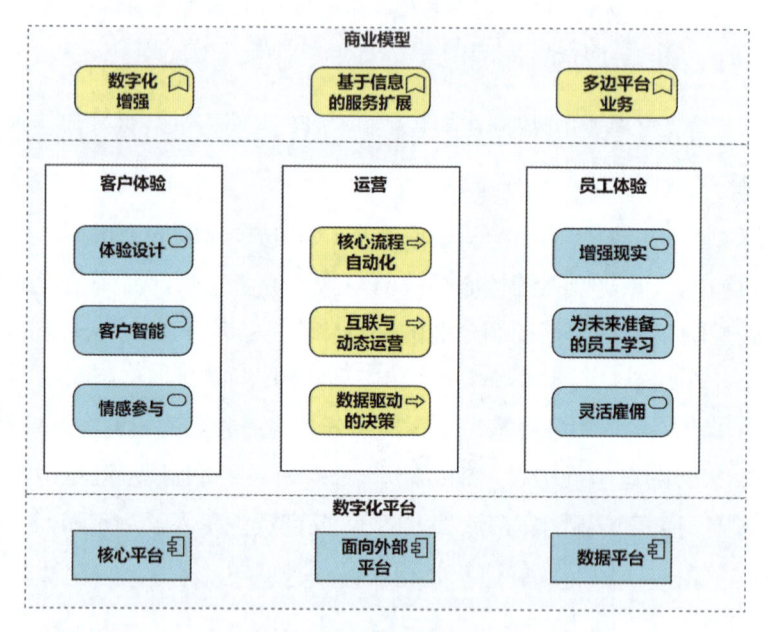

参考资料：MIT Sloan Management Review WINTER 2021 ISSUE
Didier Bonnet, George Westerman The New Elements of Digital Transformation

图 1-2　企业数字化转型中的新要素

本书中所有架构设计图（模型）的制作，都使用了笔者研发的 MVEA@1 工具。架构模型中的业务、流程、架构和软件资产都被储存在 MVEA@1 后台的数据库中，以便重用。

员工是企业释放全部自动化潜力的关键，实现全面自动化的企业具有如下特点：

- 打通商业模型价值主张、企业架构/顶层设计、产品和服务的架构设计、软件设计与软件开发,并进行集成与自动化改造。
- 每个员工都有数字化助理:机器人作为员工的数字化助理,可以减轻员工的工作负荷,进而提高员工的工作能力。
- 全民化的发展:每个员工都可使用低代码平台或无代码平台自动执行简单的任务,或者开发自己的机器人助理。
- 将自动化工作分配给机器人或流程自动化平台:机器人和流程自动化平台可承担普通且重复性的工作。
- 在工作中使用人工智能:部署人工智能可以打造更智能的机器人并挖掘任何自动化机会。

尽管本书是有关数字化技术的,但本书的目标受众是企业领导与业务人员,因为他们主导数字化转型的方向。书中所介绍的商业模型、顶层设计、流程和数据建模,以及全面自动化适用于所有行业与企业。如果你是业务、战略、运营、营销、财务或人力资源等部门的管理者,那么本书是适合你的。当然它也适合 IT 部门的同事。

第 2 章

企业数字化顶层设计方法论

第 2 章　企业数字化顶层设计方法论

架构是某些事物的基本组织，具体体现在其组成部分，它们彼此的关系和与环境的关系，以及设计原则和进化。简单地说，架构就是系统或企业的组件、组件的关系、组件与环境的关系及组件的设计原则和进化。这些组件可以被分为业务、数据、应用和技术 4 种类型。企业的数字化顶层设计就是由业务组件、数据组件、应用组件、技术组件，以及它们之间的关系构成的。

本书中介绍的企业数字化顶层设计方法论基于国际标准开放群组架构框架（TOGAF，The Open Group Architecture Framework）的架构开发方法与架构内容框架，即使用架构开发方法作为企业数字化顶层设计的方法论，使用架构内容框架规范企业数字化转型生命周期中的所有输入与输出/交付内容。

作者在 2009 年将 TOGAF 引进中国，并通过金蝶集团进行了大量本地化和推广的工作。TOGAF 目前已经被华为、苏宁易购、中航工业集团、中国航空、东方航空、江苏电力、上海通用汽车、中国石油等企业采用。

在进行企业数字化顶层设计时，需要对企业或组织进行全面规划，设计企业的架构蓝图。TOGAF 的架构开发方法将企业的架构/顶层设计划分为 10 个阶段（见图 2-1），核心为阶段 B 业务架构（组织、流程、客户旅程、业务对象与业务规则），阶段 C 信息系统架构（数据架构与应用架构）和阶段 D 技术架构。这 3 个阶段和 4 个架构领域（业务、数据、应用和技术）的开发步骤都包含了现状分析、未来设计和差距分析。通过差距分析可以发现企业在数字化转型中到底该做些什么，然后在阶段 E 机会与解决方案及阶段 F 迁移规划中，通过消除现状与未来的差距的项目，以实现数字化转型的架构与软件设计。

由于 TOGAF 具有一定的复杂度，一般企业引进 TOGAF 都会有一定的难度，造成成效不佳。作者简化了 TOGAF 的架构开发方法与架构内容框架（架构模型/交付物规范），并将其实现在作者自研的最小可行企业架构（MVEA@1）工具中，以解决企业数字化顶层设计/企业架构中的老大难问题。

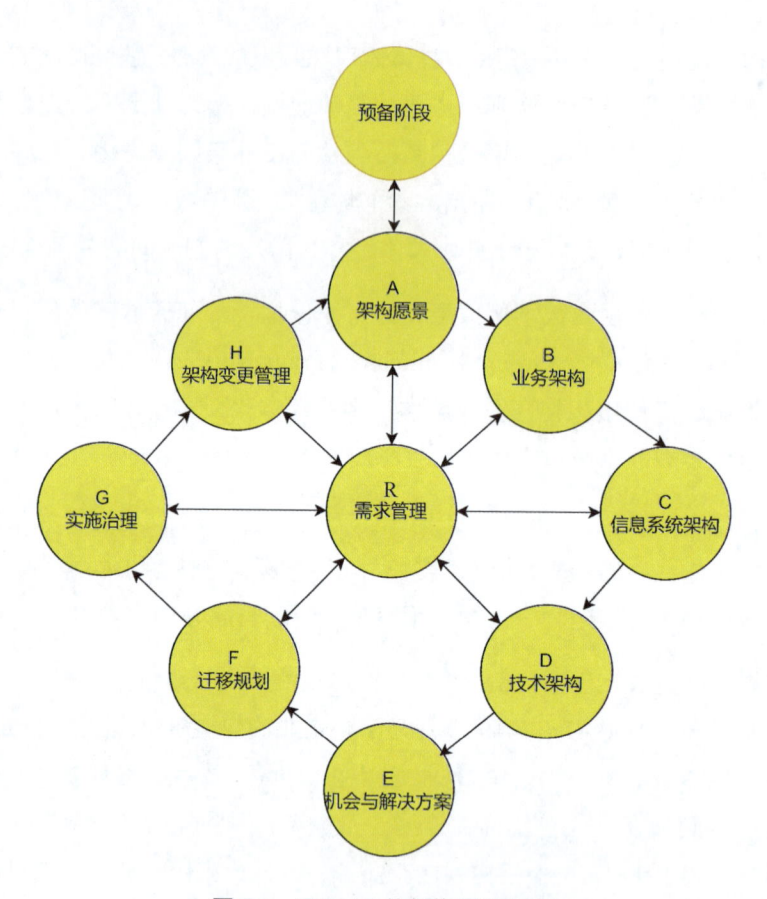

图 2-1 TOGAF 的架构开发方法

企业数字化顶层设计方法论包含架构开发方法与架构内容框架。下面介绍基于 TOGAF 的架构开发方法所需要的步骤，和每个步骤的输入与输出内容的规范。

2.1 企业数字化顶层设计的架构开发方法

企业数字化顶层设计的架构开发方法可以采用 TOGAF 的架构开发方法（ADM，Architecture Development Method）。ADM 一共有 10 个阶段：

（1）预备阶段。

（2）架构愿景。

（3）业务架构。

（4）信息系统架构。

（5）技术架构。

（6）机会与解决方案。

（7）迁移规划。

（8）实施治理。

（9）架构变更管理。

（10）需求管理。

ADM 是一个在全球被广泛使用的方法论，它的特色是可以迭代和循环，专门用来处理业务需求。

在预备阶段进行的准备工作有：确定受影响的组织范围、发现数字化转型的架构工作需求、确认治理和支持框架、建立数字化转型顶层设计组织、具备相应的团队和能力、识别架构原则/规则、调整 TOGAF 的架构内容框架，以及制定架构工具与技术的实施战略和计划。

架构开发阶段包含：阶段 A 架构愿景、阶段 B 业务架构、阶段 C 信息系统架构（数据架构和应用架构）和阶段 D 技术架构。

在架构开发完成后，依据架构蓝图开发解决方案（数字化转型实施项目）是阶段 E 机会与解决方案及阶段 F 迁移规划的工作内容。阶段 G 实施治理负责数字化转型架构开发和数字化转型解决方案实施的治理，阶段 H 架构变更管理只覆盖架构的变更管理，不包含一般的变更管理。从阶段 A 到阶段 H 都必须依据阶段 R 中记录的需求开发，开发完成后需要验证需求被满足了，才能通过评审和验收。

在图 2-1 中，阶段 B 业务架构和阶段 C 信息系统架构都包含了数据架构、应用架构（建议先从数据架构开始，再进行应用架构的开发）和技术架构（阶段 D）。在阶段 B、C、D 中开发数字化转型的顶层设计/架构模型，包含流程、组织、业务对象与业务规则，逻辑与物理数据模型，应用架构和基础设施架构。

阶段 B 业务架构、阶段 C 信息系统架构和阶段 D 技术架构的开发步骤类似，分别针对业务架构、数据架构、应用架构和技术架构来执行。通用的 9 个架构开发步骤如下。

（1）选择参考模型、视图和工具。

（2）梳理当前架构模型，作为基线。

（3）定义未来架构模型，作为目标。

（4）进行基线架构和目标架构模型的差距分析。

（5）消除差距，定义架构模型发展路线图及需要的组件（构建块）。

（6）解决跨架构景观的影响。

（7）引导利益相关者审查。

（8）架构模型定稿。

（9）创建架构定义文件。

阶段 B 业务架构、阶段 C 信息系统架构和阶段 D 技术架构的输入是：架构工作请求书和能力评估、沟通计划、企业和架构组织模型、已裁剪的企业和架构框架、架构原则、架构工作说明书、架构愿景、架构存储库（可重用架构构建块数据库）、架构定义文件、架构需求规格（包括差距分析结果和相关技术需求），以及架构路线图。

阶段 B 业务架构、阶段 C 信息系统架构和阶段 D 技术架构的输出是：架构工作说明书、经验证的架构原则或新的架构原则、架构定义文件、架构需求规格和架构路线图中需要的架构组件。

- 架构定义文件输出物包含业务、数据、应用和技术架构组件，内容有基线架构（当前的实际情况）、目标架构和选定视点对应的架构视图（针对关键利益相关者的关注）。架构定义文件是架构开发方法的重要输出，是企业数字化转型的顶层设计蓝图。蓝图中的所有架构模型都需要被集中储存在架构工具（如 MVEA@1）的后台数据库中，以进行管理和监控，并满足企业共享的基本原则。
- 架构需求规格输出物包含业务、数据、应用和技术架构组件/构建块，内容有区别的分析结果；互操作性需求；为了与架构变更保持一致，其他架构可能需要改变的地方；对即将设计的技术架构存在的约束；最新的业务/应用/数据需求（如果符合实际情况）。

在 ADM 的架构开发阶段中输出的架构模型，通常包括以下内容。

- 目录：架构模型中的对象列表。
- 矩阵：架构模型中对象之间的连接关系，通过矩阵来表现。
- 图表：架构模型通过图表来展示对象与其之间的连接关系，例如 BPMN 流程图、ERD 数据模型、ArchiMate 应用架构图和技术架构图。

以上模型/视图/输出物的详细内容可参考 31.6 节。目录、矩阵和图表是 TOGAF 中建议用来表示架构模型的 3 种方式。

2.2 企业数字化顶层设计的架构内容框架

企业数字化顶层设计的架构开发方法中的 10 个阶段都规范了输出物的类型，这些类型必须在架构内容框架中被定义。图 2-2 所示的是详细的架构内容框架，其中规范了每个阶段输出物的类型，例如，在预备阶段要列出建模必须遵守的"架构原则"。为了实现"数字化转型的最小可行之道"，作者在图 2-2 中增强了 TOGAF 规范的架构制品类型。将 TOGAF 内容框架的流程制品类型调整为 BPMN 流程元素类型。当前软件开发最流行的微服务（不可分解的原子应用服务）设计从业务服务开始，然后自动化为信息系统服务和技术服务。数据服务被包含在信息系统服务中。数据服务是否应该从信息系统服务中独立出来，曾经在华为内部有过不小的争论，最后数据服务独立胜出，由数据管理部负责治理数据服务。如果企业内部有类似的争议，则可以效仿华为，将数据服务独立出来。BPMN 流程元素类型将在第 6 章中讨论。

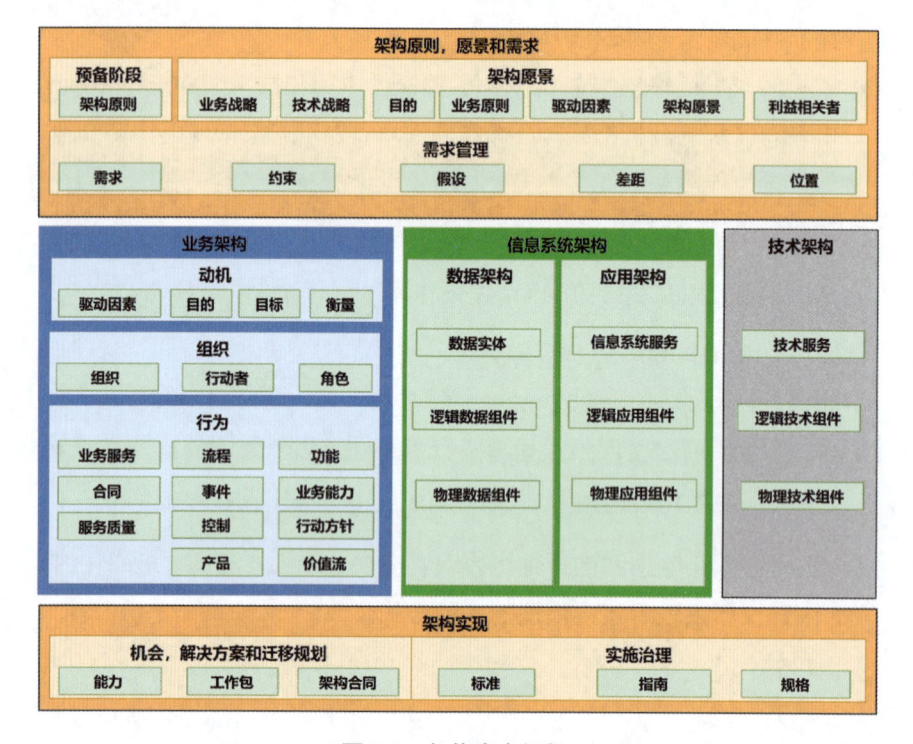

图 2-2　架构内容框架

架构内容框架的所有输出物都可以使用 ArchiMate 架构建模语言来定义，但是由于 ArchiMate 并不能很好地描述流程和定义数据模型，所以可以用 BPMN 来描述流程模型和用实体关系图（ERD）来定义数据模型。通过互补的 BPMN、ERD 和 ArchiMate 可以构造企业数字化转型的蓝图。

第 3 章

企业数字化架构

因为企业的业务范围和复杂度都不小，所以企业的数字化架构和顶层设计的实现是相对困难的。再加上国际标准企业架构框架（如 TOGAF 和 FEAF）也是相当复杂的（例如 TOGAF 9.2 版的官方标准文件就有 532 页），要在企业数字化转型中使用 TOGAF 作为架构框架，则需要对 TOGAF 进行裁剪。以下是作者对 TOGAF 所做的调整的说明。这里将 TOGAF 建议的 67 种架构模型（视图）中的 37 种模型简化为 9 种（笔者将这 9 种模型/图表作为笔者自研工具 MVEA@1 的基础并为本书读者提供各种参考范例与模板）。

下面介绍了实现最小可行的企业数字化架构、支持工具和数字化设计的 5 种数字化架构构建块。将它们集成在一起，可以作为企业数字化架构参考模型，并且可以根据最小可行产品的试错原则，以敏捷和迭代开发作为实现数字化转型的基本原则。

3.1　最小可行企业架构与 MVEA@1 工具

本书所介绍的最小可行企业架构基于最小可行产品（MVP，Minimum Viable Product）理论对 TOGAF 的架构模型（视图）做出了大规模的简化。

TOGAF 建议的架构模型（视图）多达 67 种（包括 37 种图表，17 种目录清单和 13 种关系矩阵），要全部实现它们几乎是不可能的，所以需要裁剪（TOGAF 也建议企业自行进行裁剪）。作者综合客户的反馈，认为以下 9 种模型/图表足以满足一般的企业架构设计需求。

（1）企业架构核心图：企业的顶层设计描述，即在一张 A4 纸内，描述企业内产生价值的核心流程。实现核心流程需要核心数据主题域、核心应用和基础设施，以及主要客户分类。这是任何企业在进行数字化转型前必须要完成的架构模型。"这一张纸"需要得到所有员工的认同，即认可并了解企业架构核心图中关于核心流程与核心数据的描述。

图 3-1 是达美航空的企业架构核心图。此图经历 50 多次的修改，终于在

整个企业中达成共识。图中的蓝色矩形为核心流程，绿色矩形为核心数据主题域，红色矩形为支持核心流程和数据的应用和基础设施，而黄色矩形为客户分类。

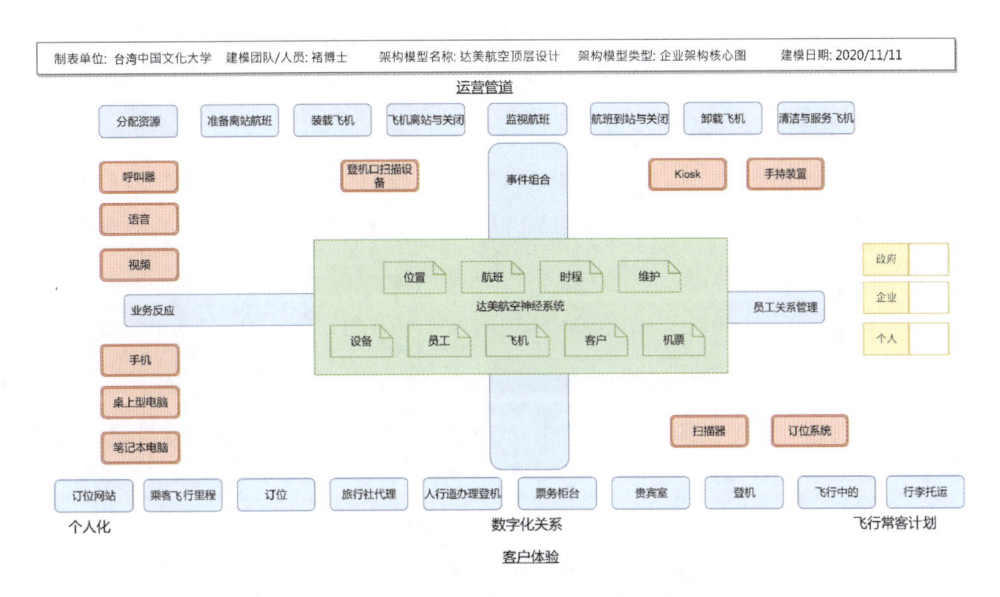

图 3-1　达美航空的企业架构核心图

（2）用例图：一种 UML（统一建模语言）图，用于描述系统的行为及各种系统功能之间的关系。其中的主要元素为用例（系统/系统功能）、主题（系统边界）、行动者/参与者（Actor）和连接（关系）。该图描述了行动者的各种角色及角色与用例之间的连接关系，说明是谁要使用系统，以及他们使用该系统可以做些什么。用例与用例图被广泛应用于系统的需求建模阶段，并在系统的整个生命周期中被不断细化。

图 3-2 是学生选课系统功能用例图，用于学生选课系统的需求分析。

（3）流程图（BPMN，Business Process Model and Notation）：用流程图来取代传统的流程表（Flow Chart），可以让业务人员画出正确的、清晰的、完全的和一致的流程。此图可用于解决企业内部流程图所存在的杂乱无章、各行其是、没有标准、没有标准工具（大部分都是用 PowerPoint 画的，甚至连

Visio 都没用）、没有企业级的流程分类框架的问题。

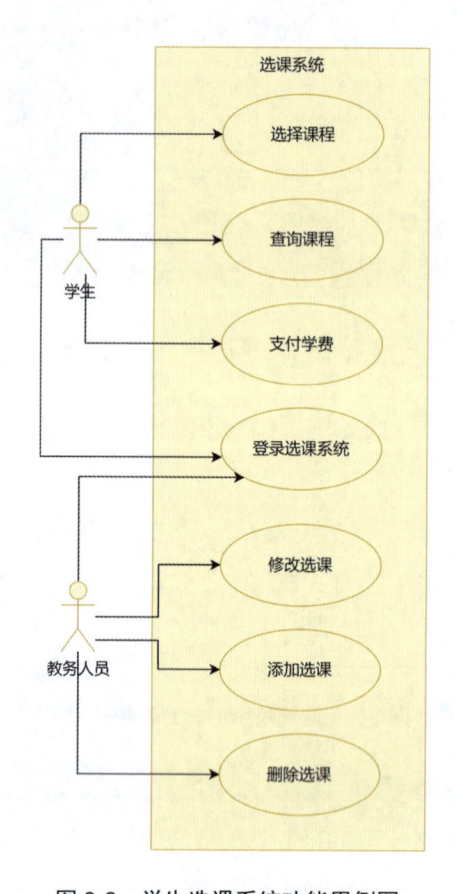

图 3-2　学生选课系统功能用例图

图 3-3 是一个汽车订单系统的简单流程图，在图中只描述了流程的开始与结束，及其之间的 4 个流程步骤/任务执行的正常路径。

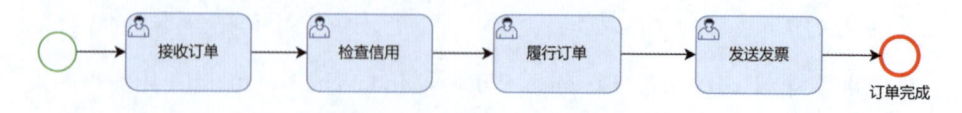

图 3-3　汽车订单系统的简单流程图

在 4 个任务确定后，还要加上与外部实体（客户、工厂、贷款方）的沟通消息流、流程执行者（参与者，如销售部门、财务部门和仓库部门）、决策网关，以及处理异常状态的路径（如订单失败）。图 3-4 是完整的汽车订单系统流程图。

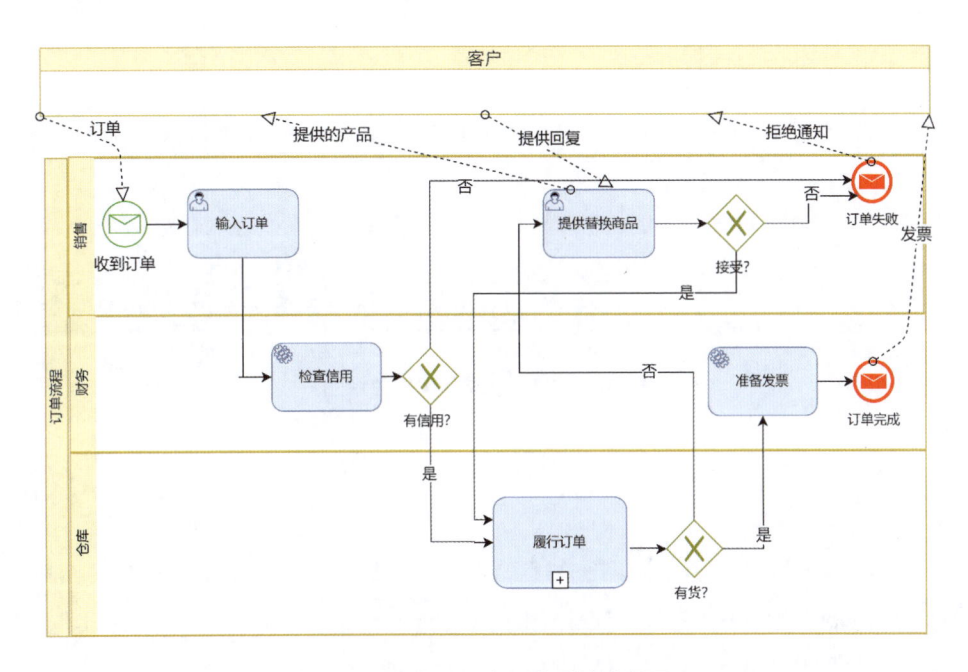

图 3-4　完整的汽车订单系统流程图

（4）实体关系图（ERD，Entity Relationship Diagram）：用来建立数据模型。概念数据模型一般只包含数据实体，其相当于企业的业务对象。逻辑数据模型将业务对象细化为数据对象、属性和对象之间的关系。物理数据模型将数据对象具体化，作为数据库表设计的依据。

图 3-5 描述了基于 TOGAF 架构框架的流程、数据与应用之间的关系，也就是华为的"3A 集成"实体关系图。实际的华为"3A 集成"实体关系图将流程、数据和应用做进一步的分解。例如将流程分解为流程领域、流程组、流程、子流程、任务等。数据则被分解为主题域分组（相当于流程领域）、主题域、业务对象（概念数据实体）、逻辑数据实体和属性共 5 级。

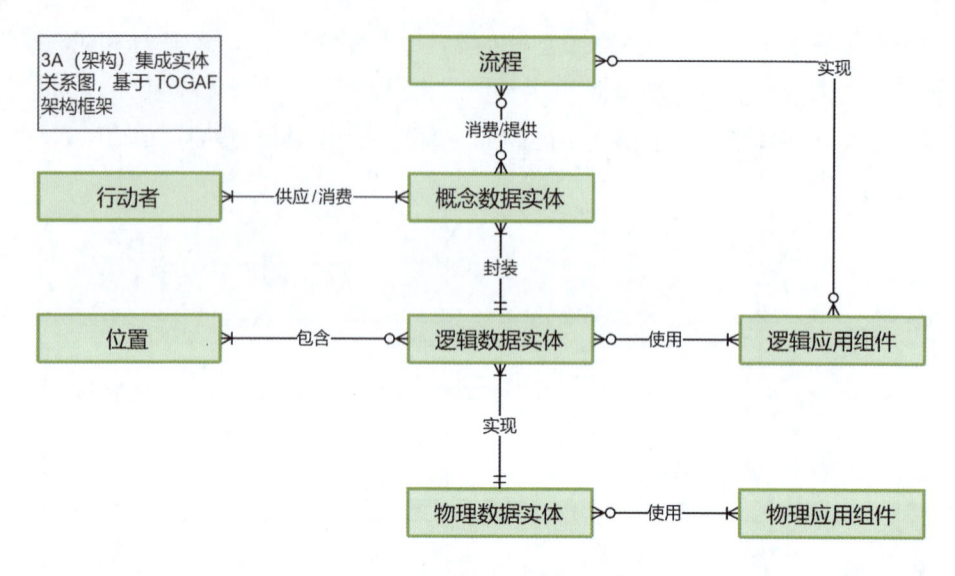

图 3-5　"3A 集成"实体关系图

（5）应用通信图：用于描述应用组件，以及应用组件之间的呼叫关系和数据接口。

图 3-6 是订单下单前台系统与后台系统（企业资源规划系统和客户关系管理系统）的应用通信图。应用通信图中的元素取自于 BPMN 中的"交易"、"数据对象"和"数据储存"元素。

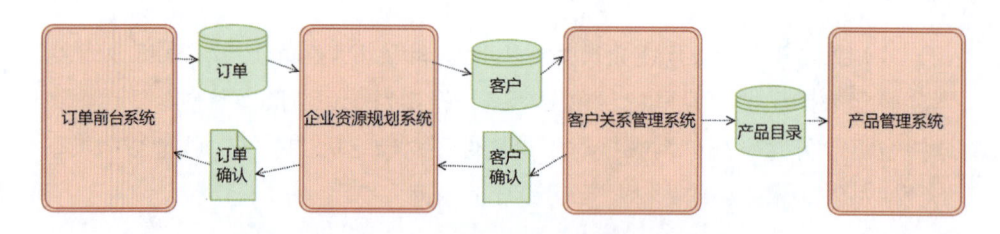

图 3-6　订单下单前台系统与后台系统的应用通信图

（6）ArchiMate 应用架构图：即用国际标准 ArchiMate 架构建模语言描述应用架构和技术架构。ArchiMate 亦可用作架构规划，并支持 TOGAF 架构开发方法的 10 个步骤。但是由于 ArchiMate 不适合描述流程模型与数据模型，所以不建议使用 ArchiMate 来设计流程模型和数据模型。图 3-7 描述了保险理赔的业务服务（黄色椭圆形）如何由相关的应用服务（蓝色椭圆形）和应用组件（蓝色矩形）实现，以提供理赔的业务功能（黄色矩形）。

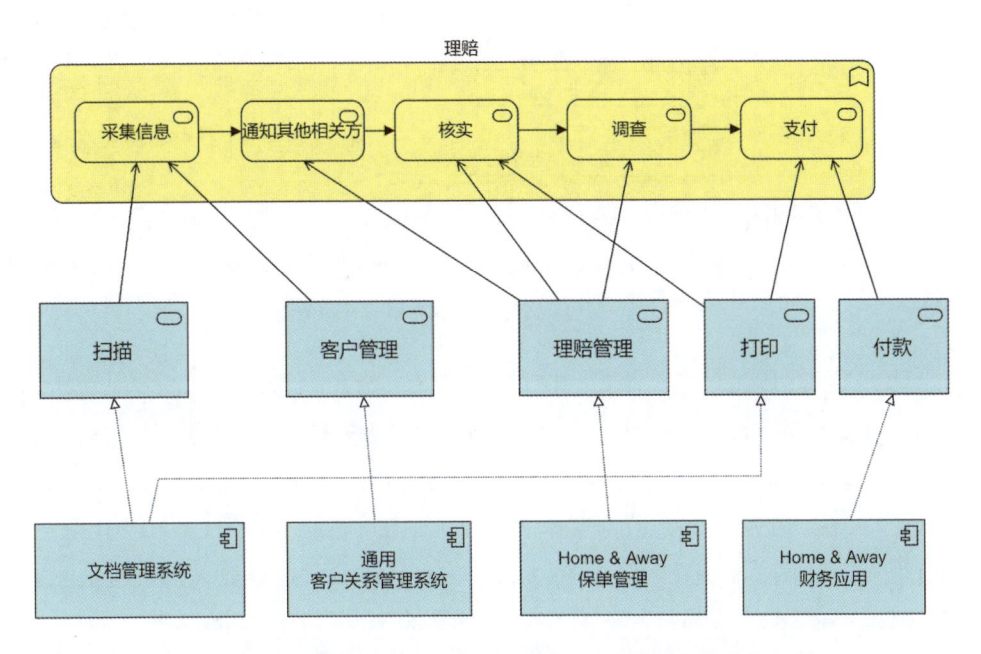

图 3-7　保险理赔的业务功能、业务服务、应用服务与应用组件

（7）顺序图：一种使用 UML（统一建模语言）实现的交互图。它通过描述对象（应用组件）之间发送消息的时间顺序，显示多个对象之间的动态协作。顺序图将交互关系表示为一个二维图。纵轴表示时间轴，时间沿竖线向下延伸。横轴表示在协作中各个独立对象和它们之间的呼叫关系。呼叫顺序用数字表示，由开始（1）到结束（5）。当对象存在时，角色用一条虚线（生命线）表示，当对象处于激活状态时，生命线用矩形表示。图 3-8 是 MVC（M：模型/业务规则，V：视图/用户界面，C：控制器）软件分层设计框架顺序图。

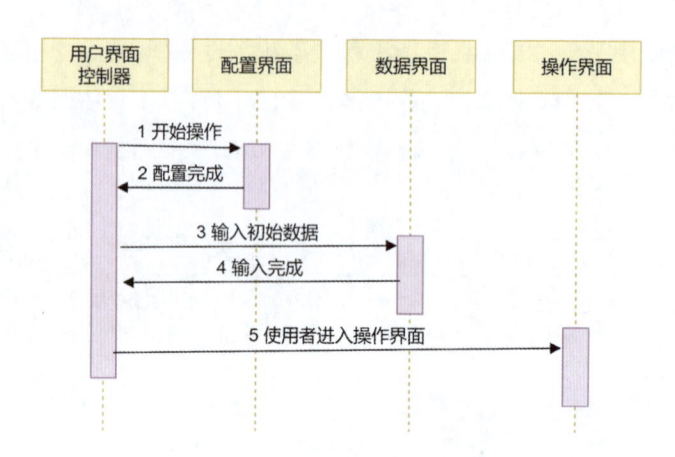

```
用户界面            配置界面      数据界面        操作界面
控制器
   │─ 1 开始操作 ─→│             │              │
   │←─ 2 配置完成 ─│             │              │
   │─────── 3 输入初始数据 ──────→│              │
   │←────── 4 输入完成 ──────────│              │
   │──────────── 5 使用者进入操作界面 ──────────→│
```

图 3-8　MVC 软件分层设计框架顺序图

（8）矩阵：描述角色与问责（RACI，R：Responsible，责任；A：Accountable，问责；C：Consulted，咨询；I：Informed，知会）关系，流程和数据实体之间的 CRUD（C：Create，创建；R：Read，读取；U：Update，更新；D：Delete，删除）关系，应用组件和数据实体之间的 CRUD 关系，流程任务和应用服务之间的关系。图 3-9 是订单到回款（O2C，Order to Cash）的端到端流程的 RACI 矩阵图。流程编号来自流程分类框架，在第 8 章会说明。在此矩阵图中只分析了"批准订单"流程的 RACI 关系，并未展开其他流程（如"交货""收款"等流程）的分析。

（9）网络安全图：一种表示网络、服务器及安全的示意图。图 3-10 是 IBM 物联网网络安全图。将图形分组一般是为了安全或访问控制。图形符号之间的连接代表了通信路线。

订单到回款	机构服务总监	机构服务代表	分销助理	分销经理	库存经理	仓库经理
批准订单						
3.5.4.5 输入订单和识别销售机会	A		R	I	C	
3.5.4.1 接受和验证销售订单	A		R	I		
3.5.4.3 决定可用性	A		R	I	C	C
3.5.4.4 决定履行流程						
交货						
拣货						
处理订单问题						
变更订单						
收款						

图 3-9　订单到回款的端到端流程的 RACI 矩阵图

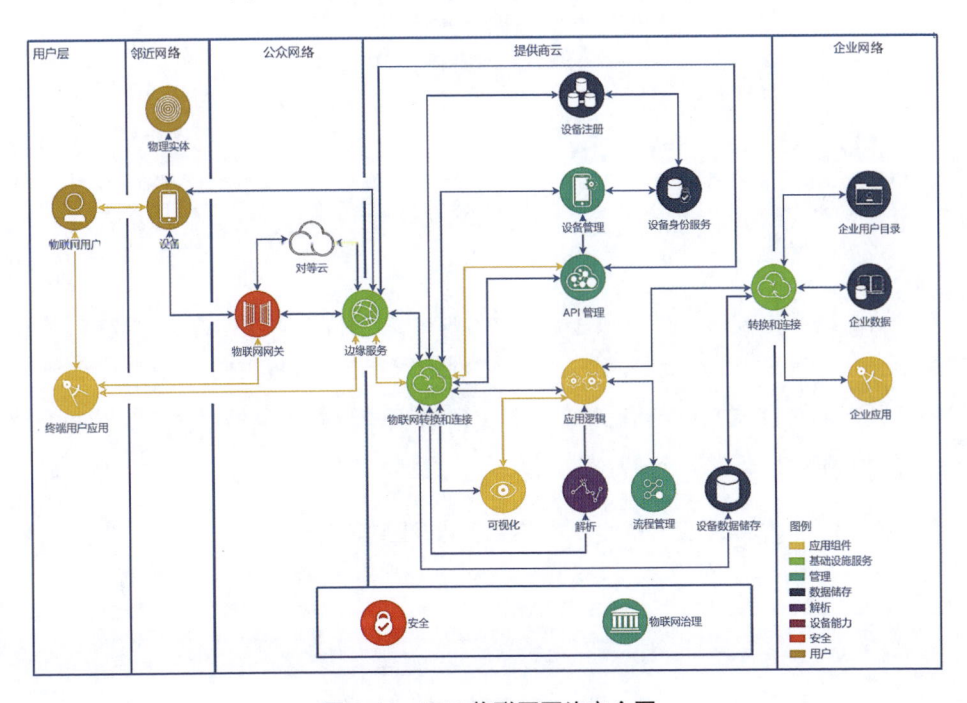

图 3-10　IBM 物联网网络安全图

以上 9 种架构模型是实现最小可行企业架构的基础内容，在完成这 9 种架构模型的顶层设计初稿后，客户可以增加新的架构模型，并迭代开发下一步的企业架构蓝图。最小可行企业架构是一个最小可行的企业架构设计版本，此版本用最少的投入，收集最多的有关企业数字化转型的需求，并通过最少的架构模型描述该企业的架构，然后依据用户的评审与反馈，快速试错并迭代更新架构。

使用 MVEA@1 工具可以开发最小范围的、切实可行的企业/系统架构、软件和产品，以及简单而轻松地构建企业/系统架构。MVEA@1 工具适用于任何规模的企业、事业单位、政府机构、部门、产品、项目或系统。

MVEA@1 工具基于国际标准 TOGAF 架构框架、ArchiMate 架构建模语言、BPMN 流程建模和执行语言、ERD 数据建模及 UML 统一建模语言。为了简化和加速架构建模，MVEA@1 提供了创新的 3 合 1 架构模板，将 ArchiMate、BPMN 和 ERD 的架构元素和连接关系集成到一个模板中。大多数业务人员和架构师只使用一个模板即可进行架构建模。

3.2　数字化架构构建块

使用数字化技术（社交媒体、移动互联、人工智能、云计算、大数据、物联网等）和数字化架构构建块（以下简称构建块）重新设计企业的数字化业务可以帮助企业实现数字化转型。企业也需要重新设计商业模式和定义数字化价值主张，以保障业务持续成功。

由 5 种构建块组成的企业数字化架构框架如图 3-11 所示。

第 3 章 企业数字化架构

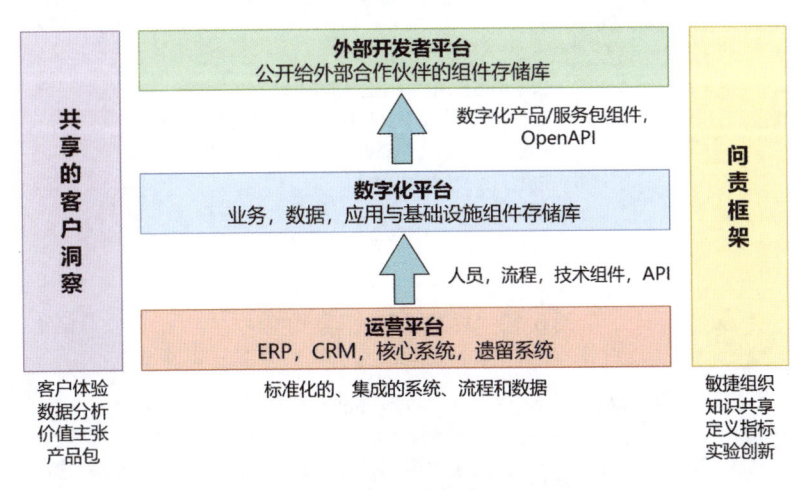

图 3-11 企业数字化架构框架

图 3-11 中的每个构建块/平台是由类似乐高或俄罗斯方块的积木组成的，其相当于企业架构中的业务组件、数据组件、应用组件和基础设施组件。以上 5 种构建块有着不同的形状和颜色，可以组合形成企业需要的不同的数字化架构。

> 说明：这些构建块来自以下的案例研究：
>
> 亚马逊的数字化设计、飞利浦的数字化转型、施耐德电气的建立共享客户洞察、乐高的运营平台、西北互助人寿保险的数字化平台、声田（Spotify）的问责框架，以及星展银行和优步的外部开发者平台。

以下是企业数字化转型需要的构建块的具体介绍。

3.2.1 共享的客户洞察

图 3-12 是共享的客户洞察构建块的图形表示和概述。

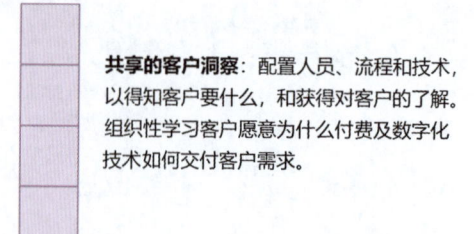

共享的客户洞察：配置人员、流程和技术，以得知客户要什么，和获得对客户的了解。组织性学习客户愿意为什么付费及数字化技术如何交付客户需求。

图 3-12　共享的客户洞察构建块

1. 企业学习什么是可行的数字化产品/服务包

在开发数字化产品/服务包（Digital Offering）时，企业可能会遇到一个问题：很难确切地知道哪些数字化产品/服务包对企业来说是一个绝佳的机会。企业需要立即开始开发数字化产品/服务包，以抓住机会。成功的数字化产品/服务包将利用数字化技术为客户始终未曾明确表示过或重要的需求提供解决方案。

发现企业可以用数字化技术做什么和客户想要什么之间的交集是具有挑战性的，主要有以下两个原因。

第一，大多数企业对于可以使用数字化技术开发什么解决方案缺乏经验。因为许多企业仍然在学习如何利用无处不在的数据、无限的连接性，以及如何具有大规模的计算处理能力。

第二，客户通常无法想象自己想要什么，直到拥有它们。史蒂夫·乔布斯曾宣告，他不问客户想要什么，因为他比客户更了解他们。试图解决客户问题的公司，会让客户自己发现什么是有价值的，这对于客户的帮助是有限的。

理论上，潜在的受数字化技术启发的客户解决方案的数量几乎是无限的（例如在上商学院的 MBA 课时，一个班级中的同学可以提出许多想法）。实际上，大多数可能的解决方案是永远找不到客户群的。因此，找到让客户产生真正热情（愿意付费）的解决方案并不是一件容易的事情。如果企业想交付有价值的数字化产品/服务包，则需要积极寻求客户的愿望与受数字化技术启发的客户解决方案的交集。数字化产品/服务包都源于一个想法的迭代，直到找到最佳的解决方案。

2. 创建共享的客户洞察的实验

反复寻找客户的愿望和受数字化技术启发的客户解决方案的交集是一个测试和学习的过程。而数字化产品/服务包非常适合快速测试和学习，因为它们是基于软件的。软件开发人员可以开发出最小可行产品，然后将其发布给客户或测试组，并立即获得反馈。根据反馈，企业可以快速优化或放弃产品。

寻求开发可行的数字化产品/服务包的企业一般都采用下面这些方法来实现：鼓励"黑客马拉松"或其他竞赛之类的活动；寻找内部提案审核程序等特殊筹资机会，以及通过创新实验室和数字化业务部门等新的组织进行广泛的实验。他们通过规划客户旅程，与关键客户共同创新，发布代码并监控客户反馈来了解客户的愿望。

当然，太广泛的创新可能只是毫无意义的浪费资源的实验。企业可以通过快速产生可衡量结果的小型实验来降低这种风险。任何无法迅速激发客户热情的实验都可以放弃。

从实验中学习，可以识别出什么是无效的，然后将资源转移到可能会更成功的方面。飞利浦首席执行官 Frans van Houten 曾指出："当我们犯大错误（5000 万美元以上的财务损失）时，通常是因为我们停止太晚了。这是典型的创新者问题。"

无论实验是成功的还是失败的，要建立成功的数字化业务，企业都需要积累有关企业如何使用数字化技术满足客户需求的知识。在大型企业中，积累这样的知识只是挑战的一部分。个人和业务部门必须分享他们的经验。否则，企业内的其他人可能会进行类似的实验，学习到同样的经验，这是对资源的浪费。

成功的数字化企业一般都具有尝试潜在数字化产品/服务包的能力，这使得他们可以了解自己可以做什么及客户想要什么。他们配置了人员、流程和技术，以将数字化产品/服务包实验纳入企业的基因中。企业需要开发共享的客户洞察构建块，并且了解客户愿意为哪些服务付费，数字化技术如何交付客户需求。

3. 设计共享的客户洞察

数字化企业还具有发现客户价值的能力。设计共享的客户洞察的本质是创建角色和流程，以帮助企业找到其可以交付的解决方案与客户所需的解决方案之间的交集。由于客户想要如何参与，以及客户想要什么等具有不确定性，所以需要不断测试数字化产品/服务包的开发的可行性。此流程有时被称为发现驱动型规划。具有共享客户洞察能力的企业，大部分已经建立了有关当前或潜在客户面临的问题和客户愿望的知识库，从而使他们可以更快地识别和解决问题，并抓住机遇。

数字化企业一般进行了许多设计实践，以积累共享的客户洞察。以下这些实践可以提高企业的数字化产品/服务包的收入。

（1）规划实现新的客户价值的高层数字化愿景。

（2）持续不断地进行数字化实验。

（3）测试数字化技术如何为客户交付价值。

（4）设计紧密集成的产品开发、销售和服务流程。

（5）客户共同创造数字化产品/服务包。

（6）提供跨企业的正式学习共享。

4. 为共享的客户洞察创建文化

由于担心数字化技术带来的颠覆，许多企业正在设计组织角色和流程，以积累对数字化技术和客户需求的洞察。为此，这些企业正在建立使他们获得成功定位的组织资产。

建立此资产会颠覆企业既定的管理实践和员工的个人习惯。换句话说，它迫使企业文化发生改变。对几乎所有大企业的高层管理者来说，采用迭代测试和学习的方式来开发产品是一件陌生的事情。例如，为了测试和推出新产品，制药公司通常需要 10 年的开发周期，汽车制造商通常需要 5 年的开发周期。漫长的开发周期涉及大量的资源分配，这些企业采取的是"大赌注"似的战略计划。

大多数企业在数字化创新方面下的赌注要小得多，其中一些较小的赌注可能会带来非常大的利润，但大多数将不会产生回报。进行数字化实验就像在比赛前对所有赛马进行少量下注，然后可以选择在比赛中的各个时间点增加下注。在几乎可以确定获胜者之前，没有必要下大赌注。共享的客户洞察构建块使企业可以完全按照这种方式下注。

5. 正确获取客户洞察

数字化产品/服务包必须要找到"数字化技术可以做什么以重新定义企业的价值主张"和"客户将如何评价"之间的交集。企业需要鼓励以测试和学习的方式配置人员、流程和技术来开发数字化产品/服务包。人们必须在新流程的指导下，以及在新技术、数据的赋能下学习新习惯。对于建立共享的客户洞察，其中涉及以下关键点。

（1）共享的客户洞察从不断进行的实验中浮现，这些实验测试企业可以开发哪些数字化产品/服务包，以及客户价值是什么。那么企业可以开发哪些机制（实验室、竞赛、风险资金来源、创新角色、客户参与流程）来鼓励员工测试、学习和分享数字化产品/服务包的构思？

（2）测试和学习环境需要基于证据的文化——进行假设、实验、收集数据、衡量结果并使用结果来指导下一步的工作。那么企业是否具有基于证据的文化？员工如何做才能提高测试和学习能力？

（3）数字化实验应以企业的愿景为指导，但是企业的愿景将根据实验的结果而演进。这就是企业成功使用数字化产品/服务包的方式。那么企业中的每个人都知道企业数字化的价值主张吗？每个员工都知道企业在交付这一价值主张时所经历的成功和失败吗？

共享的客户洞察对于早期的数字化产品/服务包开发非常有价值。它们对于随着时间的推移不断增强和改进企业的数字化产品/服务包组合也同样重要。建立共享的客户洞察是一项长期资产，它们将使企业更加敏捷，并且将帮助企业专注于其他构建块的关键需求。

3.2.2 运营平台

图 3-13 是运营平台构建块的图形表示和概述。

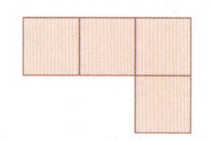

运营平台：配置人员、流程和技术以确保可靠和高效的核心流程，及支持稳定的运营。
运营平台支持企业核心运营的一组有条理的、标准化的和集成的系统、流程和数据。

图 3-13 运营平台构建块

企业数字化转型的目的是提供创新的数字化产品/服务包。在开发数字化产品/服务包时，业务领导者应用数字化技术来创建客户解决方案。但是，数字化技术对企业现有运营的影响与对新价值主张的影响是同样大的。

1. 信息化（Digitized）≠ 数字化（Digital）

数字化技术所带来的两种潜在影响可以被分为信息化（Digitized）和数字化（Digital），它们是不同的。一般企业会误认为信息化就是数字化，这是常见的误区。使用数字化技术例如用 SMACIT（社交：Social，移动：Mobile，数据解析：Analytic，云：Cloud，物联网：IoT）和相关技术可以增强业务流程和运营。例如，通过物联网技术可以实现自动化支持分布式设备或操作，通过移动计算可以创造无缝的员工体验，通过人工智能技术可以自动化重复性的管理流程。这些数字化技术的应用可以使企业受益，但是它们只是信息化了企业，并没有使其数字化。

数字化技术可以扩展并加速创新。当企业成为数字化企业时，他们将应用

SMACIT 和相关技术（如人工智能）来交付数字化产品/服务包。

信息化可增强企业运营的卓越性；数字化可增强企业的价值主张。重要的是，企业不要将两者混淆。正在领导企业数字化转型的业务主管，实际上可能是在进行信息化；信息化可能在过时的价值主张上实现了卓越的运营——这可能会在短期内提高企业的竞争力，但不太可能导致企业数字化成功。例如因为市内最好的出租车企业的信息化具有局限性，当数字化的竞争者打车软件出现时，信息化运营的出租车企业就无法抗衡数字化创新带来的颠覆。

但是，这并不意味着企业可以放弃追求信息化的卓越运营而追求数字化转型的创新。在具有无处不在的数据，无限的连接性和大规模的计算处理能力的世界中，几乎没有人为干预的空间。数字化业务的运行速度让员工没有时间去解决运营流程不正常的问题。人们有工作要做，有决定要做。系统、流程和数据必须能使客户和员工轻松完成他们想做的事情。领导者不能浪费时间来解决这些问题，他们必须要将时间花费在获得新的洞察并将这些洞察转化为行动上。

卓越运营已从一个好的构思变为必需品。信息化是企业业务转型的目标，现在，卓越运营是企业数字化转型的先决条件。

大多数企业已经以孤岛式业务或职能部门的形式运作了许多年。业务领导者在孤岛内创建了实现目标所需的系统、数据和流程。他们没有考虑企业的系统和流程最终如何与其他部门进行协调。当企业认识到需要进行集成时，领导者通常会通过调整系统和流程来实现近期目标。随着时间的流逝，因为狭隘地专注于系统和流程，以及对它们的快速修复，导致产生了半自动化和人工流程及不可靠数据的昂贵组合。

通常，企业会通过招募人员来解决将本地系统和流程连接在一起并提取有意义的数据的需求。这些人员以各种方式将各个孤立的系统、流程和数据"连接"在一起，例如：

- 将数据从多个孤岛转储到一个电子表格中。

- 依靠 IT 部门实现与其他系统中的数据的一次性连接。
- 在两个自动化流程之间插入人工流程，使它们看起来是端到端的。

企业将创造这些连接的人视为"英雄"。因为他们使企业可以正常运转。但是，他们的努力的最终结果是创造了一个无比复杂的运营环境，这使得企业发展缓慢，效率低下且风险很高。

如今，企业的数字化业务将无法依靠这些"个人英雄"所开发的流程来长期生存。例如，为了满足手机应用（App）用户的需求，移动交易必须可靠且无缝。这意味着企业需要用运营平台替换功能失调的系统和流程，将数字化业务建立在运营平台上。

运营平台是支持企业核心运营的系统，是数据和流程的集合。运营平台通过用标准化和共享的系统、流程和数据代替孤立的业务部门中凌乱的旧系统、流程和数据。图 3-14 中描述了运营平台的核心内容，具体来说包括以下 4 个功能。

- 支持无缝的端到端交易处理。
- 提供可靠的、可访问的主数据。
- 提供对交易和其他核心流程的可视化。
- 使重复的业务流程自动化。

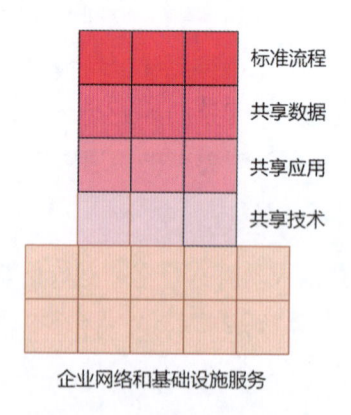

图 3-14 运营平台的核心内容

运营平台有很多优点，因为它消除了（或显著降低了）企业系统、流程和数据中非增值部分的可变性，所以有助于提高企业的盈利能力、创新能力和客户满意度。实际上，具有运营平台的企业（即具有上述特征的企业）比没有运营平台的企业更具敏捷性和创新性。

许多企业的领导人在很久以前就认识到运营平台将很有价值。因此，他们多年来一直在尝试清理凌乱的遗留系统。企业在数字化转型时迫切需要建立运营平台。与共享的客户洞察构建块一样，运营平台是企业数字化转型中必不可少的构建块。或者换句话说，没有运营平台将是企业数字化成功的巨大障碍。

2. 建立运营平台涉及业务转型

建立运营平台是一项重大且长期的项目。领导者必须首先实施标准规范的、通用的企业系统和流程，以取代本地化的单点解决方案。然后，他们还必须通过改进的系统和流程生成的数据推动业务。这些工作将改变企业。

这就是信息化的本质。它产生了一个运营平台，用信息化流程取代了"个人英雄"所开发的流程。尽管许多企业在不到 10 年中就实现了信息化，但是在大型企业中发展强大的运营平台则是一项长期的工作。信息化需要时间，企业越大，越复杂，花费的时间就越长——并且失败的可能性就越大。因为其中涉及 3 个组织设计要素：人员、流程和技术。

以下是一些典型的阻碍企业成功和快速信息化的原因。

（1）制定大而模糊的目标。对于大型的复杂业务，领导者常常设定了不切实际的目标。即使在高度多元化的企业中，管理层也可能会把建设标准化的系统和广泛的流程作为目标而没有说明预期的结果。为了使企业的信息化成功，目标必须既明确又可行。然后，人们需要通过度量指标来帮助他们判定是否达成了目标。否则，他们将失去焦点。领导者通常对组织变革的需求没有给予足够的重视。为了创建可靠的核心交易和准确的共享数据，人们必须改变自己的工作，必须放弃习惯。如果他们继续做自己一直在做的事情，则成果将是相同的。但是许多人很难或不期望改变自己的习惯。

（2）数据质量差。新系统总是需要从旧系统中提取并清洗数据，以及填充新字段。如果员工不信任数据，则新系统和新流程将几乎没有任何影响力。

（3）企业标准遭到抵制。业务部门必须采用对企业来说最佳的系统和流程，但有时它们对其部门而言不是最理想的，结果，他们可能缺乏使用这些系统和流程的动力。如果他们这样做不会受到惩罚，那么他们可能会继续使用原来的系统和流程。

（4）存在凌乱的遗留系统。要满足企业的运营需求，需要停用杂乱的旧系统。但是停用旧系统并不容易，尤其是当业务需要在这些旧系统做"开心脏手术"期间继续运营时。

（5）组织权力结构错位。流程领导者必须要设计流程并确保其在整个组织中可以顺利实施，但是通常他们没有被授权这样做。

因为面临着以上挑战，许多企业虽然已经启动了数字化转型，但未能彻底实现。利润率高的企业（例如投资银行和制药企业）发现，坚持数字化特别困难。他们认为只要企业能够负担核心流程变更所带来的高额成本即可。但是实际上，没有运营平台的企业将（或将很快）在竞争中处于劣势。尽管一些数字化初创企业在成立时候没有运营平台，但这只是过渡状态。如果一家数字化初创企业一直没有建立运营平台，那么它将无法扩大规模，其数字化成功只是暂时的。

3. 运营平台的捷径

为了实现数字化，企业需要克服数字化带来的挑战——可能需要花费 10 年来完成它。企业的领导者可以通过完成以下 3 件事来加速数字化并提高建立运营平台的成功率。

（1）降低业务的复杂性。业务的复杂性使运营平台的发展变得艰巨（或许是不可能的）。认真开发运营平台的企业可以从识别非增值业务的复杂性开始。这可能会导致产品或产品线数量减少、客户细分更清晰，或具有更简单、更标准化的商业模型。

（2）缩小信息化范围。没有企业拥有完美的系统和流程。强大的运营平台可以直接支持企业最关键的业务需求。试图解决所有问题的企业可能无法解决任何问题。聚焦会让企业更快地进步，并促使员工更好地了解企业的期望。缩小关注范围的一种方法是瞄准对业务最重要的数据（例如客户、产品、合作伙伴、供应链数据），然后投入资源尽一切的努力使数据准确、可访问和可使用。专注于一种数据缩小了企业数字化转型的范围，同时也为企业未来的数字化创新奠定了基础。

（3）降低标准。如果企业没有有效的运营平台，并且不能等待数年才能建立运营平台，那么要做的只有一件事：降低标准！可以通过他人获得帮助，以快速解决问题，并使用现成的"相当好的"解决方案。虽然这些方法并不完美，你可能不想永远依赖它们，但是它们可以使你"足够好"以开始数字化。

4. 正确配置运营平台

尽管自 20 世纪 90 年代末，企业就一直在进行数字化转型，但大多数企业都没有可支持他们进行数字化转型的运营平台。实际上，企业的遗留系统和流程可能会成为企业数字化转型的障碍，具体介绍如下。

（1）信息化不等于数字化。SMACIT 和其他数字化技术可以促进企业的信息化——应用技术以优化业务流程和运营。信息化的目标是实现卓越运营。数字化技术对于实现企业数字化至关重要——通过创新以创建客户解决方案。企业数字化的目标是实现有利润的数字化产品/服务包。

（2）信息化涉及建立和维护运营平台。信息化所带来的卓越运营将成为企业数字化的基础。这就是为什么运营平台被称为数字化构建块。

（3）要建立运营平台就需要忘掉根深蒂固的组织习惯，颠覆现有的权力结构，以及通过设置有纪律的业务流程来获取关键的主数据和交易数据。很多传统的大型企业已经进行了漫长而痛苦的转型，以尝试实现运营平台。

（4）由于实施运营平台非常困难,大多数企业都没有完成全部的实施工作。他们应该立即着手简化业务,缩小关注范围,并在必要时降低标准以快速实现核心运营能力。

（5）运营平台永远不会完成。业务的变化,以及新技术的发展,为企业提供了源源不断的机会来增强技术并重新优化关键业务流程。此外,企业仍要学习如何利用其运营平台中生成的数据。这样做会让他们拥有更多和更好的数据,从而可以进一步改进流程。

企业要思考自己的运营平台是否"足够好"以支持数字化转型。如果答案是肯定的,那么还要思考是否在适当的时候需要不断采用新的数字化技术来更新关键系统和流程。如果不是,那么企业将如何处理?

3.2.3 数字化平台

图 3-15 是数字化平台构建块的图形表示和概述。

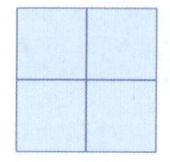

数字化平台：配置人员、流程和技术以构建和使用软件组件来产生数字化产品/服务包。
用于快速配置数字化产品/服务包的业务、数据、应用和基础设施组件的存储库。

图 3-15 数字化平台构建块

数字化企业通过构建、购买和重新配置业务、数据和技术组件,可以快速生成和增强数字化产品/服务包。实际上,组件化是实现企业数字化转型的关键。组件就像乐高积木一样,使人们可以用现有的零部件快速组装出解决方案。当然,其中的诀窍是持续追踪所有组件,以便在需要时得到所需的组件。这就是企业需要一个数字化平台的原因。

1. 运营平台不足以让企业数字化转型成功

数字化平台的特色与运营平台的特色完全不同。

- 运营平台提供了紧密集成的生产环境,可确保业务流程的可靠性和安全性。相反,通过数字化平台可轻松访问构成数字化产品/服务包的数据、业务、应用和技术组件。
- 运营平台通过提高可靠性和透明度来提高客户的满意度。相反,数字化平台通过对实际产品/服务进行实验,快速创新和不断增强功能来取悦客户。

以打车软件为例,最初,打车软件为人们提供了打车、导航,以及向司机付款的功能,所有这些功能都可以在一个 App 中完成。每一个客户服务都被存储在数字化平台的业务组件中。一旦打车软件具有这些基本业务组件,打车软件便可以开始扩展该 App 的功能,提供附加服务,如拼车等。打车软件可以通过创建新组件并使用新特征重新配置其产品/服务包来不断增强其价值主张。

2. 数字化平台是什么

数字化平台是用于快速配置数字化产品/服务包的业务、数据、应用和基础设施组件的存储库。数字化平台有什么特别之处?它可以提供可重用的数字化组件。在建立数字化平台时,企业会积累可能在未来的数字化产品/服务包中用到的组件组合。这些组件是执行特定任务的代码片段。组件可能执行的任务有检索客户的账户余额,具体说明到某个位置的方向指示,根据传感器读数预测设备发生故障的可能性或确认用户身份等。将这些组件放置在数字化平台上,可以让开发新的数字化产品/服务包的个人使用它们。开发人员无须编写代码来满足数字化产品/服务包的所有功能需求,而是可以通过"调用"现有组件来配置数字化产品/服务包。

为了使组件可重用(即使开发人员能够调用组件而不是编写新代码),开发人员需要使用 API 使能的(Enabled)组件。API 代表应用编程接口,其允许一个组件与另一个组件交换数据。在设计良好的数字化平台中,每个组件都提供一个 API。因此，API 允许本来独立的组件之间进行预定义的"即插即用"的连接。

数字化平台由基于云服务构建的 3 个组件组成，通过这些组件可配置数字化产品/服务包，如图 3-16 所示。

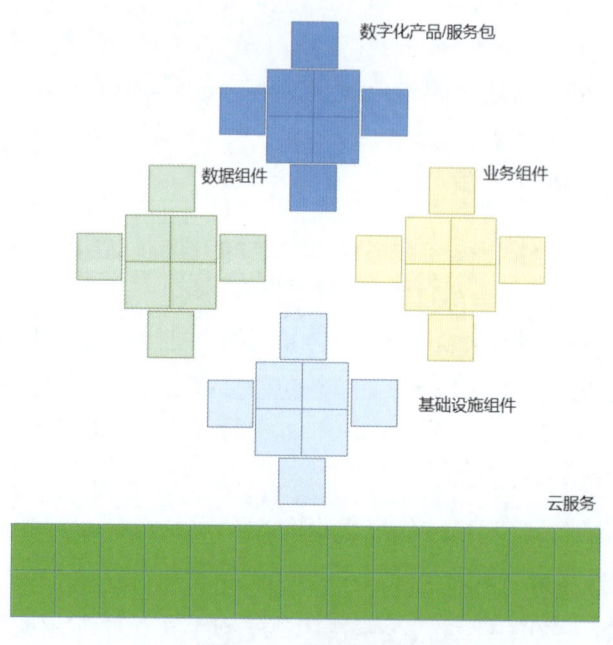

图 3-16　数字化平台

（1）数据组件。根据定义，数字化产品/服务包中的信息非常丰富。因此，数字化平台的核心是数据组件的存储库。在企业创建数字化产品/服务包时，企业将利用其运营平台中的运营数据，并且通过传感器、智能设备和其他网络服务购买并收集数据。然后，企业将构建（或购买）支持 API 的可重用软件组件，每个软件组件都具有用于储存、操作、分析或显示该数据某些元素的代码。

（2）基础设施组件。基础设施组件的存储库提供了应用和技术服务组件，以使嵌入在云平台中的服务适应企业的数字化产品/服务包和客户的特定需要。其中包括用户身份验证和访问控制、智能设备的连接、与这些设备之间的通信编排,以及跟踪使用情况并确保数据隐私等服务。这些组件充当业务组件和云服务之间的桥梁,其目标是保护业务组件免于直接使用特定的云提供商提供的平台服务,从而避免其依赖任何特定的云提供商。

(3)业务组件。业务组件的存储库提供了多种数字化产品/服务包所需的功能。这些服务可能包括仪表板、建立新客户关系的开户流程,以及为客户提供标准支持服务的机器人。一些企业拥有多个公共业务组件的存储库,因为它们拥有多个不相关的数字化业务。

数字化平台的基础是云服务的存储库,其可以提供应用的托管和性能管理功能。这些云服务在厂商之间是相当标准的。因此,大多数企业都从华为、阿里巴巴、腾讯、微软、亚马逊或 IBM 等云提供商那里购买云服务,但有些企业则使用私有云服务或私有云服务与公共云服务的混合体。

数字化平台提供的服务可以满足企业数字化产品/服务包的需要。数字化产品/服务包是软件,其中包括该数字化产品/服务包所独有的代码(例如,客户群独特的特征),以及对存储库中需要的可重用组件的 API 调用。随着数字化产品/服务包数量的增加,企业需要维护数字化产品/服务包目录,以便员工、客户和合作伙伴可以适当地访问它们。

3. 数字化平台对比运营平台:两种不同角色

大多数数字化初创企业都将重点放在建立数字化平台上,并且较晚才意识到运营平台的重要性。相比之下,大型企业更专注于建立运营平台。一些企业,特别是大型金融服务企业,为其每种产品(例如按揭贷款)都构建了平台。这些产品平台更像是流程和技术的单体结合,而不是数字化平台。不幸的是,金融服务企业中的大多数产品平台都是为了支持一种产品而构建的。因此,它们没有可重用的组件。所以,大多数金融服务企业拥有许多冗余的平台和流程来支持其产品。

企业可以选择在数字化平台中构建什么,以及在运营平台中构建什么。例如,客户开户流程可以是数字化平台中的可重用的组件,或者是运营平台中的端到端流程。选择前者（可重用的组件），是因为企业要让客户开户检验可定制、经常被增强的体验，并通过创新建立数字化组件。选择后者（运营平台中的端到端流程），是因为企业要设计高效率和高可靠性的标准化流程（即核心运营流程）。

尽管可以在数字化平台或运营平台中内置某些功能，但这两种构建块用于实现不同的业务目标：提高效率与增加收入。这反映出它们对数字化业务的贡献非常不同，它们对组织的设计需求也不同。

4. 数字化平台的设计需求

为了数字化转型的成功，企业必须定义数据、业务和基础设施组件，并设计它们以供重用。换句话说，企业必须根据组件重新考虑要提供给客户什么服务。

数字化平台的作用在于可重用数据、业务和基础设施组件的存储库。因此，设计数字化平台的本质是将企业现有或设想中的数字化产品/服务包解构为数据、业务和基础设施组件。这是一种非常特别的思维方式！为了让读者了解数字化平台的设计需求，表 3-1 中对比了数字化平台和运营平台的设计需求。运营平台和数字化平台在以下 5 个方面有所不同。

表 3-1 运营平台和数字化平台的设计需求对比

	运营平台（信息化）	数字化平台（数字化）
目标成果	提高流程效率、可预测性和可靠性以增加收入	数字化产品/服务包的快速创新以增加收入
技术需求	稳定、可伸缩和安全的运营系统；自动化重复性流程	API 使能的业务、数据和基础设施组件的存储库
数据需求	准确且可访问的交易和主数据	灵活的大数据存储库（来自传感器、社交媒体等）用于数据解析
流程需求	事务处理应用的深思熟虑的、有条理的设计和实现	数字化产品/服务包的迭代设计、开发、配置和商业化
人员需求	流程所有者和数据架构师；大型项目的项目领导者	平台架构师；可以假设、测试和管理组件功能的组件所有者

（1）目标成果。运营平台支持企业的核心业务流程。运营平台的目标成果与卓越运营有关——是企业进行业务数字化的"桌面筹码"。而本章主要介绍通过数字化平台利用数字化技术来增强客户参与度和解决客户的问题，从而带来新的收入来源。

（2）技术需求。运营平台中的关键技术是那些支持提高重复性流程自动化的技术。该技术可减少时间、成本和出错概率。这其中涉及不断增加的自动化交易和运营流程的系统，包括企业资源规划（ERP）系统、客户关系管理（CRM）系统、电子病历（EMR）系统、核心银行引擎和产品生命周期管理（PLM）系统。相反，数字化平台包含 API 使能的数据、基础设施和业务组件的存储库，因此，企业可以快速配置和商业化数字化产品/服务包。运营平台和数字化平台在利用新数字化技术的程度方面并没有区别。数字化平台的存在是为了通过社交、数据解析、云计算和物联网等新数字化技术来增强数字化产品/服务包。但是，这些数字化技术在运营平台中也发挥着重要的作用。

虽然大多数企业最初都是通过传统的技术（例如大型机和本地企业系统）来构建其运营系统的，但是现代化企业则是通过数字化技术实现了运营平台。例如，很多企业越来越多地使用外部的、基于云的软件来支持其核心业务流程。此外，许多企业为生产线上的员工配备了移动通信技术，以实现更便捷的数据访问和远程功能。企业可以将人工智能和机器人流程自动化应用于重复性的业务流程。

（3）数据需求。运营平台和数字化平台通过数据连接在一起，但是它们履行不同的数据收集和数据储存职责。

运营平台支持大多数交易和主数据的收集、存储和提供。这是因为运营平台支持生成和处理此类数据的业务流程。在理想情况下，这些数据将支持企业运营中基于证据的决策制定。这就是所谓的"真相的单一来源"。

而数字化平台中收集并储存了大数据（传感器数据、社交媒体数据、公共数据和购买的数据），用于分析和对产品/服务包的洞察。

这些区别不是绝对的。例如，某些传感器可能正在跟踪设备的位置或者正在运行以支持企业的内部运营。而且，运营平台和数字化平台有时会使用彼此的数据。例如，运营数据通常被用于数字化产品/服务包中的嵌入解析，而数字化平台将启动交易，然后生成企业主数据和交易数据的一部分。

（4）流程需求。为了取得较好的运营效果，企业必须实施标准化的流程。在这些流程中，相似而不同的流程会对企业的数据或业务成果的可靠性产生负面影响。为了建立自己的运营平台，大多数企业在编写代码之前要确定尽可能多的系统和流程需求。甚至将软件即服务（Software as a Service，SaaS）解决方案用于其运营平台的企业也会深思熟虑地定义系统和流程需求。变更运营平台的流程需要详细的计划和定期发布测试。

相反，数字化的关键流程需求可以通过实验获得。数字化产品/服务包起初是最小可行产品，它们随着其价值的体现而被扩展。数字化产品/服务包中的组件的持续改进取决于软件的持续发布，以便客户可以从创新和改进中迅速受益。数字化平台中的组件数量可以并且将成倍增加。所以，在数字化平台中变更流程与开发流程没有什么不同。

（5）人员需求。为了设计有效的运营平台，架构师定义了"最终状态"或"目标状态"，以具体说明企业的核心流程（例如，订单到回款流程、全球供应链流程、人力资源流程），以及它们如何共享数据。然后，企业可以创建路线图，以显示项目经理最终如何交付目标成果。这些项目经理负责带领团队并及时完成大型企业项目。他们就可接受的企业解决方案进行谈判（在需要时），并推出解决方案，以便迅速创造价值。

架构师在数字化平台中也起着重要的作用：最值得注意的是，他们决定哪些组件可能被重用。因此，架构师为了可以将组件存放在存储库中并重用而设计组件。他们还可以设计 API 的标准，但是他们没有设计最终状态，因为随着他们创建出新的组件，数字化平台会不断演进。而组件所有者会反复假设并测试其组件的价值。

5. 运营平台和数字化平台一起工作

尽管运营平台和数字化平台是截然不同的,但它们必须能够无缝地交换数据。数字化平台通常需要访问主数据和交易数据,用于解析数据和服务客户。数字化平台还可能会要求运营平台为数字化产品/服务包提供交易处理和其他功能的支持。同时,运营平台依靠数字化平台来保护自己免受数字化产品/服务包不断变化的影响。图 3-17 描述了运营平台与数字化平台之间的关系。

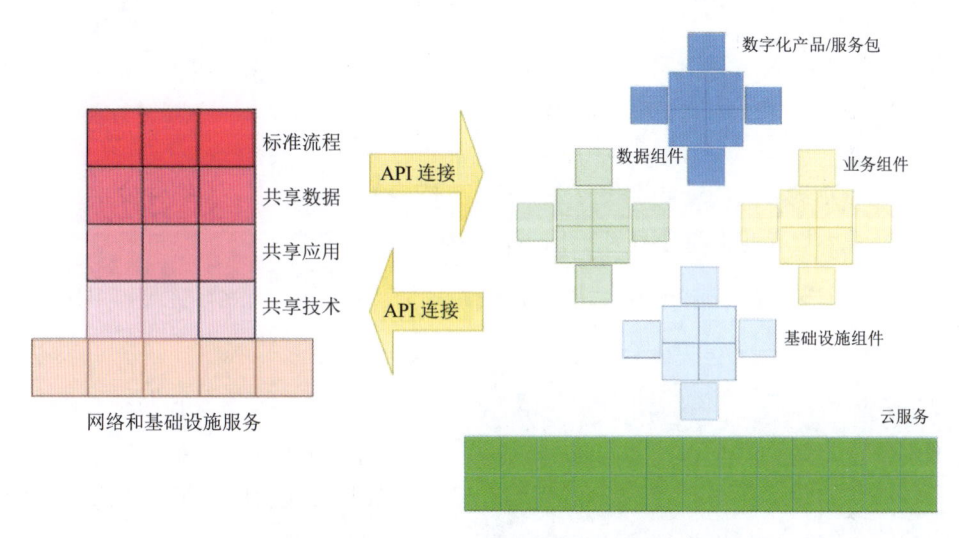

图 3-17 运营平台与数字化平台之间的关系

由于运营平台和数字化平台(信息化对比数字化)的设计需求有很大的不同,企业需要分别定义负责每个平台的人员。但是,创建和维护数字化平台与运营平台之间连接的责任属于与运营平台相关的人员和流程。选择正确的数据或适当的流程以导入数字化平台,需要理解遗留应用及流程如何使能实际工作的复杂之处。提取和共享数据功能同样需要使用经过深思熟虑的日常计划和测试流程。这些流程支持运营平台。

6. 建立数字化平台

数字化平台应该比运营平台更容易构建,一部分原因是随着企业对组件的需求日益明显,企业可以逐步构建数字化平台。因为大多数企业尚未建立数字化产品/服务包组合，所以这些企业还没有（迄今为止）创建一整套系统来代替数字化平台。需要注意的是，企业会很轻易地启动整体的数字化产品/服务包的构建以解决眼前的问题，但并没有认清它们可能会限制企业未来发展的创新速度。

数字化平台的设计和开发需要遵守诸如模块化、可重用、具有路线图规划和标准 API 设计之类的架构原则。它要求业务和技术负责人从组件的角度考虑企业的数字化业务。目前有两种方法可以帮助企业开发能够支持其业务模型的数字化平台：逐步建立数字化平台或购买数字化平台。

（1）逐步建立数字化平台。

企业可以逐步开发数字化平台，例如一次开发一个组件。当组件变得无用时，可以将其丢弃。数字化平台可以而且应该不断演进。

数字化平台的开发可以从单一数字化产品/服务包所需的组件开始。成功的实验可能会带来一些机会，让企业可以开始构建必要的组件。但是，这种方法会延迟这些初始数字化产品/服务包的发布，因此，数字化企业会被引导以一次性的整体方式为任何给定产品/服务包的功能编写代码。这可能适用于一些早期的数字化产品/服务包的开发，但是当企业发现有更多机会需要根据客户要求调整数字化产品/服务包时，这将导致企业返工。

逐步开发数字化平台的方法面临的挑战是，在没有足够的组件需要正式管理之前，该平台看起来并不重要。当整个企业认识到自己需要数字化平台时，可能已经建立了相当混乱的遗留系统，但没人愿意对此负责。

特别是在长期拥有自治或半自治业务部门的企业中，业务负责人可能对构建和使用数字化平台并不热衷。他们偏好以开发个别产品/服务的传统方式来开发数字化产品/服务包。这与将业务组件配置到数字化产品/服务包中的思维方式是不匹配的。

设计和构建数字化平台需要领导者认识到这是长期的需要并长期投资它们。如果业务领导者不从可重用组件方面思考就承诺构建数字化平台，则面临的风险可能是企业构建了一套昂贵而脆弱的数字化产品/服务包。要从过去构建的凌乱的遗留系统中汲取经验和教训。如今，构建运营平台对企业来说是一个挑战，主要是因为大多数企业构建的系统都可以满足当前的需要，而不是企业长期、全局的需要。

（2）购买数字化平台。

对于没有数字化平台的企业，还有一种选择是收购具有数字化平台的初创企业。这样的收购可以引入一些新的数字化产品/服务包，并加速提高企业数字化业务的能力。

收购具有数字化平台的原生数字化企业可能对正在经历数字化转型的企业来说是提高其数字化能力的一种简单、快速的选择。但是，企业在通过收购一家原生数字化企业来购买其数字化平台时需要注意，有些原生数字化企业并不是拥有架构完善的数字化平台。他们通过蛮力（即人为地找到一种方式）推出了新功能，有时甚至提供了新的数字化产品/服务包。但是他们没有细心地设计可重用的业务、数据和基础设施组件。它们具有的是整体的数字化产品/服务包而不是组件。

希望通过收购原生数字化企业来购买其数字化平台的企业还应该记住，企业在购买并建立数字化平台时应采用与建立运营平台时不同的方式。仅仅购买一家企业的数字化平台是不够的，还必须要导入人员及他们的工作方式。为了影响母公司，从事构建和配置组件的任何人都必须放弃旧习惯，并采用初创企业的习惯。

7. 正确设置数字化平台

当前，大多数拥有非数字化商业模型的企业正在将其大部分资源分配给信息化——为了更好地完成自己目前在做的事情。由于在可预见的将来他们很有可能还会依靠传统的收入来源，而他们的数字化业务将依靠有效率的核心业务流程，所以对运营平台的投资是明智的。

但是企业长期的成功取决于其数字化业务能力，因此，企业应分配相应的资源以学习如何对数字化产品/服务包进行组件化和构建数字化平台。在大多数行业中，在从传统产品/服务向数字化产品/服务包转变的过程中，企业有时间学习如何采用新的系统和流程，以加速数字化产品/服务包的开发。也就是说，构建和使用数字化平台需要一个完全不同的组织，因此，企业需要从现在就开始构建其数字化平台。如果等到企业迫切需要数字化产品/服务包时再构建数字化平台，则为时已晚。

以下是本节的重点：

（1）数字化产品/服务包的组件化、数字化的与众不同之处。要构建可以支持数字化产品/服务包快速创新的数字化平台，则需要从组件的角度思考企业的业务：有没有尚未组件化的数字化产品/服务包？可以将这些数字化产品/服务包分解为可以在将来的数字化产品/服务包中重用的组件吗？

（2）运营平台和数字化平台有着不同的设计需求。要评估企业是否正在架构一个包含数字化组件存储库的数字化平台。

（3）数字化平台不同于运营平台，但可以与之一起使用。负责运营平台的人员需要使数据和流程可用于数字化产品/服务包。要评估企业是否有负责将运营平台和数字化平台连接起来的人员。

随着企业开始开发数字化组件和数字化产品/服务包，其渐渐变成软件公司。与传统的产品/服务相比，数字化产品/服务包的变化要快得多。因此，企业可以适应快速变化的能力是其数字化转型成功的关键。快速变化将要求企业具有新的决策责任制和工作设计。这是 3.2.4 节中要讨论的内容。

3.2.4 问责框架

图 3-18 是问责框架构建块的图形表示和概述。

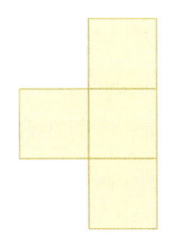

问责框架：配置人员流程和技术，以确保个人/团队对数字化产品/服务包的成功和进化负责。
分配数字化产品/服务包和组件的责任，它平衡了自主性和对齐性

图 3-18　问责框架构建块

在企业完成其数字化平台并配置数字化产品/服务包时，企业将部署自己的"王牌部队"。个别的"王牌部队"（可能是企业中的团队或个人）可能会取得出色的成就，例如编写很酷的手机应用或开发人工智能算法。换句话说，每个"王牌部队"都有可能成功地创建出组件。但是，要实现企业数字化的目标，"王牌部队"必须确保将各个组件结合在一起以交付真正的数字化产品/服务包。

传统上，企业希望领导者知道如何实现业务目标，并指导其他人实现业务目标。这种方法可以提高业务效率，尤其是在解决企业充分了解的问题时。但是它不会促进企业的创新。

如果企业希望以数字化方式取得成功（例如，企业期望大规模开发有价值的数字化产品/服务包），则企业需要赋予员工权力，使员工能够想象并构建出色的组件。同样重要的是，企业需要使那些有能力的员工在工作投入上保持一致，以使这些组件可以有效地共同工作。赋予员工权力并同时协调他们的工作投入是企业需要问责框架的原因。数字化平台是企业数字化转型成功的技术基础。问责框架定义了构建和使用数字化平台的角色和流程。

1. 具有创造力而不是混乱

为了提高效率而设计企业的流程的企业通常严重依赖阶层式结构。企业之所以这样做是因为命令和控制（Command & Control）管理方法已经帮助这些企业优化了企业的流程。当可靠性和可预测性是流程的最重要特征时，领导者只需要告诉员工应如何执行该流程。

开发数字化产品/服务包（及其底层组件）较少依赖于标准化流程，而更多地取决于快速创新。数字化领导者依靠员工的想象来实现数字化产品/服务包。为了激发员工的创造性思维和探索精神，数字化领导者正在避开规定的阶层式流程，而是授权员工以识别、创建和管理数字化产品/服务包。这是一般初创企业的做法。

授权可以让处于组织层级中的最低层级的人员做出决策。这样做可以确保决策者见证他们的决策所带来的影响。当某个变更对客户或员工/团队有负面影响时，决策者不必等待与上级一起分析、协商和建立共识，而是可以立即做出响应。决策者还可以更好地从旁观者的角度思考——采取措施解决问题，而不是遵循常规的业务规则或流程。

当然，分别地授权团队管理数字化产品/服务包可能会导致组织混乱。而负责特定组件或产品/服务包的员工可能会优化该组件或产品/服务包，但无法促进企业范围的目标达成。企业通过发展问责框架可以消除混乱。问责框架构建块为每个数字化组件建立了所有权。

大多数企业的领导者都认识到，采用构建数字化平台（而不是运营平台）所必需的问责框架会让员工有一些基本的行为改变。一些领导者表示，他们可以通过简单地改变激励措施来改变这种情况。

被授权的团队可以建立度量标准、定义流程、评估成果，并调整自己的活动，通过实现部分目标来达成更大的企业范围的目标。为了确保个别团队的努力与其他团队的努力相辅相成（而不是与之冲突），企业必须仔细地设计问责框架。具有清晰的目标、获得支持工具和资源，以及进行大量培训和辅导至关重要，否则，被授权的团队将变得混乱而不是具有创造力。

2. 管理在使用中的资产

数字化产品/服务包是基于软件的。由于软件是无形的，因此，其具有无限的适应性。有价值的软件可以并且应该定期更新。华为消费者业务集团（手机与个人设备部门）、Apple、Microsoft、Salesforce，以及其他任何创建了可用于人们日常活动的软件的厂商，都在不断更新软件，并成为人们生活的一部分。将业务数字化将使企业从抱怨技术合作伙伴强制进行软件更新，转变为努力定期产出让客户受益的增值软件更新。

由于软件可以并且应该定期更新，因此，我们可以将数字化产品/服务包及其中的关键软件组件视为企业使用中的资产。它们最初小而简单，然后随着吸引越来越多的客户而成长，最终可能会退役。为了适应客户的需求和新技术，企业需要关注使用中的资产——在许多情况下，需要持续关注。

因此，组件更新是大多数数字化价值主张中必不可少的组成部分，但它们对人们的工作方式提出了新的要求。因为人们必须要快速响应新的客户洞察，所以它们创建了动态的工作环境。正是这种动态的工作环境，使授权和问责变得必不可少。阶层式的决策过程太慢，并且在顶端的领导者可能无法意识到要响应不断变更的客户需求。

问责框架中的关键角色是组件所有者。组件所有者可以是团队，也可以是个人，其不仅负责构建有价值的组件，还负责在整个组件的使用生命周期中为依赖组件的人员（员工、客户和/或合作伙伴）维护组件的质量、成本效益和可用性。

一些组件所有者负责构建数字化产品/服务包：他们开发、维护及定义产品/服务包的代码。这些代码可以根据需要访问可重用的组件，同时提供独特的（不可重用）功能。其他组件所有者负责构建数字化产品/服务包所依赖的业务、数据或基础设施组件。组件所有者使数字化产品/服务包所有者可以在准备就绪后立即发布新功能。

更重要的是，企业要创建一个可以管理使用中的资产的组织，这是比单纯采用敏捷方法论更根本的组织变革。敏捷方法论改变了企业开发软件的方式：开发人员不再将时间花在前期开发一套详细的系统需求上，而是通过在简短的冲刺（Sprint）中获得用户对迭代开发的软件的反馈，即开发者从用户那里发现需求。为了管理使用中的资产，企业必须为不断更新的组件分配问责框架。

3. 问责框架促进自主和对齐

企业在尝试构建和使用数字化平台时面临的最大挑战不是技术。对训练有素的工程师而言，构建 API 使能的业务、数据或基础设施组件非常简单；而定义所需的可重用组件，以及清楚它们将如何协同工作、哪些增强功能将增加价值，以及哪些数字化产品/服务包最有希望为业务做出贡献等就困难得多。这就是企业需要问责框架的原因。设计问责框架的本质是设置角色和流程，这些角色和流程应提供足够的自主性来释放团队和个人的创造力，同时促进团队自主和个人之间责任的对齐。

以下是平衡团队自主和个人之间责任的八项指导原则。

（1）组件所有者，而非项目经理：数字化产品/服务包和组件的所有者对在组件的整个生命周期中创建的内容负责。他们不会像项目经理那样将代码移交给质量保证团队、运营团队、商业化团队或客户服务部门。组件所有权中涉及的责任范围很广，并且其中的必备技能很难掌握。组件所有者必须是解决问题的人——他不能等待指示。许多组件所有者可能需要教练来帮助他们学习如何产生预期结果。如果他们曾经是项目经理，则会特别需要教练。

（2）使命，而非结构：正式的阶层式结构提供了稳定性，这对于加强标准化业务流程是有用的。但是，组件所有者正在响应不断变更的客户要求和新的业务机会。他们对正式的阶层结构的需要更少，而对灵感的需要更大。为了确保他们的活动有助于实现企业的目标，组件团队需要有明确的使命，以完成企业的目标。使命让组件团队明确自己将要完成什么，以及其他团队将要完成什么。通过这种方式，可以使组件团队既有目标又有界限，从而减少了在正式结构中划定组织边界的需要。使命促进了组件团队的自主性，组件团队完成自己应有的使命，并且仅在必要时与其他团队进行协调。

（3）指标，而非指令：为了完成任务，组件团队需要建立衡量标准，以明确在构建和增强组件时他们完成任务的进展。为了帮助他们，领导者审查组件团队提出的指标并与其讨论这些指标的适用性；而不是发布指令。通过这种方式，领导者可以最大化地开发组件团队的创造性才能，并帮助团队成员了解哪些有效，哪些无效。如果有必要，则领导者将指导组件团队如何更好地选择和追求他们的指标，但不会篡夺团队定义其如何完成使命的责任。

（4）实验，而非主要的产品发布：组件团队通过假设来分析哪些行动将会提高自己的目标。他们通过实验来测试假设。其中，需要编写一些软件代码并将其发布，以查看客户（或其他团队）的反应。组件团队可以比较实验结果与他们建立的目标。如果实验成功，则他们可以设定一个新的目标。如果实验不成功，则他们会更改假设或尝试其他实验。

（5）持续地发布，而不是按计划地发布：为了确保组件团队快速学习和做出反应，需要让他们在编写新的软件代码后立即发布它们。亚马逊每隔几秒就会发布一次软件代码。大多数企业不需要达到此频率，但是组件团队不能通过等待定期的软件代码发布来获取反馈。他们也不能依靠运维团队按照队列顺序开发组件，并在其方便时将组件投入生产。为了促进可以持续发布软件代码，技术组织正在创建 DevOps（集成开发和运维）环境，以最小化或消除开发应用与将应用投入运维的责任分离。

（6）具有资源完整的团队，而非矩阵式功能：为了使组件团队成功，需要让他们能够便捷地访问所需的资源。这意味着大多数组件团队需要可以跨职能。但是，即使跨职能，组件团队也无法掌握独特的专业知识。大多数大型企业已经构建出复杂的矩阵结构，以提供跨业务线和地域的水平功能性服务。但是它太慢且太标准化了，无法满足组件团队的需要。因此，领导者必须让他们的"迷你"首席执行官（mini-CEO）来定义和创造性地解决他们的资源需求。这听起来成本很高。是的，成本高且很昂贵。昂贵并不意味着浪费。给予你的"迷你"首席执行官所需的资源，你将完全负责其成果、成本和交付它们的团队。没有借口！

（7）协同，而非阶层：精心设计的团队使命可以限制组件团队之间的相互依赖性。但是，由于在数字化业务中会同时进行很多的工作，有时团队之间必须要进行协调。当发生这种情况时，阶层式组织的决策过程会成为瓶颈。组件团队需要了解他们还依赖哪些团队和哪些团队依赖他们的输出。然后，他们可以在需要时直接与相关方合作。领导者可以通过提供协同工具和流程来提供支持，例如同地工作、对相互依存关系的可视化和每周一次的站会。

（8）信任，而非控制：当出现问题时，传统上，阶层式组织中的领导者的自然本能是介入并解决问题。他们需要抵抗这种自然本能。具有清晰的使命、清晰的边界、可执行的指标，以及对所需资源具有访问权限的组件团队，相比该团队的领导者，可以以更好的角度解决问题。数字化企业的领导者会辅导组件团队：帮助成员了解问题出在哪里，或者决定下一步该怎么做，但是领导者对于问题或者解决方案的了解远少于组件团队。领导者不是组件团队的总教练（他们通过命令来控制个人活动），而是流程教练，他们帮助组件团队成员磨炼技能以承担关于组件的全部责任。

这些原则凸显了企业在建立和使用数字化平台时面临的管理变革。即使在原生数字化企业中，这些原则也难以实现。实际上，采用这些原则的企业观察到问责框架在不断演进：当企业和应对一个挑战时，就会出现一个新的挑战。

4. 如何发展问责框架

许多企业正在通过敏捷方法来加速软件开发。这种方法可以帮助企业通过不断地反馈和迭代积累共享的客户洞察，还可以帮助企业将可重用的组件填入数字化平台中——如果团队负责这一任务。但是，单靠敏捷方法无法使企业能够大规模地创建数字化产品/服务包。企业需要一个具有平衡自主性和对齐性的问责框架。

上述原则和机制可以帮助企业设计一个促进企业数字化创新的问责框架。但是请注意，数字化组织的问责框架是没有模板的。企业应不断演进问责构架以满足当前的需要和解决问题。企业必须学习如何成功地成为数字化企业。

有时候，学习的过程会很痛苦。有的领导者可能觉得告诉员工应该做什么更自在，而不是由他们去创新和协作。这些领导者可能不适合当教练，更适合指导别人。同样，许多习惯听命令的员工对于自己做出决定并为此承担责任会感到不习惯。简而言之，制定问责框架涉及重大的文化变革，其中涉及以下一些准则。

（1）区分内部流程的责任与新的数字化产品/服务包的责任：运营平台和数字化平台对业务来说都至关重要，但它们的角色大不相同。一般来说，运营平台能使内部流程变得高效，而数字化平台是创新数字化产品/服务包的基础，一个用于衡量成本的降低和流程的可靠性，另一个用于衡量收入的增长和组织的学习成果。如果企业内的员工不断试图调和对效率和创新的需求，则他们很可能两者都做不好。

试图开发新的数字化产品/服务包的团队会遇到一些与运营平台相关的问题。例如，他们可能无法获得良好的客户数据；他们可能需要对交易有更深入的了解；或者他们可能会遇到供应链流程的问题。这些数字化领导者的倾向是采取措施修复出了毛病的事物（例如，建立客户数据库或彻底检修供应链流程）。这是非常错误的。

只有负责流程的人才能修复出了毛病的流程。否则，多个团队会对同一问题采取不同的方法（例如，创建多个客户文件或以不同的方式修复出了毛病的流程）。至少，他们所做的将是多余的；在最坏的情况下，他们将发生冲突。要让开发新的数字化产品/服务包及其平台的团队与负责内部流程的团队保持距离。

（2）逐步实施：自主性原则允许组件所有者创造性地处理机会和问题。对齐性原则则是确保应用于一个数字化产品/服务包的创新解决方案可以补充其他产品/服务包所缺失的功能并完成企业的使命。随着企业数字化平台的日益成熟，开发和使用数字化平台的员工数量会不断增加，在不限制自主性的情况下保持对齐性变得越来越具有挑战性。

很多企业会发现，他们的第一个数字化团队在发布第一个数字化产品包时，几乎没有组织方面的问题。在创建第二个或第三个团队以支持该数字化产品/服务包的可重用组件和后续数字化产品/服务包时，也并非困难。但是，不久之后，越来越多的团队和组件之间产生的相互依赖性导致了新的和未解决的挑战。

一些企业正在将大量的人员同时转移到敏捷、授权的组织环境中。如果企业在授权的环境中定义问责框架的经验有限，那么这种做法就不是很好。甚至在企业初创时期，也很难实现完整的问责框架。因此，最好是逐渐发展这些新的业务设计。请记住：如果你想和一家初创企业一样，那么从小处入手就是你该拥抱的设计特征。

一些企业正在学习如何从其 IT 部门开始发展问责框架。这可能是一个合理的起点，因为许多 IT 人员会自然而然地遵循组件化和模块化架构的原则。他们通常具有使用敏捷方法的经验。这种经验通常可以实现跨职能的团队和快速、迭代交付产品。

（3）创建教练角色：在丰田互联北美公司中，这个具有 200 人的组织的主管领导团队将其职责定义为指导该组织的产品（即数字化组件）所有者。主管行动小组（EAT）每天开会。丰田互联北美公司的首席执行官 Zack Hicks 这样描述了他们的工作："我们的工作不是告诉他们该怎么做。作为高层领导者，我们的工作是消除他们在路上的障碍。产品经理只要能够获利，就可以根据自己的意愿做任何事情。这样他们就可以将利润再投资。这使得他们专注于业务要什么和客户要什么。我们会提供反馈。我与他们进行了一对一的交流，但并不是要管理他们的日常活动。"

（4）重新思考治理：许多领导者将治理视为高层管理人员的决策，其中明确规定由谁制定决策并对之负责。建立问责框架属于治理工作。

传统上，企业的高层管理人员的治理决策涉及资源的分配。建立业务战略后，高层管理人员将分配执行该战略的责任，然后做出投资决策为战略执行工作提供所需的资源。

在数字化组织中，高层管理人员的治理决策与其使命定义有关。如果使命定义良好，则能使团队专注于实现其目标。因为他们对自己产生的成本和收益负责，所以团队不太可能寻求无法转化为价值的资源。如果使命定义不佳或不够清楚，那么被授权的团队之间的工作将发生冲突，实现企业目标将有风险。这就是要定义清晰的使命以取代资源分配作为数字化组织中关键治理决策的原因。

许多企业都会进行一些实验：在两到三个月内生产出最小可行性产品（MVP）。这些实验通常生命周期很短。企业在未来投入的资金取决于其实现的价值。正如一位数字化业务负责人所描述的流程："如果我们看到产品有稳定的发布版本，那么我们将继续为其提供资金。如果我们看不到产品有稳定的发布版本，或者它们无法吸引更多的客户，那么他们将不得不进行更多的治理。"

一旦团队成立，他们往往会有持续的预算，但是团队领导会监控他们的结果以确保团队在正轨上。高层管理人员会就采取和放弃哪些新战略举措做出关键决策，这包括对基础设施组件的投资。

在成功的数字化企业中，领导者会把日常工作分为"值得追求的新产品/服务包"和"阻碍数字化成功的新问题"。员工将拥有与这些新机遇和新挑战相关的使命。习惯于相当稳定的组织结构的人，可能需要一些时间才能适应不断演进的问责框架。但是，随着时间的流逝，问责框架的不断变更应该成为企业的第二天性。

5. 设置正确的问责框架

一些企业对问责框架的理解和应用还处于早期。但是他们正在学习！他们传统上依靠组织结构分配责任的做法肯定会被舍弃。但是，一旦他们适应了遇到问题或机会就立即授权团队或个人承担解决这些问题或抵住机会的使命，他们就不太可能再使用原来的工作方式。以下是总结的一些企业在设置问责框架中遇到的关键教训。

（1）要构建和使用数字化平台，企业中的某些人将不得不从根本上改变已有的工作方式。从本质上讲，企业必须采用像软件公司那样的做事方式，这意味着其需要为使用中的资产分配所有权，即企业要采用敏捷方法，以及为使用中的资产指定所有者并赋予所有者权力。

（2）为了避免混乱，在对团队赋权时，企业需要一个数字化业务的问责框架，它可以平衡各个团队的自主性和团队之间的对齐性。这需要为不同的团队赋予不同的使命，即企业应为各个团队确定相互依赖性最小化的使命，并且有人负责不断调整企业的问责框架，以响应有关什么会奏效的组织性学习。

（3）要促进创新，就需要充分满足企业的创新团队需要的资源。如果企业的创新团队必须在资金不多的情况下勉强生存，则他们将不会产生新的价值主张或数字化产品/服务包。迷你首席执行官（Mini-CEO）最终可以承担覆盖其组件和数字化产品/服务包成本的责任，但他们需要启动资源。因此，企业需要对产生数字化产品/服务包做出财务承诺。

（4）因为企业在支持授权和组件化的管理方面经验有限，因此，企业应从小规模组织入手并允许组织学习，即企业需要建立一些自主团队及学习如何使它们有效果的流程。

（5）数字化组织中的管理人员更多地依赖于教练而不是阶层式决策来优化业务成果，即企业需要帮助员工成为出色的教练。

建立问责框架可能是所有构建块中最困难的，它可以帮助企业找到影响企业管理使用中的资产的能力的最大因素。企业现在应开始实验以学习如何正确设置企业的问责框架。

3.2.5　外部开发者平台

如图 3-19 所示是外部开发者平台构建块的图形表示和概述。

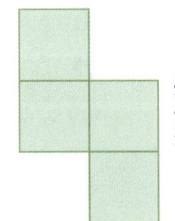

外部开发者平台：配置人员、流程和技术来吸引合作伙伴杠杆利用和扩展他们的数字化产品/服务包组合。开放给外部各方的数字化组件存储库。

图 3-19　外部开发者平台构建块

非原生数字化企业在刚开始数字化转型时会想象企业数字化后是什么样子的。随着时间的推移，他们将实现他们的一些目标。而其他目标将被证明是不重要的甚至是不想要的，或无法实现的。

许多处于数字化转型初期的企业都渴望推动整个生态系统的转变，就像苹果公司一样，即创建一个 iOS 平台，并将其服务提供给第三方手机应用（App）开发者。然后，这些开发者将其手机应用出售给企业的客户，而企业抽取其中的佣金。接下来，企业的市值就开始飞涨。

当然，并不是每家企业都能实现此目标。美国通用电气（GE）建立了 Predix 平台来收集和分析物联网数据，以改善客户的工业资产管理方式。通用电气期望外部开发者可以创建组件来扩展 Predix 平台的功能。但是客户需求更新缓慢，开发者并没有表现出对 Predix 平台提供的功能感兴趣，从而导致了 Predix 平台的失败。

尽管有这样一个反例，但大多数企业会在扩展其数字化平台以支持生态系统合作伙伴中发现价值。

1. 苹果的抱负

值得注意的是，苹果的手机应用开发者生态系统并不是苹果最初的业务模型的一部分。早期，苹果内部开发的手机应用利用了数字化技术的移动性和连接性。在邀请外部开发者在手机应用商店（App Store）中发布手机应用之前，苹果已在其内部可以熟练地创建手机应用：浏览器、电子邮件客户端、短信服务工具、照相机、天气应用和生产力工具。尽管史蒂夫·乔布斯最初拒绝向外部开发者开放 iOS 平台，但他最终意识到，苹果并不需要拥有所有的手机应用。在那个时候，苹果已经处于行业领导者的位置了。由于苹果拥有底层的基础设施和客户数据，手机应用开发者看到了在 iOS 平台上构建数字化产品/服务包可以带来巨大的收益。

除非企业能独立为客户的所有需求提供最佳的解决方案，像苹果一样，否则在生成数字化产品/服务包时就必须利用外部各方的创造力。不然，企业会发现自己装备不足，会与强大的企业联盟竞争。紧急程度也是企业要考虑一个因素。虽然一家企业可能更喜欢开发自己的组件而不是使用合作伙伴开发的组件，但是其客户可能觉得这样做所花费的时间太长，而没有耐心等待。因此，生态系统对大多数企业成功数字化转型来说还是很重要的。

如今，包括抖音、淘宝、滴滴和腾讯（微信和 QQ）在内的许多数字化初创企业的业务模型都是基于生态系统的。确实，基于生态系统的创业让人们认为：每个人都可以并且应该建立一个获胜的平台，将活跃的第三方提供商和消费者社区连接起来。

生态系统是一种试图连接市场多方的业务模型（例如，iOS 平台上的手机应用用户和手机应用开发者；打车软件上的司机和打车者；微信上的读者、广告商和游戏开发者），让他们可以彼此直接互动。生态系统会表现出良性循环的网络效应：一侧的参与者（例如开发者）越多，为另一侧的参与者（例如用户）创造的价值就越高，反之亦然。

正如前面内容中介绍的，企业将在漫长的过程中学习如何构建和管理可重用数字化组件的平台。向外部开放企业的数字化组件会增加另一些挑战。为了应对这些挑战，企业需要第 5 个构建块：外部开发者平台。

2. 外部开发者平台扩展了数字化平台

外部开发者平台是向外部合作伙伴开放的数字化组件的存储库。一般有以下两种类型的外部开发者平台。

（1）一种是外部开发者平台，即允许合作伙伴在其产品中使用企业内部开发的组件。例如，谷歌地图（Google Maps）外部开发者平台将与谷歌地图相关的功能和数据提供给外部开发者，以供其他企业的数字化产品包使用。

（2）另一种是通过为相关数字化产品包创建市场来提供外部开发者平台。例如，苹果邀请应用开发者通过 App Store 将其产品提供给苹果设备的使用者。同样，微信通过小程序将第三方开发的应用/游戏提供给微信的客户。

外部开发者平台通过 API 将数字化组件安全地暴露给外部各方。为了促进合作伙伴使用企业内部开发的 API 使能的组件，外部开发者平台通常包括一个开发者门户网站，其中提供了所有可用组件的目录和描述（通常被称为 API 目录）。外部开发者平台还提供了诸如软件开发工具包（SDK，Software Development Kit）之类的工具，以帮助外部开发者快速编写新代码，以利用该平台组件所执行的服务。

在 3.2.3 节中，我们将数字化平台描述为数字化组件（数据、业务和基础设施组件）的存储库。设计良好的数字化平台由 API 使能的组件组成。这些 API 使企业能够以模块化的"即插即用"的方式从组件中配置数字化产品/服务包，而不必为每个数字化产品/服务包编写大量的单体代码。在开发 API 后，API 的安全性和治理特征将决定谁可以访问 API，进而使用基础服务。将外部开发者平台扩展到外部，让外部可以访问企业数字化平台上一组选定组件的 API。企业可以通过公共在线开发者门户网站提供 API 的开放访问服务，或者将访问权限限制为选定的合作伙伴。图 3-20 中描述了企业的数字化平台与其外部开发者平台之间的关系。

一些企业迫切需要管理其数字化平台的外部访问权限。例如，为了使个人更好地控制其数据的一部分，欧洲和澳大利亚的开放银行法规中要求最大的金融服务公司应允许经过验证的第三方访问其客户账户信息或通过 API 发起支付服务。

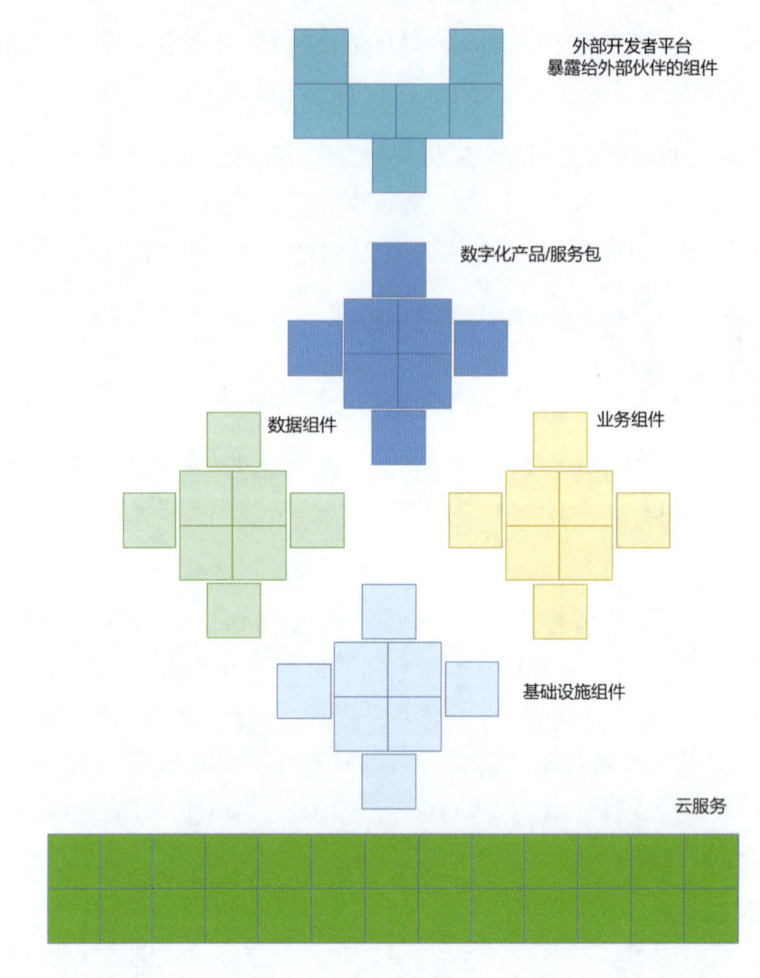

图 3-20　企业的数字化平台与其外部开发者平台之间的关系

3. 谁需要外部开发者平台

企业的外部开发者平台能够扩展客户的数字化产品/服务包的数量和范围，并带来收入或提高客户的满意度。简而言之，外部开发者平台可以使企业利用其规模优势。由于软件的发行成本一般占比不大，因此，重用数字化组件在理论上以接近零的成本为平台增加价值。换句话说，外部开发者平台可以提高企业在数字化平台上已经进行的投资的回报。

许多企业的高层管理者对构建外部开发者平台不感兴趣。他们专注于从自己的数字化产品/服务包中获得收益。在企业数字化转型的初期，忽略外部开发者平台可能是一种务实的策略，甚至是明智的策略。

但是，包括外部开发者平台在内的 5 个构建块都是相互依赖的。在星展银行等企业的实践中凸显了这些相互依赖性。外部开发者平台对这些企业的运营平台提出了新的要求，并迫使企业对其数字化平台进行进一步合理化和专业化的优化。与其数字化平台一样，星展银行的外部开发者平台也需要注意决策的优先级、组件所有权和迭代的敏捷方法——这是企业建立问责制框架的关键。最后，对客户进行实验和洞察对于更好地理解客户想要的数字化产品/服务包与星展银行及其外部合作伙伴可以共同交付的数字化产品/服务包之间的交集很重要。

正如外部开发者平台依赖于其他构建块一样，外部开发者平台可以帮助企业构建其他数字化能力。例如，它可以提供可以被添加到数字化平台的有用组件。换句话说，一个管理良好的外部开发者平台几乎肯定会有利于其他构建块。但是，与其他 4 个构建块不同，除非企业已经开发了与其他 4 个构建块相关的能力，否则他们启动外部开发者平台的构建都是困难的。

4. 设计和开发外部开发者平台

设计一个外部开发者平台来推动开发者生态系统有可能会让企业增加收入、利润，以及提高客户的满意度。但是，企业不应该猜测自己需要哪一种外部开发者平台，并着手构建该平台。相反，他们应该首先为自己的数字化产品/服务包开发有价值的可重用的组件组合。然后，当他们的其他数字化构建块成熟时，便可开放某些组件供外部使用。

构建外部开发者平台不仅需要开放企业内部组件的 API，还需要企业在开发者门户网站中将它们按目录分类。企业面临的第一个挑战是要确定哪些数字化组件将为企业、企业的客户和合作伙伴带来收益。然后，企业将需要激发为那些数字化组件配置数字化产品/服务包的外部创新。

在麻省理工学院信息系统研究中心的调查中，数字化产品/服务包产生的收入平均占企业总收入的 5%。少数拥有良好的外部开发者平台的企业，其数字化产品/服务包产生的收入平均占其总收入的 20%。

对于确定哪些数字化组件是最有价值的，可能是具有挑战性的。一方面，包含或嵌入企业特定数据的组件可能对外部各方具有独特的价值，包含或嵌入竞争对手不具备的知识或能力的组件可能更有竞争力。另一方面，任何不是唯一或不可替代的组件都是大宗商品（Commodity），可能会带来一场价格竞争。最终，企业可能希望在外部开发者平台中添加一些组件，潜在的合作伙伴不希望由自己开发这些组件，因为合作伙伴可能无法及时开发它们以满足市场要求——当然，这些组件会提升合作伙伴对客户的价值。

如前所述，外部开发者平台有两种形式。其中之一涉及开放业务和数据化组件，使合作伙伴能够利用企业的数据或业务功能来创建数字化产品/服务包。另一种则是创建一个行业平台以开放基础设施组件，使合作伙伴能够将其数字化产品/服务包添加到企业的"集市"中。不管是哪种形式，企业的业务伙伴都会成为企业的外部开发者平台的客户。企业需要指定一个外部开发者平台所有者，他将负责以下 3 个领域：

- 与合作伙伴一起确定有价值的组件。
- 控制组件如何被提供和使用。
- 管理合作伙伴关系。

5. 设置正确的外部开发者平台

外部开发者平台只是企业要构建的 5 个数字化构建块之一。但是它不应该是企业构建的第一个构建块。但是，企业绕过外部开发者平台提供的机会会面临一些竞争风险。而且，诸如欧洲和澳大利亚的开放银行所发布的法规可能会迫使一家企业在还没有准备好时就构建外部开发者平台。对大多数企业而言，外部开发者平台可能是关键的构建块。

以下是本节内容的摘要。

（1）除非企业能独立、及时地为客户的所有需求提供最佳解决方案，否则在生成数字化产品/服务包时，企业必须利用外部各方的创造力。因此，企业需要一个外部开发者平台。那么，企业要思考：企业是否已经看到自己对外部开发者平台的需要？它对企业的业务有什么好处？

（2）对于外部开发者平台，企业有两个选择：一个是提供业务和数据化组件供外部各方使用，以开发数字化产品/服务包；另一个是提供一个行业平台，可作为发行多个企业的数字化产品/服务包的集市。那么，企业要思考：企业是否有能力实现以上的任意一种方式？什么样的实验可以帮助企业确定如何从外部开发者平台中实现价值？

（3）外部开发者平台会促使企业对其他构建块进行专业的优化——它依赖于其他构建块具有一定的成熟度。这就是为什么大多数企业不应该通过设计外部开发者平台来启动数字化转型。那么，企业要思考：企业的其他构建块是否准备好了（足够成熟）以为外部开发者平台做出贡献？

（4）企业的外部开发者平台的所有者将负责与合作伙伴一起工作来确定机会并交付价值。那么，企业要思考：在企业中，谁拥有外部开发者平台？

第 4 章

企业数字化业务设计

第 4 章 企业数字化业务设计

企业的数字化转型需要依据第 2 章介绍的企业数字化顶层设计方法论来发展第 3 章介绍的企业数字化架构，以及本章介绍的数字化业务和业务流程模型。

数字化业务设计被定义为通过人员（角色、问责制度、结构、技能）、流程（工作流、端到端流程、标准操作程序）和技术（基础设施、应用）的整体组织配置，使用数字化技术定义价值主张并通过数字化技术交付产品/服务。数字化设计的要素是人员、流程、技术、数字化构建块、数字化产品/服务包和数字经济时代的价值主张。

价值主张定义了企业所要填补的市场需求是什么，或者要解决什么样的问题。企业的价值主张必须清楚地定义目标客户、客户的问题和痛点、独特的解决方案，以及这种解决方案可以带来的效益。价值主张是企业商业模型的核心。有关商业模型的介绍，请参考附录 A 商业模型画布模板与保险公司示例。

数字化产品/服务包是从客户期望的角度，根据交付的价值明确定义的一组相关产品/服务。企业可以使用诸如最小可行产品之类的技术，针对目标细分市场，验证其交付给客户的产品/服务的价值。企业可以根据自己独特的价值主张并与客户需求保持一致，来定位产品/服务。

企业数字化业务设计中的另一个关键是业务流程梳理，即用业务流程建模语言正确地、清晰地、完全地和一致地描述企业的管理和运营流程。使用 BPMN 语言，可以为业务人员定义的 BPMN 1 级描述型流程逐步添加细节，以及将其转换为 BPMN 3 级可执行型流程，并在流程引擎内执行。这就是流程自动化的基础理论。

4.1 数字化业务设计

企业应该清楚地意识到如今自己正被数字化技术"轰炸":社交平台、移动通信、数据分析、云计算、物联网,它们的影响只是刚开始。生物识别、机器人、区块链、3D 打印、边缘计算和未来的一些新技术的稳定发展,都有可能颠覆企业的业务。

数字化技术具有 3 种能力:无处不在的数据、无限的连接性和大规模的处理能力。这 3 种能力正在改变我们的生活和企业的经营方式。

例如,对于我们的生活,我们不必坐在餐桌旁讨论深圳每年的降雨量是多少——直接拿出手机搜索就行了。

对于企业,无处不在的数据让企业不再需要猜测客户要什么,他们是谁或他们是否是忠诚的客户——企业通过收集数据即可得知答案。无限的连接性意味着企业可以立即访问任何数字化内容,消除了瓶颈和延迟,让企业可以立即甚至主动地应对客户的问题。大规模的处理能力意味着企业能够通过系统处理无处不在的数据以发现人类无法观察到的联系。

要了解数字化技术为企业或行业带来的影响,可以参考打车软件的案例——它颠覆了整个行业。打车软件没有改变客户的核心需求——打车。但是它重塑了有关打车的价值主张。除了打车,人们需要知道什么时候可以呼叫到车,费用是多少和什么时候会到达目的地。此外,打车与付费(以及提供反馈)变得简单了。出租车公司本来可以提供这种数字化技术变革带来的客户解决方案,但是,他们没有这么做。

数字化技术让企业的价值主张重塑成为可能——而且客户的需求使得它成为必需的——解决客户的问题,而不仅是销售产品和服务。不管企业现有的产品是不是深受客户喜爱或必不可少的,企业都必须不断增强他们的客户价值主张以利用数字化技术的能力。

4.1.1　数字化产品/服务包交付新价值主张

本节主要介绍企业如何通过应用数字化技术，从根本上改变企业的价值主张。值得注意的是，数字化技术也可能对企业现有的产品/服务产生以下两种重要的影响。

（1）数字化技术能提供更好的客户体验。例如，利用数字化技术可以打造直观、方便的手机应用和其他数字化界面。数字化企业也需要无缝地集成与客户的数字化和非数字化的互动以增强客户体验。

（2）数字化技术能改进产品的特性。例如，利用人工智能技术可以让汽车制造商在其核心产品中增加自动驾驶特性；利用物联网（IoT）和数据解析技术可以改进设备制造商的维护服务；利用移动技术可以让人们用智能手机远程开灯、发动汽车或开门。

这两种对现有产品/服务产生的影响——提供更好的客户体验和改进产品的特性——能增加企业的收入和让客户更满意。企业应该抓住它们带来的机会。但是，这些数字化技术的应用不会颠覆行业。它们会提高客户的期望，它们代表产品和服务的改进，但是它们不会改变企业的价值主张。

数字化技术也会产生破坏性——它们为新的价值主张提供了机会。这些新的价值主张刺激数字化产品/服务包的开发——信息丰富的解决方案被封装在无缝的、个性化的客户体验中。数字化产品/服务包依靠软件和数据来创建新的价值主张。因此，打车软件不只提供了打车服务，也提供了在繁忙的城市生活中，客户对于打车的不确定性、不方便和焦虑等问题的解决方案。实际上，打车软件促使一些城市的居民彻底放弃了拥有汽车的想法。

此类数字化产品/服务包的目标是通过新的价值主张促进企业的收入增长。数字化技术能增加客户的满意度并改善企业的运营，但是，在企业产生新的价值主张之前，大多数企业只是在浅尝数字化所带来的机会。

为了实现数字化经济，重新构想企业的价值主张并不容易。但其中更大的难题是将企业文化、客户洞察和企业竞争力结合起来，将成功的但是未数字化的企业转换为敏捷的、创新的数字化企业，使其能够用软件和数据交付数字化产品/服务包。

麻省理工学院信息系统研究中心通过超过 4 年对大约 200 家企业的研究表明：对大多数大型企业而言，他们无法交付数字化产品/服务包，因为他们的企业不是为数字化而设计的。也就是说，人员、流程和技术之间的互动限制了企业实验、学习、增强、重新配置和扩展新的数字化产品/服务包以提供新的价值主张的能力。研究表明，在短期内，数字化产品/服务包带来的收入仅占大多数大型企业总收入的一小部分。这是因为数字化产品/服务包的引进不会立即降低客户对企业现有产品/服务的需求。（你是不是仍然在阅读纸质报纸和图书？仍然在使用信用卡付款？）企业正在增加开发数字化产品/服务包的数量，而不是替换传统的产品/服务。

成功的企业很难下定决心舍弃让他们成功的价值主张——至少现在还不行。但是，他们也不能自鸣得意。他们需要立即开始开发数字化产品/服务包，不是因为这会提高企业在下一季度的财务业绩（这不太可能），而是因为其他企业会开始学习数字化技术如何从根本上改变他们目前的产品/服务的价值。从现在开始，企业要引进由无处不在的数据、无限的连接性和大规模的处理能力驱动的价值主张。换句话说，现在到了企业必须要进行数字化业务设计的时候。

4.1.2 数字化业务设计：它是什么和为什么需要它

数字化业务设计是对人员（角色、问责框架、结构、技能）、流程（工作流、常规过程、程序）和技术（基础设施、应用）的整体组织配置，以定义价值主张和通过数字化技术让企业交付数字化产品/服务包成为可能。

业务设计有时候也被称为业务架构。但是在许多企业中，架构被视为 IT 部门的责任。如果企业具有业务架构的功能，则它可能被埋藏在企业的 IT 组织中（而且影响力有限）。数字化业务设计是企业资深主管/领导的责任，它是领导者确保企业可以在数字化经济中执行其业务战略的方式。

第 4 章 企业数字化业务设计

业务设计是为了执行业务战略，配置人员、流程和技术。自从技术成为业务战略的使能器后，领导者就会为在人员、流程和技术之间创建协同作用的需求而挣扎。许多企业在 20 世纪 90 年代就重新设计了他们的业务，他们构建了企业系统，如企业资源规划系统（例如金蝶和用友的 ERP 系统）和客户关系管理系统（例如连续 5 次入选 Gartner 销售人员自动化魔力象限图的销售易）以削减成本和改进核心业务运营的可靠性和可预测性。业务领导者需要知道，成功的企业系统的实施涉及的不只有技术。他们必须同时引入流线型和标准的业务流程和新角色，以实现其目标。新系统、规范的流程、透明的数据和新的问责制度的结合，使企业能降低成本并增加其核心业务运营的可靠性。

还有许多企业系统的实施价值不大或失败的案例。例如，如果在替换旧系统时未能重新设计业务流程或人员角色，那么企业无法通过企业系统实现其所期望的收益。没有将数据所有权指派给业务领导者的企业不会有可靠的主数据和交易数据（在此基础上可以进行数据解析或做出决策）。未被授权的流程所有者不能无缝地集成采购或者为新产品强制标准。选择定制化企业 ERP 系统以符合现有流程而没有利用新技术来再造流程的企业，如今，由于运营效率低下和客户不满意而在继续挣扎。这些企业会为没有设计自己的业务来执行其战略而付出代价。

如果企业在设计业务以有效地部署集成的企业系统时经历了挣扎，且成果不佳，则需要为建立数字化价值主张做好准备：用创新的数字化产品/服务包让客户兴奋。企业需要重新设计业务流程；企业需要重新考虑如何定义、开发和商业化面向客户的产品/服务包；企业需要实现人员和自动化系统之间的无缝互动，以便客户在企业从销售转向服务及从自动化转向人机交互时不会感到痛苦。要达到这种无缝互动，企业必须重新设计人员、流程和技术，以同步跨企业系统的决策和行动。

4.1.3 数字化业务设计：它不是什么

有些人可能会认为 CEO、CIO 和其他企业领导者一直承担着业务设计的责任。其实，与其说是他们设计了企业，不如说是大多数业务领导者使企业形成了体系。他们创建了企业的组织结构，将完成工作的责任分配到较低的组织级别。换句话说，他们分而治之。这样做，他们不仅分割了工作的责任，还分割了大部分的人员岗位设计（例如角色、技能），以及大多数流程和技术设计的责任。结果，这让企业没有整体组织范围的责任设计，只有组织范围内的结构设计。

组织依赖结构的优点是结构可以将每个组织的投入聚焦在交付可管理的一组特定的成果上（如业务线的获利能力）；缺点是结构总是会制造阻碍集成的孤岛式组织。孤岛式组织的特征是组织在孤岛内是有效率的，而不是在跨孤岛协作时。认识到孤岛式组织的限制后，领导者总是会引进矩阵结构。矩阵结构能促进标准流程的执行和提供一组共享服务。但是，矩阵结构不支持开发一组不断进化的、信息丰富的数字化产品/服务包。

问题是鉴于无缝性——对于数字化产品/服务包，需要跨功能和跨业务快速做出决策和行动，当孤岛式组织尝试交付数字化产品/服务包时，越来越多的决策被提交到组织结构中，在各个孤岛式组织之间进行讨论。决策由远离运营的管理者制定，然后他们将决策传回给将采取行动的组织。而数字化企业不能等待如此漫长的决策过程。当其试图想象、开发、营销和支持数字化产品/服务包时，绝对不能承受决策和行动缺乏同步性。

为了更好地了解如何设计企业的业务以摆脱组织孤岛的约束，了解"数字化业务设计不是什么"是非常有必要的。

（1）数字化业务设计不是结构重组：在许多企业中，新业务战略的宣布会导致企业结构重组。新结构反映了企业的新重点——和权力对齐。当领导者大张旗鼓地宣布进行结构重组时，其他人都会感到不安。

在数字化业务设计中，组织结构只是问题的一部分。越来越多的新的角色和问责机制取代了组织结构以定义谁在做什么，以及标志权力所在的主要机制。从结构到角色的这种转变需要更大的组织灵活性。当组织结构稳定后，它将资源封锁在特定的业务目标中。角色将个人的注意力分配给新的——通常是不清楚的——业务需求。

创新的数字化业务设计类似于数字化初创（原生）公司的业务设计，这些团队可能会全权负责开发、营销、增强和运营企业数字化产品/服务包，并依靠协作技术和流程来协调其活动。在这些数字化业务中，3 个设计要素——人员、流程和技术被重新配置，以一致地交付数字化价值主张。

（2）数字化业务设计没有结束状态：当业务领导者设计企业的架构时，他们正在设计一个当前正在使用并且不断变化的实体——它没有结束状态。

随着技术、客户需求和战略机会发生变化，企业的业务必须要与之适应。数字化业务设计涉及将相对稳定的内容（例如企业核心竞争力、规范的企业流程、主数据结构）和预计会定期变更的业务元素（例如数字化产品/服务包、团队目标、手机应用及员工的角色和技能）区分开。业务领导者会在建立和维护稳定的业务元素方面进行投资，同时为企业的决策者提供所需的数据，以便他们可以快速做出决策。数字化业务设计并没有定义结束状态，而是定义了方向，以让企业适应未来的发展。

（3）数字化业务设计不是 IT 架构设计：许多企业的 IT 架构设计由其 IT 部门来负责。IT 架构是重要的，因为它提供了指导企业开发新系统及增强现有系统的逻辑。设计良好的 IT 架构可以降低技术和业务方面面临的风险。IT 部门能够且应该负责 IT 架构设计。

但是，数字化业务设计考虑的不仅仅是技术和系统。它还需要考虑人员、流程和技术之间的交互。优秀的 IT 部门的管理者能帮助企业塑造数字化业务设计的愿景，但是数字化业务设计需要更广泛的管理者参与。

4.1.4 数字化转型是漫长的旅程

大型企业中的许多领导者迫切需要将企业转型为数字化企业，其中一个原因是来自外部的压力。企业的数字化业务设计必须使其能响应新的机会和新的客户需求。但是，实际上，企业需要时间、流程和技术来学习如何实现数字化业务。相关研究表明，大型企业的数字化转型不可能是快速的。

企业数字化转型之所以缓慢，是因为企业所具有的根深蒂固的习惯很难改变。相关研究表明，企业的领导者最好通过采取一系列重要的新举措来改变企业文化。领导者可以尝试逐渐改变企业所具有的特定的习惯，而不是尝试直接改变企业文化。引入新的技术和流程提供了重新设计角色和改变企业的习惯的机会，从而可以渐渐改变企业文化。

这种改变节奏实际上是很好的。在可预见的将来，大多数企业将继续从其现有的价值主张中产生大部分收入，因为企业通常希望现有的产品/服务仍然可以盈利。因此，企业可以首先专注于仅仅通过重新设计就能提供新数字化产品/服务包的业务。随着企业中更多的业务实现数字化，员工能更广泛地吸收这些经验。

4.1.5 为了数字化企业如何转型

数字化业务设计旨在使企业变得敏捷，以及能够构建创新的且不断进化的数字化产品/服务包，以响应快速变化的技术和客户需求。数字化业务设计涉及对人员、流程和技术的重大改变。这 3 个要素相互作用，而数字经济的变化速度意味着其中一个要素——也是所有要素——将不断改变。那么，企业如何实现数字化业务设计？

通过开发这 3 个相互作用的要素（人员、流程和技术）：了解需要做什么及如何做的人员；指导企业从构思到交付再到支持数字化产品/服务包的流程，以及支持高效组织流程和创新数字化产品/服务包的技术，企业可以逐步转型为数字化企业。

第 4 章 企业数字化业务设计

在第 3 章介绍企业数字化架构时，定义了 5 种构建块可以帮助企业数字化转型成功。这 5 种构建块使企业能够快速交付创新的数字化产品/服务包。但是这 5 种构建块是彼此依赖的，开发的顺序/时间也是不一样的。将这 5 种构建块按照开发或规划的顺序和接口集成在一起，就形成了该企业的数字化架构路线图。图 4-1 显示了企业数字化转型成功必不可少的 5 种构建块。图 4-1 左边是 3 个 IT 平台：运营平台、数字化平台和外部开发者平台，分别用于企业效率的提高、产品/服务的创新和生态链的共建与共享，以及组织与文化的变革。

以下通过飞利浦公司的案例（在第 5 章中会详细说明）来说明每种构建块的作用。

（1）共享的客户洞察：通过配置人员、流程和技术，以得知客户要什么（例如，飞利浦通过健康套件实验室 HealthSuite Labs 获得对客户需求的了解）。

（2）运营平台：通过配置人员、流程和技术，以确保有可靠、高效的核心流程支持企业稳定运营（例如，支持标准流程的飞利浦核心企业系统，被称为飞利浦集成景观，Philips Integrated Landscape）。

（3）数字化平台：通过配置人员、流程和技术，以构建和使用组件来配置数字化产品/服务包（例如，飞利浦的健康套件数字化平台 HSDP 和互联数字化平台 CDP2）。

（4）问责框架：通过配置人员、流程和技术，以确保个人对数字化产品包的成功开发和进化负责（例如，飞利浦围绕组件业务和解决方案业务的重新设计）。

（5）外部开发者平台：通过配置人员、流程和技术，以吸引合作伙伴利用和扩展他们的数字化产品/服务包组合（例如，飞利浦的开发者门户网站 HSDP.io）。

运营平台
支持企业核心运营的一组有条理的、标准化的和集成的系统、流程和数据

共享的客户洞察
组织性学习客户愿意为什么付费及数字化技术如何交付客户需求

数字化平台
用于快速配置数字化产品/服务包的业务、数据、应用和基础设施组件的存储库

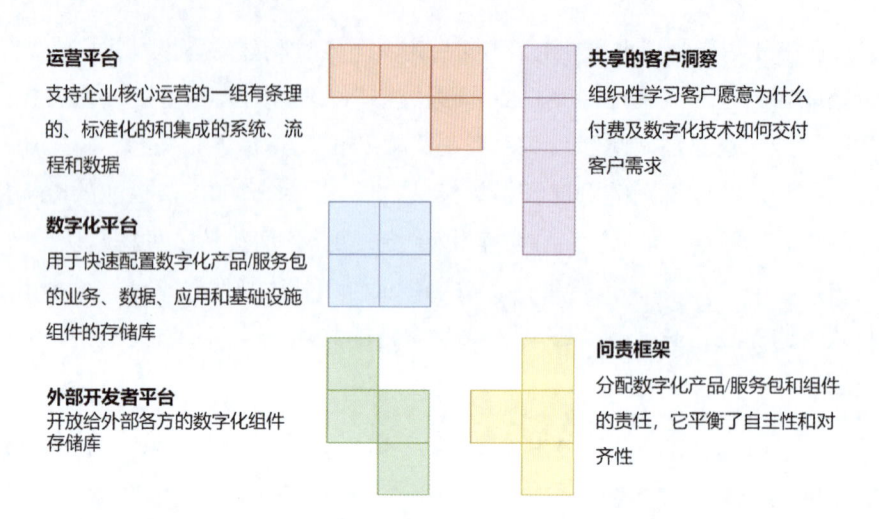

问责框架
分配数字化产品/服务包和组件的责任，它平衡了自主性和对齐性

外部开发者平台
开放给外部各方的数字化组件存储库

图 4-1 企业数字化转型成功必不可少的 5 种构建块

企业将数字化业务设计作为一组构建块进行处理的优势在于，它使领导者可以在实施整体数字化业务设计时专注于特定的、可管理的组织变革。因为构建块是相互依赖的——使其中一个构建块更强大，有助于使其他构建块更强大。每种构建块都以使企业更加敏捷的方式触发人员、流程和技术的改变。每种构建块都需要企业投入资源。许多企业正在进行这些投资，但是它们以不同的方式和在不同的时间进行投资。

4.1.6 行动呼吁

企业进行数字化转型是有风险的。企业必须交付能满足客户需求的数字化产品/服务包，其中涉及企业尚未掌握的技能、尚未嵌入的流程，以及尚未实现的技术。建议企业考虑以下问题。

（1）成为数字化企业意味着企业受到数字化技术能力的启发以开发数字化产品/服务包。那么企业如何通过无处不在的数据、无限的连接性和大规模的处理能力扩展企业的客户价值主张？

（2）要开发不断进化的数字化产品/服务包，就需要企业的业务具有敏捷

性。但是大型企业不是为数字化而设计的。在大多数情况下，它们的结构旨在提高效率。那么企业是否可以不进行重组就对人员、流程和技术进行变革？

（3）为了进行数字化业务设计，企业需要专注于前面介绍的 5 种构建块，并为每个构建块都配置人员、流程和技术以快速交付数字化产品/服务包。那么企业有哪些构建块？对企业而言，哪一项特别具有挑战性？

（4）数字化业务设计是资深领导的责任。那么谁负责企业的数字化业务设计？

4.2　业务流程建模与 BPMN 流程建模语言

在 4.1 节中介绍了 5 种构建块：运营平台、共享的客户洞察、数字化平台、问责框架和外部开发者平台。每种构建块都可以使企业以更加敏捷的方式触发人员、流程和技术的改变。为了进行数字化转型，企业需要专注于这 5 种构建块，为每个构建块配置人员、流程和技术以快速交付数字化产品/服务包。

以上对于构建块的描述都涉及了人员和流程的配置，尤其突出了流程的重要性。本节主要说明流程是什么，以及如何用国际标准流程建模语言 BPMN 来定义企业的流程模型，发现业务内外部的执行者、流程和不可分解的底层任务，定义需要的架构元素，如业务对象（概念数据实体）和业务规则，以完成企业架构设计顶层蓝图中有关人员、流程和场景的部分。

4.2.1　流程定义与效益

根据《牛津词典》中的定义，流程是指一系列连续的、有规律的和可重复的活动，这些活动以确定的方式发生或执行，促使特定目标的实现。对企业高层管理者来说，流程是一种企业治理模式；对企业中层管理者来说，流程是一种专业的部门管理思路；对企业基层员工来说，流程是操作规范和办事手册。

流程的最终目的在于创造价值，具体包括提升效率、扩大产值、降低成本、增加利润、提高质量等。流程与制度不同，制度告诉员工什么事情该做，什么事情不该做，以及该做的不做或者不该做的做了会有什么后果。流程则是告诉员工事情该由谁来做，怎么做，应该做成什么样子，要在多长时间内做完。流程用来管事，制度用来管人。

流程的顶层就是企业的战略性商业模式中的关键活动（请参考附录 A）。流程的中层是企业的组织结构中的责任和互动关系，最终是对业务活动的分析和细化。流程的最低层是不可分解的任务（Task）。

流程管理是企业重要的核心竞争力，流程可以把个人的经验、知识、技能、方法提炼或转变成企业的财富。管理大师迈克尔·哈默说过，优秀的流程将使成功的企业与其他竞争者区分开。

只要流程在，即使重要的员工离职了，企业的核心竞争力也不会减少。例如，据估计，麦当劳每年的员工流失率是 52%，但是其产品质量能得到有效保证，原因就在于麦当劳有良好的系统和流程，即使人员流失了，其核心竞争力仍然存在。只要加强流程管理，企业的核心竞争力还能得到不断加强。

如果企业没有有效的流程管理，则每一个环节都有可能增加不必要的成本，这些浪费的都是企业的利润，而在重要环节中的一次疏忽就有可能给企业带来重大的损失。

流程可以产生的效益介绍如下。

- 流程有助于防范企业经营风险；
- 流程有助于提高工作效率和质量；
- 流程有助于降低企业运营成本；
- 流程有助于打破部门、岗位之间的壁垒；
- 流程有助于加强对工作过程的监控；
- 流程有助于保证工作的稳定性和标准化；

- 流程是设置岗位和编制岗位职责的重要依据；
- 流程是对部门和个人进行绩效考核的一个有效手段。

MVEA@1 工具可以帮助企业转型为流程化组织，对流程进行全生命周期管理。MVEA@1 工具为企业的流程管理提供了标准和工具，以及提升了流程管理的成熟度。

4.2.2 BPMN 流程建模语言

BPMN 是一种用于流程建模的图形化语言。对于 BPMN，重要的不是它在所有方面都优于其他流程建模语言，而是它是一种多厂商标准，由对象管理群组（OMG）维护，并被业务人员、建模者和工具厂商广泛采用。这意味着 BPMN 不是由单个工具厂商或咨询公司拥有或控制的。企业无须支付任何费用即可使用其代表的知识产权。

对绝大多数 BPMN 使用者而言，BPMN 最重要的部分是 N（Notation）：图形标记法，一种用于业务流程的图形化语言。如今，几乎所有的流程建模工具都以某种方式支持 BPMN，尽管其中有一些厂商可能坚持他们自己的专有符号更好或更友好。

作者在教授《企业流程建模与优化分析》课程和《BPMN 方法和风格：1 级描述型》课程时，发现所有人都认为很简单的流程图，画出来的结果却是"惨不忍睹"。在作者于 2021 年 11 月开设的《BPMN 方法和风格：1 级描述型》课程中，参加的学员有全球 500 强企业、中国 500 强企业、上市公司的员工，以及其他个人，行业包含电商、便利店、航空、银行、制造业、物流、电气、粮食、软件等。学员们的共同反馈是公司内部的流程图五花八门、杂乱无章，没有标准，也没有标准工具（大部分都是用 PowerPoint 画的，甚至连 Visio 都没使用），当然也没有企业级别的流程分类方法。业务人员输出的流程图对于 IT 设计与开发的用处不大，在软件开发阶段，流程图需要重做。这样的流程图没有起到作为业务与 IT 桥梁的作用。

从以上的反馈可以看出，用流程图表（Flow Chart）和用办公软件画流程图是不可取的，企业引进标准的流程建模语言和流程建模工具是必需的。让作者相当意外的是，许多企业仍然没有对流程图的语言、流程设计方法和工具进行规范。可以想象这种没有规范的流程图是无法让企业数字化和自动化的，更无法与数据模型和应用架构集成，形成可重用的业务组件。如果你的企业中的流程图仍然是五花八门、杂乱无章的，则你的企业在数字化转型时，其中要做的一个重要的工作就是进行流程梳理和标准化。

BPMN 可以解决以上问题，而且 BPMN 已经成为国际标准（ISO/IEC 19510，《信息技术——对象管理群组业务流程模型和标记法》）。此标准是由对象管理群组制定的。此标准在 2013 年发布，并已经成为许多企业遵循的标准，如华为、中国航天、京东方、五矿资本、浦发银行等。

BPMN 还能够在流程图中精确地描述流程行为的细微差别。BPMN 描述的含义足够精确，可以让用户在流程图中逐步增加设计与开发细节，也可以描述流程自动化引擎中流程执行的技术细节。BPMN 桥接了业务和 IT，是一种可以在它们之间共享的通用流程建模语言。

人们对于 BPMN 的常见误区是它作为标准和编程语言必须拥有广度和深度，这导致许多人认为 BPMN 不适合业务人员使用。实际上，这是因为多数人不了解 BPMN。BPMN 分为 3 个等级，业务人员只需要了解 BPMN 1 级描述型的建模方法与符号。BPMN 1 级描述型适合业务人员使用，而且学习起来并不困难。BPMN 2 级分析型适合分析师或设计师使用。而 BPMN 3 级可执行型适合软件工程师使用。对于业务人员画的 BPMN 1 级描述型流程模型，可以让分析师和软件工程师在其中添加流程所需的细节，如用户界面、事件逻辑和数据结构，从而可以让业务流程在开源的 BPMN 流程引擎（如华为和业界广泛采用的工作流引擎 Activiti 或是付费的数字化流程引擎 Camunda）中执行。这正是本书所倡导的企业数字化转型最小可行之道的"流程自动化"。

BPMN 的一个重大突破是它包含编程语言的基本结构，如 If…then, do…

while 等。不同人员按照不同的模型等级，可以逐步添加细节。对于最后生成的 BPMN 3 级可执型流程模型，在将其转换成扩展标记语言（XML）后，并进行流程实例化、序列化和加入数据细节，就成为可执行的应用，真正达到了流程的数字化和自动化。

BPMN 1 级描述型的符号共有 23 种。BPMN 2 级分析型的事件类型共有 53 种，这是有些人认为 BPMN 复杂的主要原因。但是业务人员不需要了解 BPMN 2 级分析型和 BPMN 3 级可执行型的符号。

对业务人员来说，他们只需要了解 BPMN 1 级描述型的 3 种开始事件、3 种结束事件、2 种决策网关、6 种活动/任务/子流程类型、3 种连接方式、泳池和泳道、2 种数据符号，以及 2 种注释符号。使用 MVEA@1 的 Activity 工具生成的 BPMN 1 级描述型中的"活动"类型如图 4-2 所示。

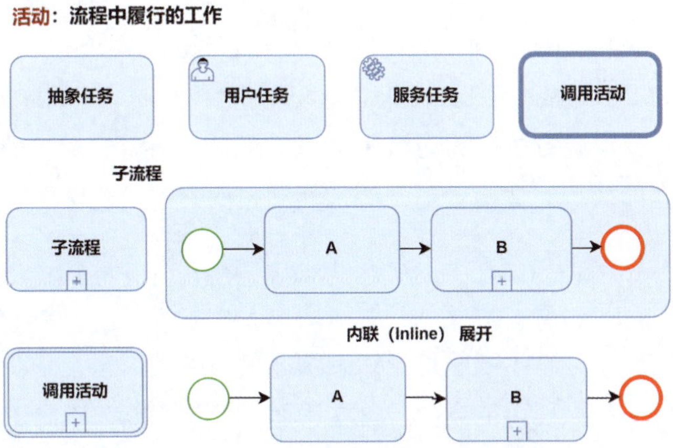

图 4-2　BPMN 1 级描述型中的"活动"类型

图 4-2 中的各种活动的定义介绍如下。

- 任务（Task）是一个原子活动，不可再向下分解。BPMN 1 级描述型的符号板将用户任务（User Task）与服务任务（Service Task）区分开。
- 通用"无"任务（Abstract Task）是"抽象任务"，意味着任务类型未定义。如果业务人员不确定任务是用户任务还是服务任务，则可以使用通用任务来简化流程设计，将决策延迟到后面的阶段。
- 子流程（Sub Process）是一个复合活动，指在模型中定义了子部分的流程步骤活动（Activity）。可以在子流程级别以分层风格将子流程设置为折叠、展开或内联展开。
- 调用活动（Call Activity）是各种类型的全局任务，是对可重用流程或任务的调用。

习惯于使用传统流程图和泳道图的人员，经常分不清楚 BPMN 1 级描述型符号板中的"服务任务"与"用户任务"，因为在 BPMN 规范和一般的培训课程中都没有特别强调它们的差异。用户任务是需要有人工介入的，例如需要用户输入数据。而服务任务是自动的，不需要人工介入，通常由应用系统来自动化执行任务。一个任务即使只需要在人工单击按钮后由系统自动执行，它仍然应该被归类为用户任务。

BPMN 中的活动是一项动作，即指示所执行的工作单元。它是唯一具有执行者的 BPMN 元素。但是，BPMN 活动的含义比这更具体。BPMN 活动是指在业务流程中重复执行的动作。BPMN 活动的每个实例代表在不同环境和时间下动作的执行。建模者需要清楚活动实例的含义，例如服务请求或每月的审查。

BPMN 活动是具有明确定义开始和结束的离散动作。活动实例一旦结束，就过去了，完成了。它不仅能处于休眠状态，还能被唤醒，并在发现错误时进行更多的操作。流程可能会执行这些操作，但是可能在不同的活动中，或者在同一活动的另一个实例中。

网关（Gateway）用于控制流程路由。在没有网关的情况下，来自活动的所有顺序流都是平行处理的。排他性（XOR）网关表示从多个顺序流中选择一个路径。平行（AND）网关表示将顺序流拆分为平行路径或合并平行路径。图 4-3 中展示了这两种网关符号和说明。

网关：路由逻辑

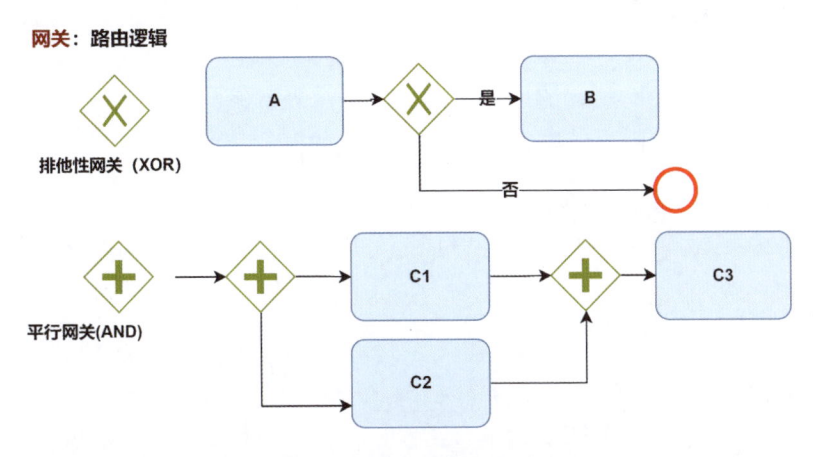

图 4-3　两种网关符号和说明

图 4-4 说明了 6 种 BPMN 1 级描述型的开始和结束事件。其中开始事件表示流程或子流程的开始，顶级流程中可能有一个触发器，代表启动流程的信号类型：消息（外部请求）、计时器（计划启动）或无（手动开始）。子流程中一定有一个"无"触发器。

事件：表示一些事情发生了的信号

开始事件　消息接收开始事件　计时器开始事件

结束事件　消息发送结束事件　终止结束事件

图 4-4　开始和结束事件

结束事件表示流程或子流程的结束。最好为每个不同的结束状态使用单独的结束事件。结束事件可能会弹出一个结束信号：消息（到外部实体）、终止（终止子流程）或无（没有弹出信号）。流程或子流程中的所有平行路径必须到达结束事件才能正常完成。

图 4-5 介绍了泳池、泳道，以及如何连接活动与泳池。泳池代表协作中的

参与者（流程的执行者），即流程与外部环境之间的交互。一个泳池可以代表一个流程。一个没有活动的黑盒泳池代表一个外部参与者。泳道是流程（泳池）的细分，通常代表执行者角色或组织单位。

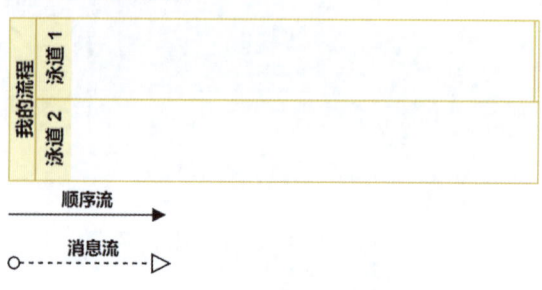

图 4-5　泳池、泳道和连接

顺序流表示流程或子流程中的编制或控制流，当前面的节点完成时，箭头处的节点才能开始。消息流以消息的形式表示泳池之间的协作或交互。

图 4-6 介绍了一般流程图中被忽略的数据表达符号与关联（数据对象、数据储存和数据关联）。数据对象（Data Object）代表储存在流程级别内的信息。数据储存（Data Store）代表流程可以访问的外部信息。数据关联（Data Association）代表数据流的连接。

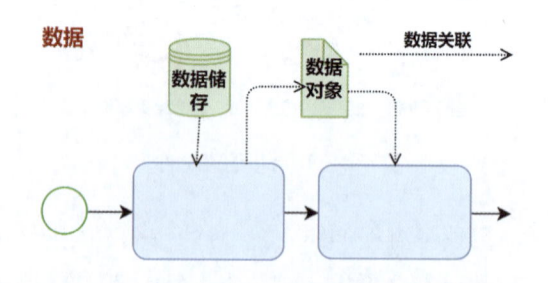

图 4-6　数据对象、数据储存和数据关联

如果将流程连接（顺序流和消息流）比喻是水管，则其中流动的水便是数据，二者是互相依赖的，而不是彼此独立的。传统的流程图和市面上的许多

流程工具都不能完美地在流程图中表示流程使用了什么数据，只能用文字表示流程输入和输出的数据。流程模型与数据模型之间没有接口，它们各行其是，这是独立的流程模型工具和数据模型工具所存在的最大问题。

许多企业在完成流程的梳理和优化后，才发现没有为流程中的数据进行分析与建模，企业架构/顶层设计中的流程与数据是脱钩的，无法集成。BPMN 在这方面跨出了重要的一步，其让流程建模人员可以在流程图中描述流程与数据的关系。集成的流程与数据是检验企业架构/顶层设计是否合格的主要标准，没有一致的流程与数据，就无法展开下一步的应用设计与开发工作。

图 4-7 中的注释及分组符号用于辅助说明流程图。注释是流程图中可见的文字注解。可以通过关联将文本注释连接到流程图中的某个节点上。分组符号是一种绘图辅助工具，可以在视觉上关联组内的元素。文档是一个扩展标记语言（XML）元素。它不用图形表示。每个 BPMN 流程图都有一个对应的文档。符合 BPMN 标准语法的文档，都可以在不同的工具中进行交换。

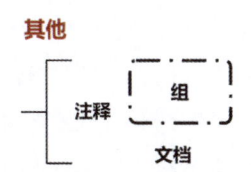

图 4-7 流程图中的注释及分组符号

4.2.3 流程建模

在最小可行企业架构工具 MVEA@1 中，构建了《BPMN 方法与风格及 BPMN 实施者指南》(Bruce Silver 著作) 中介绍的 BPMN 1 级描述型的流程示例（未来将继续提供 BPMN 2 级分析型和 BPMN 3 级可执行型的流程示例）。此书中大约有 128 张流程图和 52 个 XML 应用示例，这些在未来都会被构建在 MVEA@1 中，可以作为个人和企业的流程模板库。在设计企业流程模型时，企业可以从其中选择类似的流程模板以加速流程设计。

Bruce Silver 是 BPMN 培训和认证的领先供应商 BPM Essentials 的创

始人和负责人。他从 2007 年年初开始提供 BPMN 培训，被认为是该领域的权威。Bruce 是 OMG BPMN 2.0 技术委员会的成员，其积极参与 BPMN 标准的制定，并做出了重大贡献。

BPMN 流程图的表现形式广受欢迎，尤其是业务人员。它的盒子图和钻石图看起来很像传统的、已经存在 25 年的流程图表中的元素。这是当初设计 BPMN 流程图的原则。尽管外表传统，但 BPMN 流程图的独特功能与传统流程图是不同的。

第一个区别是在流程图表中，建模者可能没有为形状和符号定义含义，而 BPMN 流程图是基于正式规范的，包括元模型和使用规则。BPMN 流程图的表达力源于各种各样的标记、图示和边框风格，它们精确地完善了基本形状的含义。BPMN 流程图具有控制每种形状的使用，以及可能与哪些形状连接的规则。因此，你可以验证 BPMN 流程图。

第二个区别是 BPMN 流程图可以描述事件触发的行为。事件是指"在流程中发生的事情"，如客户打电话更改订单；预期的回应未及时到达；系统出现故障。这些事件无时无刻不在发生。如果你的流程图表示的是"真实"的流程，则需要说明发生这些异常时应该采取的动作。BPMN 流程图允许你执行此动作，并在流程图中可视化该行为。

第三个区别是除描述了流程内部的固态顺序流连接器外，BPMN 流程图还描述了流程与外部实体（例如客户、外部服务提供商和其他内部流程）之间的通信。这些通信由虚线连接器表示，被称为消息流。消息流揭示了流程如何适应全局环境。因此，想要正确、有效地使用 BPMN 流程图，则需要学习这些不常见的部分，但这并不难。

虽然有很多"劣质的 BPMN 流程图"（这些流程图是无效、不完整或模棱两可的），但这并不意味着创建"优质的 BPMN 流程图"超出了业务用户的能力范围。流程建模语言必须丰富才能表达复杂的思想。企业需要培训员工正确、有效地使用它，并提供工具来帮助员工做到这一点。

流程模型不仅仅是流程图。其目的是传达从流程开始到流程结束的逻辑。仅从流程图来看，其中的流程逻辑对业务人员来说应该是清晰、易懂的；但从语义来看，其中的流程逻辑对开发人员来说必须是精确的。所谓的流程逻辑，是指对从流程实例（Instance）的初始状态到其可能的结束状态的所有路径的描述。其中流程最重要的特征要一目了然：实例代表什么，流程如何开始，各种可能的结束状态及其对应的状态消息有哪些，以及与外部实体的接触点是什么。

BPMN 流程图是对基础 XML 语义模型的可视化。在绘制流程图时，BPMN 将每个形状转换为相应的语义元素：开始事件、用户任务、结束事件等。在 BPMN 规范中，元模型、元素定义和关联的规则全部引用语义元素，而不是流程图中的形状。实际上，在 BPMN 规范中允许定义没有关联图形模型的语义模型。也就是说，流程逻辑是在 XML 中定义的，但是没有流程图。

计算机能够理解表达为 XML 页面的复杂流程逻辑，但是人类不能。人类需要图形化的表示才能理解正在发生的事情。但这就是问题所在：对于语义模型定义的信息，只有一小部分在流程图中可见：基本元素类型（由其形状及相关的图标和标记表示）及文本标签。当在 BPMN 工具中查看多页流程图时，超链接可以指示页面之间的某些关系，而属性工作表可以显示选定形状的各种属性。但是我们不能总是通过工具访问流程图。在大多数情况下，使用者将以纸质或 PDF 的形式查看 BPMN 流程图，其中没有出现超链接和属性表。流程逻辑不仅应该在页面上清晰明了，而且应该可以在分层模型的页面之间进行追溯。

流程模型是对从初始状态到定义的结束状态中成功或异常的所有可能路径（活动顺序）的映射。像活动一样，一个流程是离散的而不是连续的。它们在业务流程中反复被执行，并具有明确的开始状态和结束状态。流程的每个实例从开始状态到结束状态都遵循流程模型中的某些路径。

4.2.4　流程建模参考模型

企业在进行全面的流程建模时，首先要做的是将企业的所有流程进行分类。例如，利用公开的 PCF（流程分类框架）、SCOR（供应链运营参考模型）、ITIL（信息技术基础设施库、IT 服务管理框架）、eTOM（增强的电信业运营流程框架）或 BPA（私有的华为业务流程架构）对企业流程进行分类。PCF 中列举了特定行业或跨行业的企业主要流程和活动，其流程分类方法相当于按业务领域/能力/功能划分，是企业架构/顶层设计的根本基础。PCF 是公开和免费的，其他的框架则需要付费或者是企业私有的。

流程模型和流程管理中的流程分类均可采用 PCF。PCF 是由类别、流程组、流程、活动和任务 5 个层级组成的。PCF 是由美国生产力与质量中心（APQC，American Productivity & Quality Center）在 20 世纪 90 年代开发的，目前其已经被许多全球 500 强企业采用，例如华为、IBM、思科和惠普。APQC 的会员遍布全球，目前其会员已经包括 550 家公司，中国的会员包含华为、杰成咨询等。

许多企业都发展了自己的流程分类框架，例如 IBM 的企业流程框架 EPF 和华为基于 IBM 的 EPF 发展的业务流程框架 BPA。BPA 与 PCF 的不同点在于：BPA 强调端到端流程的执行，而 PCF 是一个单纯的流程分类层级，没有端到端的概念。这也是 PCF 的一个缺点：企业在 PCF 的基础上，需要发展自己的端到端流程。例如从订单到回款（O2C，Order to Cash），需要集成 PCF 的订单和回款的流程，销售员的责任不只是签署订单，还需要把订单的款项收到，才算是完成销售工作。

PCF 是一个通用的流程/活动/任务列表，是流程管理中的一个参考模型。但是也不要低估了 PCF 的复杂度。PCF 中的流程/活动/任务数量大约有 1857 个（基于跨行业 7.2.1 版本），企业可以通过这个数字来衡量流程管理工作的范围和规划流程建模项目需要投入的资源。

PCF 将所有组织（企业与政府）的流程分成了两大类：运营流程（创造价值/收入的流程），以及管理与支持服务（支持组织运营的流程）。

运营流程包含：

（1）发展愿景和战略（流程/活动/任务，共 123 个）。

（2）开发和管理产品与服务（流程/活动/任务，共 100 个）。

（3）营销和销售产品与服务（流程/活动/任务，共 202 个）。

（4）交付实物产品（流程/活动/任务，共 147 个）。

（5）交付服务（流程/活动/任务，共 67 个）。

（6）管理客户服务（流程/活动/任务，共 104 个）。

管理与支持服务包含：

（7）发展和管理人力资本（流程/活动/任务，共 137 个）。

（8）管理信息技术（流程/活动/任务，共 321 个）。

（9）管理财务资源（流程/活动/任务，共 270 个）。

（10）获得、建造和管理资产（流程/活动/任务，共 69 个）。

（11）管理企业风险、合规性、补救和弹性（流程/活动/任务，共 56 个）。

（12）管理外部关系（流程/活动/任务，共 54 个）。

（13）发展和管理业务能力（流程/活动/任务，共 207 个）。

PCF 除有常见的行业版本外，还有以下 19 个行业版本：航空与国防（飞机制造）版、航空版、汽车制造版、银行业版、传媒版、城市政府版、消费者电子版、消费者产品版、化学性侵蚀版、石油业下游版、教育版、健康照护提供者版、健康保险付款者版、生命科学版、财产和意外伤害保险版、零售版、电信版、石油业上游版和公用事业版。所以，这些公开的行业流程分类框架对初次进行流程管理与流程建模的企业来说，是值得学习的。

这些行业的流程分类框架有些是会员协同 APQC 发展的，例如银行业、财产和意外伤害保险业、公用事业、汽车制造业和电信业的流程分类框架是由 IBM 协助发展的。比较令人惊讶的是，微软协同 APQC 发展了城市政府和零售业的流程分类框架，因为微软不像 IBM 有大型的专业咨询服务部门。

IBM 在 PCF 上的投入相当大，原因之一是 IBM 可以通过 APQC 这个第三方组织为 IBM 的咨询客户进行保密和厂商独立的流程绩效对标。APQC 提供了流程绩效的数据库，其中收集了约 260 万条来自全球各种行业、各种公司的流程度量数据，可以让企业在匿名的前提下免费进行对标，以及与基于 PCF 分类的各级流程的绩效进行比较。如果企业的对标结果低于业界平均值，就该考虑推动流程改进计划。要改进流程的绩效，至少要超越业界平均值，才能提高工作效率和降低成本。

PCF 的流程类别和流程组可以向下展开，利用 MVEA@1 可以更好地展现流程层级。图 4-8 和图 4-9 是 PCF 的运营流程及管理与支持服务的流程类别与流程组。我们可以从中很清楚地看到 13 个流程类别的第一层分解，以及其下的 72 个流程组。它可以作为"企业流程地图"，以及作为整个企业的全方位的流程景观参考模型。将企业现有的 1 级和 2 级流程与图 4-7 和图 4-8 比较，企业的领导者可以很快地了解企业的流程是否有缺失的地方，这是最简单的在内容方面的流程对标。

MVEA@1 中提供了"编辑提示"的功能，可以在鼠标光标移动到流程类别和流程组上时，显示流程定义（流程的简单描述）。图 4-10 中是"1.0 发展愿景和战略"的英文说明和中文翻译。限于篇幅，流程、活动与任务的层级/编号和说明在本书中不再展开介绍，有兴趣的读者可以参考 MVEA@1 中的 PCF 框架。

第 4 章 企业数字化业务设计

1.0 发展愿景和战略			
1.1 定义业务概念和长期愿景	1.2 发展业务战略	1.3 执行和测量战略举措	1.4 发展和维护业务模型

2.0 开发和管理产品与服务		
2.1 治理和管理产品/服务开发计划	2.2 产生和定义新产品/服务理念	2.3 开发产品和服务

3.0 营销和销售产品与服务				
3.1 了解市场、客户和能力	3.2 发展营销战略	3.3 发展和管理营销计划	3.4 发展销售战略	3.5 发展和管理销售计划

4.0 交付实物产品			
4.1 计划和对齐供应链资源	4.2 采购物料和服务	4.3 生产/组装/测试产品	4.4 管理物流和仓储

5.0 交付服务		
5.1 建立服务交付治理和战略	5.2 管理服务交付资源	5.3 交付服务给客户

6.0 管理客户服务				
6.1 发展客户关怀/客户服务战略	6.2 计划和管理客户服务联系人员	6.3 提供售后产品服务	6.4 管理产品召回和监管审计	6.5 评估客户服务运营和客户满意度

图 4-8 PCF 的运营流程的流程类别与流程组

7.0 发展和管理人力资本								
7.1 发展和管理人力资源规划、政策和战略	7.2 招聘、寻找和选择员工	7.3 管理员工的入职、发展和培训	7.4 管理员工关系	7.5 奖励和留住员工	7.6 重新部署和退休员工	7.7 管理员工信息和分析	7.8 管理员工沟通	7.9 交付员工沟通

8.0 管理信息技术 (IT)						
8.1 发展和管理 IT 客户关系	8.2 发展和管理 IT 业务战略	8.3 开发和管理 IT 弹性和风险	8.4 管理信息	8.5 开发和管理服务/解决方案	8.6 部署服务/解决方案	8.7 创建和管理支持服务/解决方案

9.0 管理财务资源										
9.1 执行计划和管理会计	9.2 执行收入会计	9.3 执行一般会计和报告	9.4 管理固定资产项目会计	9.5 处理工资单	9.6 处理应付账款和费用报销	9.7 管理资金运作	9.8 管理内部控制	9.9 管理税务	9.10 管理国际基金/合并	9.11 执行全球贸易服务

10.0 获得、构建和管理资产			
10.1 计划和获得资产	10.2 设计和建造生产性资产	10.3 维护生产性资产	10.4 资产处置

11.0 管理企业风险、合规性、补救和弹性			
11.1 管理企业风险	11.2 管理合规性	11.3 管理补救工作	11.4 管理业务弹性

12.0 管理外部关系				
12.1 建立投资者关系	12.2 管理政府和行业关系	12.3 管理与董事会关系	12.4 管理法律和道德事项	12.5 管理公共关系计划

13.0 发展和管理业务能力							
13.1 管理业务流程	13.2 管理组合、计划和项目	13.3 管理企业质量	13.4 管理变革	13.5 开发和管理企业范围的知识管理 (KM) 能力	13.6 衡量和对标	13.7 管理环境健康与安全 (EHS)	13.8 开发、管理和交付数据分析

图 4-9 PCF 的管理与支持服务的流程类别与流程组

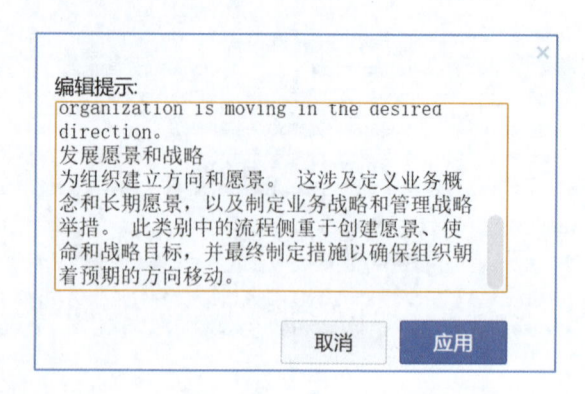

> 编辑提示：
> organization is moving in the desired direction.
> 发展愿景和战略
> 为组织建立方向和愿景。这涉及定义业务概念和长期愿景，以及制定业务战略和管理战略举措。此类别中的流程侧重于创建愿景、使命和战略目标，并最终制定措施以确保组织朝着预期的方向移动。

图 4-10 "1.0 发展愿景和战略"的英文说明和中文翻译

PCF 中的流程可以继续向下分解，例如，以下是"9.0 管理财务资源"（流程类别）中的"9.6.2 处理费用报销"流程的完整分解：

9.0 管理财务资源（17058）

9.6 处理应付账款和费用报销（10733）

9.6.2 处理费用报销（10757）

9.6.2.1 建立并沟通费用报销政策和批准限制（10880）

9.6.2.2 捕获并报告相关税务数据（10881）

9.6.2.3 批准报销和预借现金（10882）

9.6.2.4 处理报销和预借现金（10883）

9.6.2.5 管理个人账户（10884）

此处 2 位数的编号表示流程组，如"9.6 处理应付账款和费用报销"；3 位数的编号表示流程，如"9.6.2 处理费用报销"；4 位数的编号表示活动，如"9.6.2.5 管理个人账户"。每个流程层级都有一个 5 位数的流程编码，它是此流程层级的唯一识别符，如"9.0 管理财务资源（17058）"。

流程编号和识别符是值得借鉴的技巧，从流程编号中可以直接看出流程的层级和其在流程框架中的位置/定位。而识别符是唯一的，不允许在同一家企业中有两个不同的流程/活动/任务拥有相同的识别符。通过识别符，可以对两家不同企业中有相同识别符的流程/活动/任务进行比较，这就是流程对标的基础。如果多家企业都采用 PCF，就可以针对不同企业中有相同识别符的流程/活动/任务进行比较，对于绩效落后的流程可以进行优化。

4.2.5 流程逻辑

当流程建模者开始记录企业的现状或当前状态的流程时，他们通常会在建模过程中与直接参与流程的人员（即所谓的主题领域专家）面谈，以发现流程逻辑。中小企业可能倾向于这样描述流程：首先发生 X，然后通常到达 Y，最后进行 Z。它描述了通常发生的情况，从而导致成功的结束状态。也许这就是流程中最近一次发生的实例。

流程模型不只是记录流程的一个实例。它是对从触发事件到任何定义的结束状态的所有路径的完整映射。但这并不意味着它包含所有可想象到的路径（无论多么遥远），一般只描述那些以极大频率出现的结束状态和路径。

因此，在与主题领域专家面谈时，应该提出以下问题。

（1）该流程实际上是如何开始的？是什么事件触发的？是否有不止一种可能的开始方式？

（2）什么决定流程何时结束？该流程是否有不同的结束状态，例如表示成功完成的状态，以及表示失败或放弃尝试的状态？

（3）流程如何从 X 到 Y？进行 Y 的人以某种方式知道它应该发生吗？你说的是"通常到达 Y"，但是它还能到哪里？又是为什么呢？

（4）你怎么知道 X 何时完成？X 是否总是以相同的方式结束？除正常的结束状态外，是不是还有不继续进行 Y 的异常结束状态？是否有管控这些的规则？

这些问题的答案决定了流程逻辑。流程逻辑决定了从流程的触发事件到结束状态之一的所有可能的活动顺序。BPMN 流程图中的每个活动都用一个圆角矩形◯表示，实心箭头（代表顺序流）连接和描述了活动的路径。顺序流中可能有分支点，在这种情况下，实例可以根据某种条件选择路径。为此，在 BPMN 流程图中有一个菱形，表示网关。网关及其输出连接图形上的标签显示了条件逻辑。BPMN 流程图中还有圆形，表示事件。当发生某些异常情况或某些外部消息到达时，它们可以使顺序流转向。实际上，BPMN 流程图中的所有流程逻辑仅由这 3 个主要流节点：活动、网关和事件，以及连接它们的顺序流组成。顺序流的每一端都必须连接活动、网关或事件。

主题领域专家对这些问题的第一个反应可能是："有没有什么事件可以使流程从 X 变为 Y？当然，总有事件让事情前进。事件的逻辑只是被隐藏起来了，很可能在为该特定实例执行流程 X 的人的脑海中。发现该逻辑具有巨大的价值，它让流程中所有利益相关者都可以理解此逻辑。否则，你将无法真正管理流程或提高其性能。

BPMN 仅描述流程，其中的流程逻辑是明确的，并且是在触发事件之前定义的。BPMN 是用于指定该显式流程逻辑的语言。流程中的每个实例都必须遵循流程模型中的某些路径。

任何流程实例所采用的路径取决于实例在流程中积累的信息。该信息包括收到的消息、流程活动中产生的数据，以及已完成活动的结束状态。BPMN 隐式地假定所有这些实例数据对于流程逻辑都是可用的。有了这些信息，流程模型会在每个步骤完成后"知道"实例将在哪里执行下一步。我们甚至可以将流程模型视为一种智能的驱动力，以逐步指导实例。从业务流程图到实际的流程引擎仅一步之遥。即使绝大多数 BPMN 流程模型都未描述流程自动化，但 BPMN 仍将流程视为原则上可以自动化。

BPMN 1 级描述型和 BPMN 2 级分析型都涉及不可执行的流程，并且仅依赖于流程图中可见的信息。相反，BPMN 3 级可执行型涉及的是流程图中未显示的 XML 详细信息，例如数据模型、网关上的条件数据表达式，以及详细的任务布置逻辑等。

4.2.6　BPMN 流程图示例

下面以汽车经销商处理订单的流程为例来讲解 BPMN 流程图：经销商收到订单，检查买方的信用，然后履行订单并开发票。简单地说，在 BPMN 流程图中，看起来像图 3-3 所示的汽车订单系统的简单流程，经过不断地优化细节后（经过 12 个步骤），可以得到图 3-4 所示的完整的汽车订单系统流程图。

汽车订单系统流程图优化内容介绍如下。

（1）基本订单流程。

（2）有异常路径的订单流程。

（3）在泳道中的订单流程。

（4）订单流程包含内联（In Line）展开的子流程。

（5）子流程展开在分开的页面上（流程分层风格）。

（6）履行订单的错误展开。

（7）回环（Loop Back）以处理异常。

（8）平行拆分与合并。

（9）流程图中的订单流程。

（10）外部参与者作为黑盒子泳池。

（11）由内部任务履行者发起。

（12）关于员工采购申请的另一种观点。

（13）订单流程，顶层图。

图 4-11 在图 3-3 所示的汽车订单系统的简单流程的基础上添加了处理异常的网关（"有信用？"和"有货？"）和结束事件（"订单完成"和"订单失败"）。

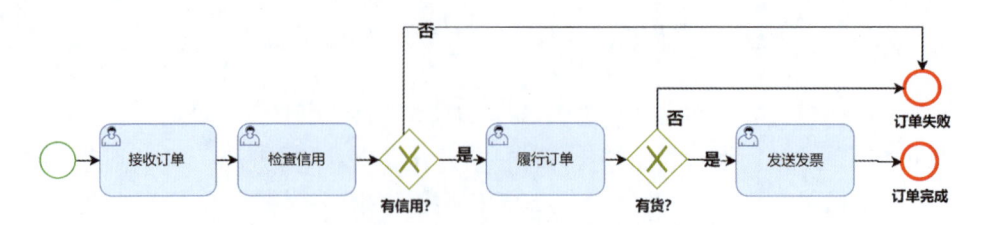

图 4-11 有异常路径的订单流程

图 4-12 在图 4-11 的基础上加上了泳池（"订单流程"）和经销商部门（"销售""财务""仓库"），将"检查信用"的任务类型由"人工检查"改为"系统检查"，将"履行订单"重新定义为子流程，并在另外的流程图中展开下一层的描述。

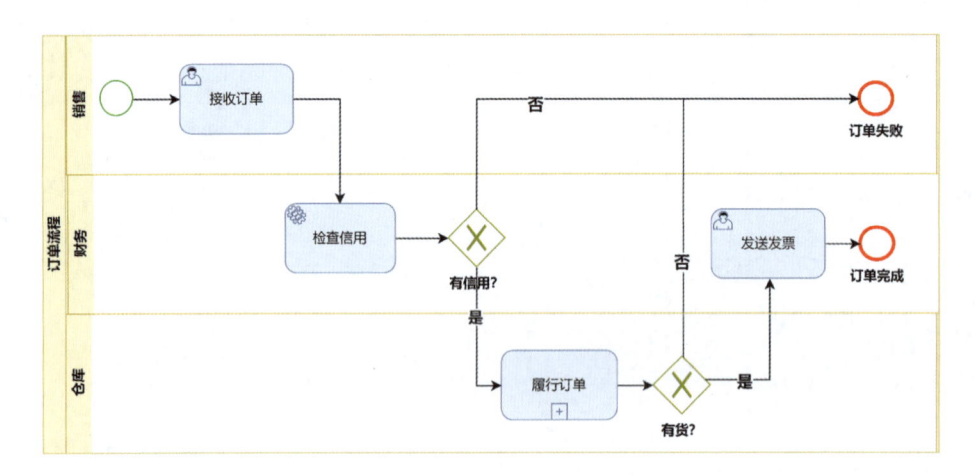

图 4-12 在泳道中的订单流程

在后续的流程图中说明了子流程的展开方式：内联展开（见图 4-13）和在分开的页面/流程中分层展开（见图 4-14）。

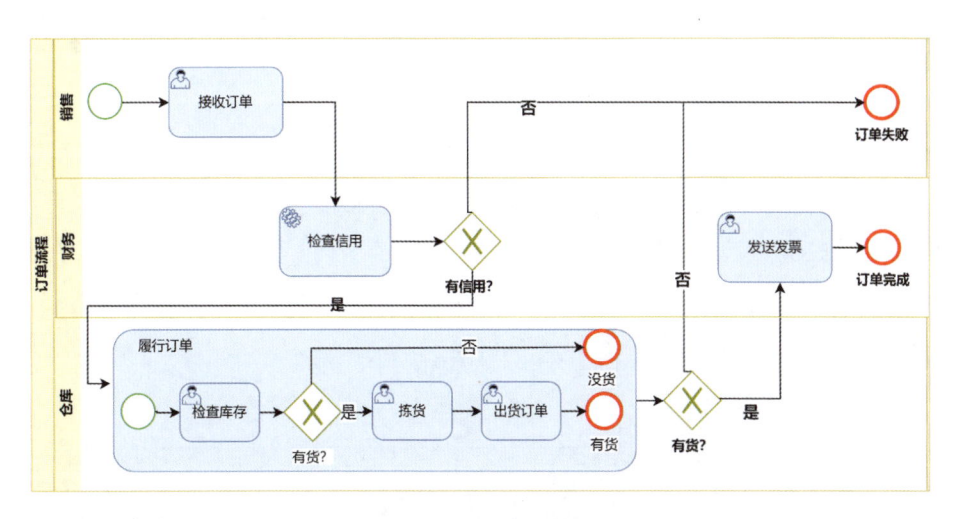

图 4-13 内联展开

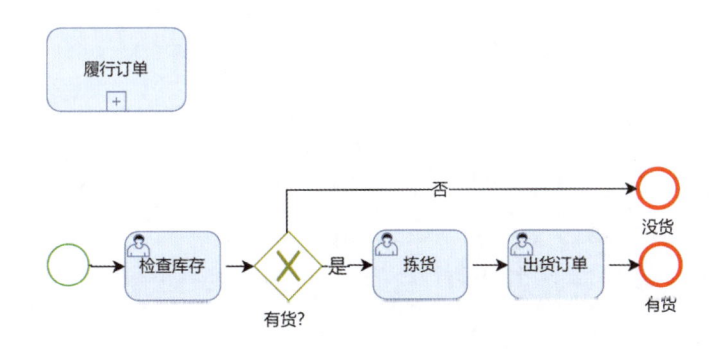

图 4-14 在分开的页面/流程中分层展开

内联展开在简单的流程图中很有用，但在大多数情况下，作者更喜欢使用分层展开，即将复杂的流程分解为顶层视图和展开在不同页面上的子流程，这样做的一个优点是可以在单一页面上端到端地表示复杂流程的顶层视图。顶层视图几乎没有提供有关流程的每个主要步骤的详细信息，但它让人一目了然。它确实揭示了连接这些步骤的所有可能路径、流程实例的含义、流程如何开始、可能的结束状态及其与外部实体的互动。换句话说，它在单一页面上表示"端到端流程的全景"。

可以从顶层视图向下钻取到每个子级，并可以在单独的链接图中查看其详细信息，进而可以钻取到更深的子级，依此类推。通过分层建模，可以在每一层中提供更多的详细信息，使用者可以将其放大显示，以在任何级别中都可以查看详细信息，而不会丢失单个端到端模型的完整性。即使模型在视觉上被表示为不同的页面，但在 XML 文档中它还是一个单独的模型。这远比维护单独的高层模型和详细模型更简单，以及让随时间变化的流程逻辑的表示变得更容易。

图 4-15 显示了平行处理符号，其中也使用了网关。

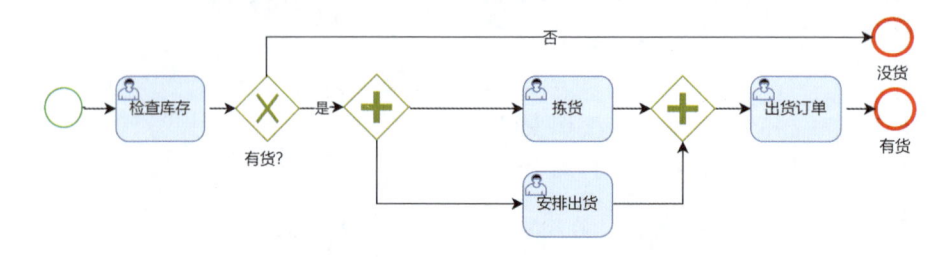

图 4-15　平行处理符号

内部带有"+"符号的网关是平行网关，也被称为 AND 网关。具有一个顺序流流入，以及两个或更多顺序流流出的平行网关被称为平行拆分网关或 AND 拆分网关。这意味着 AND 拆分网关无条件地将顺序流分成平行（即并发）段。例如"拣货"和"安排出货"可以同时开始。如果一个出货人员同时执行这两个任务，则实际上不能同时完成它们。并发实际上意味着先执行哪个操作都没有关系。

我们不能将图 4-15 中所示的 AND 拆分网关与它之前的 XOR 网关（"有货？"）合并，因为它们的含义不同。"有货？"网关表示一个排他性决定，意味着是选择这条路径还是选择另一条路径。在图 4-14 中，走完"是"路径后，AND 拆分网关表示将平行进行"拣货"和"安排出货"。

具有多个顺序流流入和一个顺序流流出的平行网关被称为平行合并网关或 AND 合并网关。这意味着在启用传出的顺序流之前，必须等待所有传入的顺序流到达。简单地说，这意味着只有在"拣货"和"安排出货"都完成后才能进行"出货订单"。

在图 4-16 中将诸如"客户"之类的外部参与者建模为单独的泳池。但是与包含"订单流程"的泳池不同,"客户"泳池为空,它不包含任何流程元素。我们称其为黑盒泳池——这意味着客户的内部流程对流程设计者来说是不可见的。

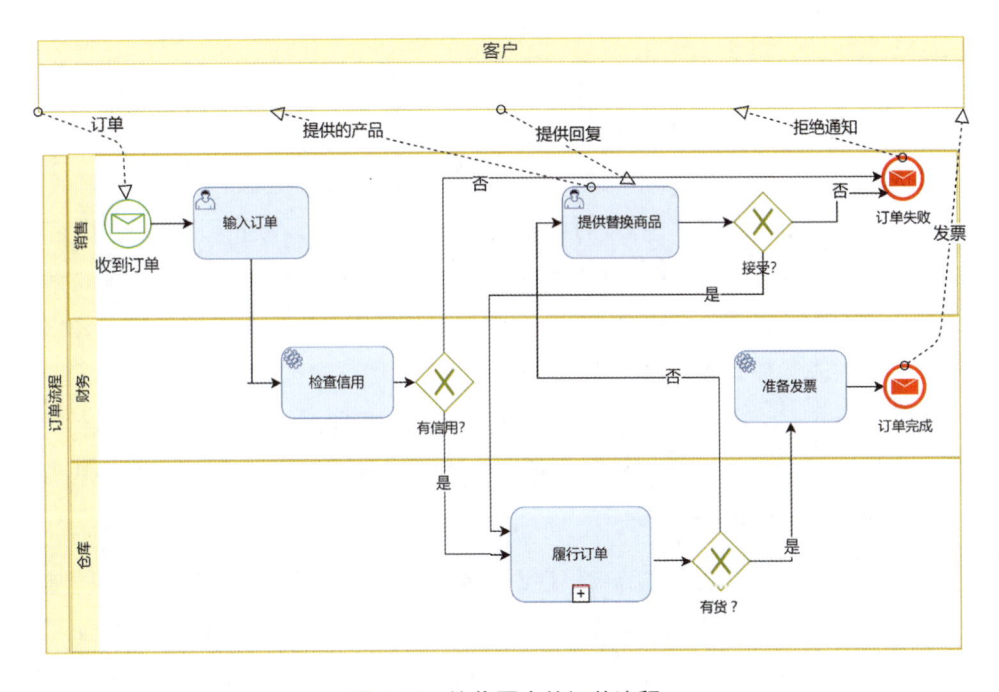

图 4-16 协作图中的订单流程

从技术上讲,在 XML 文档中,黑盒泳池代表没有流程的参与者,即外部实体。(从字面上看,这并不意味着"客户"泳池中没有定义的购买流程,而是卖方看不到客户的内部流程逻辑。)

虽然一般用流程名称标记泳池,但在标记黑盒泳池时,一般使用包含角色或实体的名称,例如在本例中为"客户"。最好将流程的请求者建模为外部参与者,而不是泳池内部的泳道。

"客户"（与其他外部参与者一样）通过交换消息与流程进行交互。在BPMN 中，"消息"表示流程与外部参与者之间的通信。我们可以在流程图中使用另一种类型的连接（被称为消息流）来表示这些通信。顺序流由实线连接器表示，只能被绘制在泳池中，并且也只能在两个泳池之间绘制一条消息流，即带有箭头的虚线，并且尾巴上带有小圆圈。

在 BPMN 2.0 版本中，图 4-15 被称为协作图。其中除显示了内部订单流程的活动流外，还通过消息流显示了流程与外部参与者的交互。请注意，消息流的一端连接到黑盒泳池的边界，另一端直接连接到白盒泳池中的活动和事件。

开始事件和结束事件中的信封图标表示这些事件可以接收和发送消息。在BPMN 流程图中，消息开始事件具有消息触发器，而消息结束事件具有消息结果。消息开始事件在 BPMN 流程图中具有特殊含义，我们将一次又一次地看到它。它表示在收到消息（在本例中为订单）后，将创建该流程的新实例；如果第二条消息在第一条消息之后到达，则将创建此过程的第二个实例。在顶级流程中只能拥有一个消息开始事件；子流程必须具有"无"开始事件，这意味着其没有消息触发器。

消息结束事件表示到达结束事件时，流程将发送一条消息。在 BPMN 流程图中，黑色事件图标表示流程发送信号（在这里为消息）；白色事件图标表示流程接收到信号。在本例中，流程在到达"订单完成"结束状态时发送"发票"消息；在到达"订单失败"结束状态时发送"拒绝通知"消息。

让我们再回顾一下，到目前为止在订单流程中创建的内容（协作图中的订单流程见图 4-16）。至此，我们有了一个相当完整的顶级 BPMN 流程图。在此图中，"履行订单"子流程的详细信息被隐藏，但是我们可以向下钻取以在另一个链接图中查看更详细的子级信息。

另外，我们还要注意在顶层视图中揭示了此流程的多少内容。我们看到图 4-15 中的实例代表一个订单，因为它是在收到订单消息后开始的。它有两个结束状态："订单完成"和"订单失败"。造成订单失败的根源是客户信用不良、缺货或是客户没有接受所提供的替换商品。每个结束状态都会向客户返回不同的最终状态消息。使用由请求消息启动的流程，较好的做法是从消息结束事件中将消息最终状态返回给请求者。

诚然，这是一个简单的流程，但其与现实世界中典型的端到端流程的顶层视图并没有太大区别。其中使用的所有图标和符号都是 BPMN 1 级描述型符号板中的成员。本书的目标是让业务用户能够使用 MVEA @设计"优质的 BPMN 流程图"。

4.2.7 为什么要采用 BPMN 标准

BPMN 是一种表达性语言，其能够在流程图中描述流程行为的细微差别。BPMN 所表达的含义足够精确，足以描述在流程自动化引擎中流程执行的技术细节！ BPMN 桥接了业务和 IT 部门，是一种可以在它们之间通用的流程语言。

采用 BPMN 标准，可以帮助企业设计优质的流程图。优质的 BPMN 流程图具有以下特性。

- 正确的。流程图不应违反 BPMN 标准中列出的规则，以及关于 BPMN 风格的 25 条规则。
- 清晰的。在流程图中，流程逻辑应该明确且显而易见。它不应依赖于附随的文档。"流程逻辑"一词是指从一项任务进行到下一项任务的逻辑，而不是各个任务如何执行的细节。
- 完全的。除活动和顺序流外，流程图还应指示流程的开始方式、所有重要的结束状态，以及与外部实体（包括请求者，如客户、服务提供商和其他内部流程）的通信。
- 一致的。所有建模者都应创建或多或少相同的 BPMN 流程模型，或者至少创建结构相似的模型。在整个组织中实现模型统一会使模型更易于共享和理解。

BPMN 风格的基本原理很简单：流程图中的流程逻辑应该明确。这就是优质的 BPMN 流程图。请记住，"流程逻辑不是流程任务的内部逻辑"。任务的内部逻辑固然重要，但是在 BPMN 流程图中对此描述不多。流程逻辑是指顺序流的逻辑：一个活动结束时，接下来将在什么条件下发生什么？它是关于流程活动的顺序，而不是单个任务的内部工作。通过将活动建模为子流程，我们可以显示活动的内部工作原理，但是，在 BPMN 流程图中我们不能"看到任务的内部"。

在流程图中，只有几个可视化元素可以用来传达流程逻辑：基本形状、内部图标和标记、边框风格、图的布局，以及它们的标签。

BPMN 风格依赖于充分利用这些标准的流程图元素，如活动（Activity）。标签是 BPMN 风格中一个特别重要的元素，但是许多建模人员对标签的做法是"小气"的。BPMN 风格不仅需要用到某些流程图元素的标签，还可能需要将标签文本与另一个流程图元素的标签匹配。在 XML 文档中，BPMN 流程图使用指向元素 ID 的指针将它们连接在一起，但是这些 ID 和指针没有显示在图中——只有标签可以。

BPMN 风格的 25 条规则如下，读者可以调查自己的企业在设计流程图时，有没有遵循这 25 条规则。

（1）使用图示和标签使打印的流程图中的流程逻辑清晰可见。

（2）将流程模型分层，使流程模型中的每个流程级别可用一页纸来展示。

（3）用黑盒泳池代表客户、其他外部请求者或服务提供商。

（4）从接收客户泳池中的消息流的开始事件启动面向客户的流程。

（5）如果可以，将内部组织单位建模为单个流程泳池中的泳道，而不是单独的泳池。

（6）用流程名称标记流程泳池；用黑盒泳池标记参与者角色或商业实体。

（7）用单独的结束事件指示流程或子流程的成功和异常结束状态，并标记它们以指示结束状态。

（8）将活动标记为"动词+名词"的形式。

（9）在顶层流程中使用开始事件触发器来指示流程如何开始。

（10）如果子流程后面跟着标记为问题的网关，则该子流程应具有多个结束事件，并且其中一个事件应与网关标签匹配。

（11）显示所有消息事件的消息流。

（12）在父级和子级图中匹配消息流。

（13）标签消息直接与消息名称一起流动。仅仅绘制消息流是不够的。

（14）流程级别中的两个结束事件不应具有相同的名称。

（15）流程模型中的两个活动不应具有相同的名称。

（16）子流程应具有一个"无"开始事件。除没有开始事件的平行子流程外，子流程应仅包含一个开始事件，并且它必须是"无"类型（无触发器）的。

（17）子级图中的流程泳池（如果已绘制）应标记顶级流程的名称，而不是子流程的名称。

（18）在分层模型中，子级图可能不包含任何顶级流程。

（19）不要使用排他性网关合并替代路径，除非将其合并到另一个网关中，只需直接连接顺序流即可。

（20）不要使用平行网关合并平行路径到"无"结束事件中。"无"结束事件中总是暗示合并。

（21）顺序流不可越过泳池（流程）边界。

（22）顺序流不可越过子流程边界。

（23）消息流不可连接同一泳池中的节点。

（24）顺序流只能连接活动、网关或事件，并且两端必须正确连接。

（25）消息流只能连接活动、消息（或多个）、事件或黑盒泳池，并且两端必须正确连接。

最后5条规则（第21～25条）是BPMN 2.0版本的官方规则。

企业业务设计包含数字化业务设计和业务流程建模。数字化业务设计是对人员（角色、问责、结构、技能）、流程（工作流、常规流程、标准程序）、数据（业务对象、数据对象、数据库表）和应用进行整体配置，以及使用数字化技术定义企业的价值主张并通过数字化技术交付创新产品/服务包。数字化设计的要素是人员、流程、数据、数字化构建块、数字化产品/服务包和数字经济时代的价值主张。

人员、流程、数据和应用是息息相关的，流程需要有执行者，流程中流动的是数据，流程和数据的自动化/信息化可通过应用系统、RPA和DPA来实现。所以，流程是数字化业务设计的基础，优质的流程需要通过精确的BPMN语言和企业架构工具来产生BPMN流程图和XML文档。BPMN 3级可执行型的XML文档中包含数据定义、规则定义、表单定义、服务编排等，在BPMN流程图中可以逐步增加细节与RPA、DPA、低代码开发平台集成，将流程作为软件设计自动化和系统开发的核心基础。

第 5 章

企业数字化转型路线图

对想要实现数字化的企业来说，一般其数字化转型路线首先是引进企业架构/顶层设计，然后开发 5 种数字化构建块，最后，通过流程自动化和软件设计自动化来开发系统和平台。不幸的是，很多企业的数字化转型路线图是杂乱的。企业在尝试发展其数字化能力时，也需要维持和改善企业的现有业务。企业不可能一次完成所有的事情。本章介绍企业数字化转型的可能路线图。

5.1　企业数字化转型路线图

设计良好的数字化企业具有以下 5 种能力（构建块）。

（1）构建运营平台：捕获企业对核心运营流程进行集成和标准化的需求（此构建块可增强执行基础流程的可靠性和企业数据的完整性）。

（2）构建共享的客户洞察：共享关于企业可以开发什么数字化解决方案，而且客户愿意付费（此构建块不断扩展了企业可以使用数字化技术做什么与客户期望之间的交集的知识）。

（3）构建数字化平台：提供构成数字化产品/服务包的可重用数字化组件（此构建块提供对业务、数据和基础设施组件存储库的访问）。

（4）构建问责框架：分配决策制定权以确保开发团队具有自主性和对齐性（此构建块定义了角色、决策权和流程，以提高开发和使用数字化平台的速度）。

（5）构建外部开发者平台：向外部合作伙伴开放数字化组件（此构建块提供了实现数字化合作伙伴关系的技术、流程和角色）。

从统计学上讲，构建块是 5 个独立的（虽然是相互关联的）企业资产，它们对企业的业务分别做出贡献或一起做出贡献。每个构建块都会引发企业的人员、流程和技术的变革。因此，不仅企业数字化转型的旅程漫长，而且企业开发任何给定构建块的一系列举措本身就是一个漫长的过程。

一组开发良好的构建块会使企业的数字化产品/服务包具有更好的创新性，带来更多的收入、利润，以及提高客户的满意度。在理想的状态下，企业可以同时开发这几个构建块，但外部开发者平台可能例外。同时开发这几个构建块将使企业能够利用构建块之间的相互依赖性：改进其中一个构建块将改善其他几个，这将提高企业的总体收益。

但是，企业在启动数字化转型时无法同时关注所有的构建块。因此，领导者必须在给定的时间内做出关于他们将关注哪些构建块的战略决策。企业数字化转型路线图可以帮助企业依序开发构建块。

对所有企业来说，并不存在最佳的和可复制的数字化转型路线。每家企业的数字化转型都应该将重点放在自己具有竞争力的方面和文化方面上，并进行未来规划。每家企业都需要开发 5 个构建块，但是每家企业的不同之处在于企业数字化转型旅程的速度和顺序。

鉴于适合各家企业的数字化转型路线都是不同的，因此本书无法给出一个最佳的企业数字化转型路线。下面介绍 3 家企业的数字化转型路线，以便为读者提供一些有关企业如何绘制数字化转型路线的思路。

以下是 3 家企业的数字化转型路线：新加坡的星展银行、法国的施耐德电气和荷兰的皇家飞利浦。它们的数字化转型路线是基于第 3 章中介绍的 5 个构建块的，以下描述了这些构建块的开发顺序、形状（代表构建块的集成/组合）和历程。

这 3 家企业的数字化转型路线都反映出它们独特的竞争力和抱负：通过了解 3 家企业领导者做出的战略选择，读者可以洞悉企业所遇到的机遇与挑战，以及能带来回报的战略决策。

注意，在这 3 家企业的数字化转型架构中，构建块的形状可能会因数字化转型路线的不同而不同，但是颜色分类保持不变。红色代表"运营平台"，紫色代表"共享的客户洞察"，蓝色代表"数字化平台"，黄色代表"问责框架"，绿色代表"外部开发者平台"。构建块的形状反映了企业在开发过程中的初始投资。一些形状（如水平的长方形）显示了在短时间内（即 1~2 年）创建一个构建块并重点投入。其他形状（如垂直的长方形）则显示了构建块在几年内得到了更多的扩展和关注。这些形状旨在描述每个构建块如何被嵌入企业的组织设计中。虽然形状表示企业计划开发构建块的时间，但建立这些企业数字化能力的任务永远不会结束。

在每家企业的数字化转型路线中都强调了哪些构建块是其数字化转型的起点，以及管理人员如何将重点转移到新的构建块上。以下说明了这些企业的领导者何时，以及如何致力于企业数字化转型旅程中的每个构建块的开发。

5.2 企业数字化转型路线图案例

5.2.1 星展银行的数字化转型路线图

2021 年，新加坡星展银行（DBS，下称星展银行）认购了深圳农村商业银行（下称深圳农商行）13.52 亿元的股份，股份占比为 13%。交易完成后，星展银行成为深圳农商行的第一大股东。星展银行首席执行官 Piyush Gupta 表示，星展银行与深圳农商行是一种高度互补的战略伙伴关系（参考文章：《星展银行：为什么选择入主深圳农商行？》）。

深圳农商行拥有丰富的社区资源，其以社区企业和中小企业为服务对象主体，打造社区零售银行。1999 年，深圳农商行便提出以零售银行为其战略发展目标，专注于以中小企业和个人为主要服务对象的零售银行业务，要成为"社区金融便利站"式的零售银行。

星展银行除包括针对高净值人群的理财业务外，还包括针对零售银行、中小企业银行和大型企业银行等服务对象的业务，它与深圳农商行在开展零售业务和服务中小企业方面有很多共同点。

双方的另一个共同点则是都在大力进行数字化转型。2019 年，深圳农商行提出加快推进数字化转型，推进"零售+科技"双特色发展战略，致力于构建社区金融生态链。

作为"全球最佳银行"之一,星展银行一直在探索数字化:2014—2018年启动数字化转型;2018年上线"运链盟——汽车供应链物流服务平台";2019年上线"星展e链通"线上服务平台,为中小企业提供供应链融资服务;2020年启动数字化交易平台。

星展银行方面表示,希望通过星展银行在亚太地区的资源与数字化专长,助力深圳农商行的持续发展与数字化转型。深圳农商行方面亦表示,引入星展银行后,其将以"零售+科技+生态"为驱动,将自己打造成为数字化智慧型零售银行。

星展银行的数字化愿景在过去十年中不断进化,但其数字化愿景的核心一直未变:"变得更加数字化可以改善客户的生活"。星展银行最早的举措是专注于构建运营平台和共享的客户洞察——这与施耐德电气的举措是类似的,但是其构建块的形状是不一样的。如图 5-1 所示为星展银行的数字化转型路线图。

运营平台
重新设计核心业务流程;
标准化及合理化核心系统

共享的客户洞察
专注于客户旅程;设定客户旅程实验室;
教导员工测试和学习,以及设计思维概念

数字化平台
在印度发布"数字化银行",复制到印度尼西亚公司;
广泛的 API 使能组件开发

问责框架
"业务,IT 二合一"管理设计;
IT 从项目转移到产品

外部开发者平台
推出全球最大的第三方可访问的 API
使能银行平台

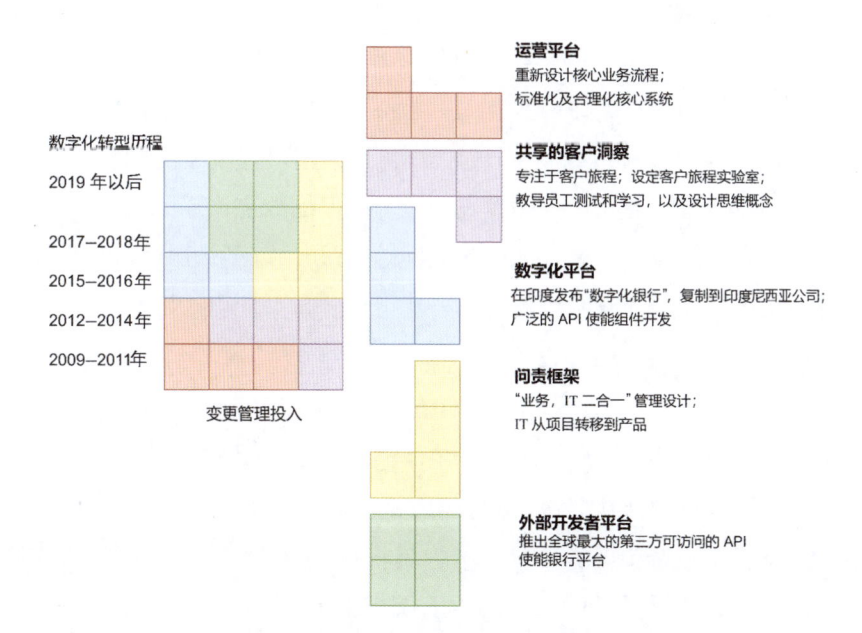

图 5-1　星展银行的数字化转型路线图

企业数字化转型最小可行之道
始于流程自动化，终于软件设计自动化

从 2009 年到 2014 年，星展银行专注于做"以数字化为核心"的企业，其将运营平台从碎片的、异构的转型为流程标准的、合理的。这种转型主要着眼于卓越的运营，并让跨职能团队参与重新设计核心业务流程。当首席执行官确立"消除 1 亿小时浪费客户的时间"这个目标时，流程改进已成为整个组织的目标。到 2014 年，员工设法消除了 2.4 亿小时浪费客户的时间。现在，星展银行实现了另一个目标，大幅度地提升流程运行速度并降低运营平台的成本。这些努力也使其数字化产品/服务包易于访问其运营数据和流程。

在过去的十年中，星展银行相当重视开发共享的客户洞察。其最初希望在数字化技术方面进行创新——成为"拥有 22000 名员工的初创公司"，此后其迅速转变为专注于客户和客户旅程。从 2010 年开始，星展银行通过建立相关部门将这些概念灌输到整个企业中。这些部门向大多数星展银行的员工教授设计思维及客户旅程分析。在 2013 年，星展银行成立了一个客户旅程设计实验室，通过实践教授员工设计思维。此后，其从客户接触点的传感器中捕获了大量的数据，以便员工可以分析客户的习惯和需要。

2012 年，星展银行将其互联网业务平台和移动服务业务平台无缝集成到自己的核心银行平台中。该平台可以为全球所有的星展银行客户提供服务和数据访问。认识到数字化技术的潜力，各个业务部门开始开发额外的 API 组件。虽然这其中会涉及重复的工作，但他们构建了数百个数字化组件。经过一段时间，业务部门建立了存储库并创建了各自的数字化平台。在 2016 年，星展银行在印度推出了一家名为"digibank"的完全数字化银行，并于一年后将该平台用于印度尼西亚的一家新数字化银行。

星展银行在 2011 年左右开始测试新的工作方式，并引入了新的工作区。大约在同一时间，公司将开发客户旅程的责任赋予个别员工。从那以后，该公司的问责框架逐渐建立在授权和基于证据的决策制定原则上。2018 年，星展银行的 IT 项目管理从项目管理转向产品管理，以便数字化产品/服务包的所有者对其整个生命周期负责。同时，其将开发数字化平台的责任移交给星展银行的各个业务部门。每个业务部门的数字化平台都有两个负责人——技术负责人和业务负责人，这被称为"二合一"（two-in-a-box），平台领导者会接受有关如何制定战略和管理其新业务的辅导。

星展银行于 2017 年与初创公司一起组织的黑客马拉松大获成功，因此其有动力开发外部开发者平台。之后，星展银行推出了世界上最大的 API 使能的银行平台，供第三方访问。其外部开发者平台（ExDP）促使星展银行将驻留在各个业务部门中的多个数字化平台合理化。

2019 年，星展银行数字化转型的重点是构建数字化平台、外部开发者平台及问责框架。他们对这 3 种构建块的投入从 2017 年就开始了，并且将重心放到了外部开发者平台，以及通过它与合作伙伴发展创新的数字化产品/服务包。

作为一家金融机构，星展银行没有像施耐德和飞利浦那样将其数字化业务与实体产品相连。这使星展银行可以将运营平台主要用于增强客户体验。现在，星展银行将支持企业功能（如财务、人力资源和法律）的平台与支持产品的平台区分开。（这里将前者称为运营平台，将后者称为数字化平台。）将这两种类型的平台进行区分，有助于星展银行对数字化产品/服务包和平台的责任进行区分，并促进对外部开发者平台的进一步开发。

在星展银行的案例中，引人注目的一点是其对员工的投资。星展银行已经在员工培训、导师和技能开发方面投入了大量的资金，向员工灌输了基于证据的决策制定文化。基于此文化和随着星展银行继续建立更有深度的客户洞察，它们正将这些洞察转化为有价值的数字化产品/服务包，这项投资也正在获得收益。

5.2.2　施耐德电气的数字化转型路线图

施耐德电气的数字化转型之路突出了其独特的历史，以及其利用物联网、大数据、云计算和人工智能提供集成能源管理解决方案的愿景。因为具有悠久的历史，施耐德电气的业务非常复杂，以至于领导者几乎没有选择，只能在尝试开发数字化产品/服务包之前投资于运营平台。2014 年，施耐德电气的

企业数字化转型最小可行之道
始于流程自动化,终于软件设计自动化

领导者开始考虑实现客户资产(如发电设备)连接的商业模式。尽管仍在建设中,该公司近 5 年来建立的运营平台已经简化了其核心流程和系统,足以推进其他构建块的建设。

施耐德电气早在定义数字化战略之前,就开始在业务部门内实验客户资产连接产品。最初,业务部门负责新产品的开发。然而,与大多数公司一样,施耐德电气发现自己很难说服客户购买早期的数字化产品/服务包。施耐德电气利用了自身与愿意为其独特的能源管理需求寻找新的解决方案的大型全球客户的牢固关系,在早期通过集中投资积累客户洞察。从那时起,施耐德电气的数字化服务工厂团队采用了主动寻求客户意见的创新方法。

随着数字化愿景的展开,施耐德电气的 IT 领导者意识到施耐德电气对数字化平台的需求。他们定义了 EcoStruxure 平台,旨在提高数字化产品/服务包所需的连接性。施耐德电气的 IT 领导者希望其产品领先于业务需求,因此,他们在 EcoStruxure 平台中内置了一组支持物联网基础设施的组件和一些早期业务的组件,例如订阅计费组件。该公司一直在添加与数据分析相关的组件,以及常见的业务组件,如仪表板和响应警报的自动化操作组件。施耐德电气现在拥有一个大型的数字化组件存储库,可加速其数字化产品/服务包的开发。

随着数字化产品/服务包组合的成熟,施耐德电气已能够将工作重点从构建核心组件转移到正确地建立问责机制。施耐德电气的领导者在完全理解企业所需的组织变革之前,已经意识到了他们所面临的技术挑战,甚至数字化转型团队最初也将其面临的挑战视为技术挑战。如今,施耐德电气多样化的业务正在受到数字化平台的挑战,他们将注意力集中在正确地建立问责机制上。一个新的备受瞩目的数字化业务部门(由首席数字官领导)正在承担开发公司问责框架的挑战。

目前,施耐德电气正在尝试与外部开发者建立合作伙伴关系,其领导者将构建新的开发者平台视为重要的战略举措。该公司刚刚开始构建 API,以使其合作伙伴能够与生态系统中的结构组件连接,后期将继续举办黑客马拉松,以寻找更多的机会来构建其外部开发者平台,并扩展"施耐德电气交易平台"

集市。

图 5-2 描绘了施耐德电气多年来的数字化转型路线图。施耐德电气从 2011 年开始数字化转型工作；2011—2015 年，工作聚焦在共享的客户洞察和运营平台；2015—2016 年，开始数字化平台的建设；2016 年，运营平台的工作已经大致完成，并启动了问责框架的文化和组织变革工作；2017 年，完成了数字化平台的建设工作；2018 年，启动外部开发者平台的建设工作；2019 年以后，主要的工作只剩下了建设问责框架和外部开发者平台，这两项工作对于企业的价值主张设定和数字化产品/服务包的创新起着关键的作用。

运营平台
12 个 ERP 系统和一个全球性 CRM 系统使能核心企业流程和主数据

共享的客户洞察
识别与关键客户的关系，以及在某种情况下，共同创新有价值的产品包

数字化平台
生态系统结构：（EcoStruxue）基础设施组件使能为了配置智能解决方案的物联网和业务及数据组件

问责框架
创造数字化业务部门以开发和商品化产品包并提供底层的基础设施和组件

外部开发者平台
施耐德电气交换平台：与外部开发者平台的伙伴一起开发 API

数字化转型历程：2019 年以后、2018 年以后、2017 年以后、2015—2016 年、2011—2015 年

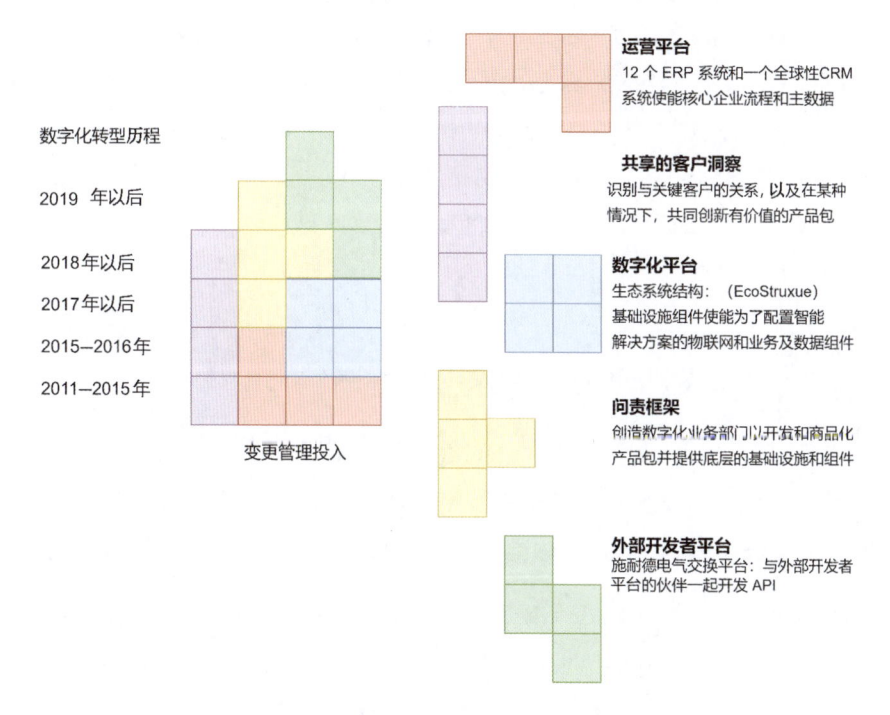

变更管理投入

图 5-2 施耐德电气的数字化转型路线图

施耐德电气的数字化转型路线图展示了这 5 种构建块的关系和开发顺序，其以共享的客户洞察和运营平台为基础，因为这也是对企业传统业务的支持，可以增加营收。在此基础上，施耐德电气启动了数字化平台的开发；接着通过问责框架进行组织的数字化转型，决定数字化平台、业务、数据、应用和

基础设施组件负责人的权责和奖惩制度；最后建设外部开发者平台——施耐德电气交易平台，与上下游的合作伙伴一起基于 API 开发数字化产品/服务包。

施耐德电气从早期开发的运营平台和数字化转型愿景中受益匪浅，该愿景指导了其数字化平台中关键基础设施组件的开发。这让施耐德电气可以有条不紊地从有价值的客户那里获取客户洞察，这些客户已经为更广泛的客户提供了有价值的数字化产品/服务包。

对施耐德电气而言，其面对的最大挑战是建立问责框架：随着施耐德电气建立起自己的数字化产品/服务包和组件的存储库，问责框架会变得越来越重要。建立问责框架被证明是困难的，因为整个公司是围绕主要业务部门设计的，并且该公司正在同时将数字化能力构建到其物理产品（电气设备）及其数字化产品/服务包中。这为其分配问责机制创造了复杂的环境。施耐德电气的数字化业务部门正在尝试协调所有的技术部门，以继续开发数字化组件和增强数字化组件的能力，并说服业务领导者在其产品包中使用它们——这对于发展施耐德的数字化业务至关重要。

5.2.3　皇家飞利浦的数字化转型路线图

皇家飞利浦（以下简称飞利浦）的数字化转型始于其开展数字化工作的后期阶段。2014 年，飞利浦宣布了其数字化转型战略：以更低的成本改善医疗护理效果。其转型历程与施耐德电气有许多相似的地方。

飞利浦从 2011 年开始进行数字化转型工作。到 2014 年，该公司已成功将管理层认为是公司业务核心的 3 个流程中的 2 个流程（从构思到市场（Idea to Market）和市场到订单（Market to Order））进行标准化。当管理层的注意力从运营平台转移到开发和商业化新的医疗技术产品/服务包时，从订单到现金（Order to Cash）的流程标准化仍在进行中。焦点的转移使飞利浦能够积极地追求数字化产品/服务包的开发，但是它需要一些新的方法来支持一些新的业务流程，如订阅计费服务。飞利浦的运营平台的建设工作一直在进行中，并且在 2018 年，领导者们强调飞利浦需要采用标准化的订单到现金流程。

早在飞利浦开始数字化转型之前,该公司就已经开始数字化能力实验,以在其产品线中创建衔接的产品。为了实现有关数字化产品/服务包的理念,飞利浦最初依赖于各个业务部门,以及像数字化加速实验室(Digital Accelerator Lab)之类的中央实验室来积累客户洞察。在 2015 年,飞利浦引入了医疗软件套件实验室(HealthSuite Labs),通过让医疗护理提供者、患者和支付方参与密集的研讨会,以构思可解决其最大问题的数字化产品/服务包。飞利浦此后便开始应用医疗软件套件实验室。

飞利浦利用物联网、大数据、人工智能和其他数字化技术开发了医疗软件套件数字化平台(HSDP)。该数字化平台能集成来自各种设备、系统等中输入的数据。飞利浦还建立了被称为互联数字化平台及主张的业务能力存储库。医疗软件套件数字化平台和互联数字化平台及主张的业务能力存储库提供了可重用的组件,之后,飞利浦将其配置为数字化产品/服务包。2015 年,飞利浦开发了首批 4 款数字化产品/服务包。到 2017 年,该公司已开发了 31 款此类数字化产品/服务包,此后其一直在加快新数字化产品/服务包的开发。

飞利浦认识到,若要改善个人医疗状况,就需要提供大量的服务。因此,在数字化转型初期,他们就设想通过合作伙伴的产品/服务包来扩展其数字化产品/服务包。飞利浦于 2016 年开始通过外部开发者平台提供医疗软件套件数字化平台的组件。然而,在 2018 年,飞利浦的领导者决定缩减外部开发者平台的规模,主要开发自己的数字化组件和产品/服务包。之后,飞利浦继续向一小部分合作伙伴提供医疗软件套件数字化平台的访问服务,并推出了医疗洞察套件组件,以提供医疗护理特定工具,用于构建、维护、部署和扩展与医疗护理相关的人工智能和数据科学解决方案。飞利浦缩减外部开发者平台的规模是暂时的,它仍然是飞利浦的长期战略。

飞利浦在进行数字化转型期间,其 IT 部门引入了跨职能的敏捷团队,以在公司构建运营平台时增强 IT 部门与业务部门之间的沟通。从销售产品/服务到开发集成解决方案,这些转变进一步要求飞利浦需要重新考虑其问责框架。在 2016 年和 2017 年,飞利浦实验了几种替代方案:从将解决方案团队作为一个独立的部门,到将他们进一步集中到面向市场的组织中。飞利浦正在考虑将提供组件的业务和将这些组件集成到解决方案中的业务进行重新组织。

如图 5-3 所示为飞利浦的数字化转型路线图。飞利浦和施耐德电气一样,甚至在进行数字化转型之前就在积极构建运营平台。当领导者制定数字化转型的决策时,他们意识到还需要一个数字化平台。由于大量的利益相关者(例如支付方、医疗护理提供者、患者和政策制定者)的目标相互矛盾,在医疗护理行业中,共享的客户洞察的构建尤其具有挑战性。医疗软件套件实验室可为所有利益相关者提供深度洞察。与施耐德电气类似,由于飞利浦业务的复杂性,以及要求将数字化能力植入现有的产品/服务(继续产生大部分收入)和新的数字化产品/服务包中,飞利浦仍在努力处理其问责框架。飞利浦可能需要在其问责框架方面取得进展后才能将广泛的第三方访问服务扩展到其数字化平台中。

运营平台
飞利浦标准化3个核心流程
理念到市场、市场到订单和订单到现金

共享的客户洞察
医疗软件套件实验室
飞利浦能够处理的客户问题

数字化平台
医疗软件套件数字化平台提供组件来连接智能产品和数据,分析医疗数据,连接的数字化平台和主张提供医疗组件

问责框架
区别组件开发者和那些配置组件到解决方案的人员

外部开发者平台
医疗软件套件数字化平台提供访问给特定的的伙伴;医疗软件套件洞察提供数据科学和人工智能组件访问给外部开发者

数字化转型历程
2018 年以后
2016—2017 年
2014—2015 年
2011—2014 年

变更管理投入

图 5-3　飞利浦的数字化转型路线图

5.3　总结：数字化路线图的建议

本章介绍的 3 家企业的数字化转型路线图突出了不同企业在数字化转型中采用的不同方法。这 3 家企业的数字化转型都是从运营平台开始的，这表示企业数字化转型的基础仍然是运营平台（ERP、CRM 等企业系统）。星展银行和施耐德电气选择了从构建运营平台和共享的客户洞察开始。但是，施耐德电气在刚开始进行数字化转型的时候就启动了数字化平台的构建。飞利浦从构建运营平台和数字化平台开始，并启动了小规模的共享的客户洞察的构建。

5.2 节介绍的 3 张数字化转型路线图是这 3 家企业十几年的数字化转型过程的记录。这验证了企业的数字化转型是一个长期、不可间断和没有终点的旅程。企业管理层需要认清这个事实，避免只看到短期的利益。企业不要为了获得立竿见影的效益和效率的提升，而将数字化转型的投资都集中在运营平台上，忽略数字化平台的构建，以及组织与文化的变革。

领导者不能一次性确定所有事情的优先级别，因此，他们可以在最有可能促进企业数字化转型成功的构建块上逐步发力。对于本章介绍的这 3 个案例，虽然读者没有看到统一的模式，但是会看到一些有关数字化转型的概括性内容。这些为企业的数字化转型提供了以下建议。

（1）修复运营平台：大多数企业发现其运营平台阻碍了企业数字化转型的成功，因此，在开始开发数字化产品/组件包之前，企业必须要处理运营平台中最严重的缺陷。同时，拥有强大的运营平台的企业可以将重心转移到其他构建块上。当企业迫切需要推进数字化转型进程时，需要从战略上专注于提高运营平台的核心能力，这些能力确实给了数字化业务必不可少的支持。

（2）不要长期搁置数字化平台：企业通常会在意识到自己需要数字化平台之前，就建立了一些早期的数字化产品/服务包。他们可以将数字化组件简单地附加到其运营平台上，或者可以构建整体的数字化产品/服务包。在企业数字化转型的早期，这种方法可以支持企业快速地进行实验和学习。这可能是企业学习数字化价值主张的好方法。但是，很快企业就需要定义一种支持其开发可重用组件和数字化产品/服务包的架构。企业拖延的时间越长，为企业的数字化产品/服务包创建可持续的技术基础就越困难。

（3）同步共享的客户洞察与数字化平台的开发：一些企业在开始数字化转型时已经清楚地了解其数字化产品/服务包的价值主张是什么。他们往往会在积累共享的客户洞察之前，就开始构建数字化平台。还有一些企业也在努力了解客户的需求以辅助数字化产品/服务包的开发。这两种方法都可以成功，并且在短期内都可以加速单个构建块的开发。拥有有用的组件的平台可以加速共享的客户洞察实验。反过来，实验可以帮助企业弄清其需要哪些组件。无论采用哪种方法，企业都需要规划其他互补资产的开发。在没有明确了解客户需求的情况下，在数字化平台上运行的企业所面临的风险是，他们可能轻易地投资了一些没人想要的组件和产品/服务包——而错过了创造有价值的数字化产品/服务包的机会。过于狭义地关注共享的客户洞察所带来的风险是：只是通过快速构建难以重用、扩展或改进的整体式产品/服务包来响应这些洞察所带来的诱惑，却没有创造客户期望的价值。

（4）开始分配问责机制：企业越早采用数字化问责框架越好。但是，除非企业对数字化产品/服务包和组件有清晰的了解，否则建立问责框架是困难的。如果要通过对齐问责机制来平衡软件开发的自主性，则首先要认识到不同"使用中的资产"之间的界限。对于拥有完善、严格的多年产品开发流程的工程企业而言，这尤其具有挑战性。在这些企业中，软件开发涉及企业的多个部门，这很可能会使软件开发的自主性和对齐性变得复杂。创新实验室或IT部门内的实验，特别是涉及迭代、敏捷开发的实验，可以促进企业对一些问责机制的早期学习。

（5）不要匆忙进入外部开发者平台：如果其他4个构建块都已经稳固，则外部开发者平台将从中受益。除非企业的价值主张从一开始就非常依赖于构建生态系统，否则外部开发者平台应该建立在其他构建块都稳固的基础上。

（6）继续学习和构建：也许这是毋庸置疑的，但是要同时关注5个构建块是不可能的，至少要等到某些构建块建立之后。同时，任何构建块的优化工作永远不会结束。具体的思路是首先根据自己最紧迫的需求对构建块的早期开发进行排序。然后养成习惯，持续改进每个构建块及整体构建块。

企业可能希望有一个比本章介绍的更明确的数字化转型计划，虽然有人为企业提供了这样的模板，但是要注意，企业数字化转型的范围很大，而且还在不断更新。领导者必须做好准备以学习怎样做是有效的和怎样做是无效的，并实时调整路线。没有单一的路径或业务设计可以定义如何成为成功的数字化业务。企业需要踏上数字化转型的旅程，并让企业的数字化业务不断演进。

企业最需要做的是重组业务，以强调数字化的重要性。确实，在本书中介绍的许多举措都涉及一些重要的结构调整，如数字化业务部门和客户体验实验室。但请记住：企业的数字化转型大多与业务结构无关。不要认为通过将以前的方法数字化在数字经济中就会取得成功！

企业的数字化转型过程包含开发 5 个构建块：共享的客户洞察、运营平台、数字化平台、问责框架和外部开发者平台。此过程漫长，而且目标不明确。尽管如此，作者建议：建立这些数字化资产不要拖延。现在就要拿出一张纸，开始绘制企业的数字化转型路线图。

第 6 章

企业流程自动化

实现企业流程自动化主要有两种技术：机器人流程自动化（RPA，Robotic Process Automation）和数字化流程自动化（DPA，Digital Process Automation）。这两种技术可以协助企业快速地实现数字化转型，是企业提高数字化转型投资回报和降低投资风险的最小可行路径。

RPA 是指利用软件将企业业务流程中单调、重复及易出错的工作自动化，即用软件机器人代替人工工作，其中包括财务机器人、客服中心机器人等。RPA 使企业的生产力大幅度提高，以及更有效地使用数据，它几乎能帮助企业自动化任何任务。RPA 对企业业务的每个方面都有重大的影响。

DPA 平台包含低代码开发平台，以及基于 BPMN 的流程引擎与流程管理平台。整合架构设计、DPA 与 RPA，相当于整合以 BPMN 为中心的软件设计与软件开发，可实现软件设计自动化（SDA，Software Design Automation），减少人力投入。SDA 的重点是以 BPMN 为核心，打通软件设计与软件开发，将流程、数据和 UI 设计融合到低代码开发平台或 DPA/RPA 平台中。

企业数字化转型的核心之一是业务流程，因为业务流程决定了企业的运行方式。成功的企业利用有效的流程来发展，以及与其他企业竞争。无论流程涉及什么，以及它们可能在哪里，流程自动化都可以为数字化企业奠定真正的基础。

6.1 机器人流程自动化（RPA）

6.1.1 RPA 介绍

RPA 是一种软件自动化技术，由配置在个人计算机或其他智能设备中的 RPA 机器人模拟人类工作（如点击鼠标、用键盘输入等人机交互操作），完成基于固定规则的重复性工作（如数据汇总），或者在不同软件（如 Excel、Outlook 等）与应用（如 ERP、CRM 或遗留系统等）之间操作，完成数据提取、输入和处理等工作。

RPA 的第一个典型应用场景是完成常见的单调、重复的工作，如从 Excel 或邮件附件中复制数据，然后输入 ERP 系统（如金蝶或用友总账系统）或 CRM 系统（如销售易系统）等。这些工作对员工来说是毫无挑战性的，而且容易发生操作错误。RPA 机器人可以以人工几倍到几十倍的速度完成同样的工作，而且不会发生错误，也不会疲劳，可以全年 24×7 小时地工作和加班。

RPA 的第二个典型应用场景是模拟人工登录网站，搜寻网站和获得需要的信息，然后将这些信息存储在 Excel 或永中电子表格中（注：永中 Office 是作者在 2000 年负责研发的与微软 Office 相容的软件）。例如，RPA 机器人自动登录各大电商网站，搜寻有关华为手机的价格，然后将这些价格和网站信息存储在电子表格中，并作为邮件附件自动发送给客户，帮助客户决定在哪个电商网站购买手机。

RPA 的第三典型个应用场景是材料供应商用 RPA 机器人登录制造商的网站或采购系统，首先下载采购信息，然后将采购信息自动转换格式并输入供应商的后台系统中，生成订单和安排出货。即使两个系统是完全异构的，例如，具有不同的操作系统、不同的数据库和不同的用户界面，RPA 机器人也可以作为这些异构系统的桥接器。

通过将 RPA 机器人作为员工的数字化助理，可以实现人机协同，帮助企业大幅提升效率，以及提高工作的准确性及合规性，也可以大幅改善员工的工作体验，将员工从单调、重复的工作中释放出来，专注于数字化转型中更重要的工作，如获取客户反馈和客户洞察以改善数字化产品/服务包。

6.1.2　RPA 案例

普华永道是一家全球性的企业管理咨询公司。2017 年，普华永道美国开始了他们的数字化技能提升之旅，其目标是为公司中的每个人培训如何实现自动化。（参考资料：UiPath 公司网站的普华永道数字化自动化案例研究。）

大多数的企业领导者都担心他们的员工缺乏数字化技能。根据普华永道 2020 年的 CEO 调查，79%的 CEO 表示，员工缺乏数字化技能会威胁到企业的未来发展。如果企业可以解决这个问题，同时让企业的员工能够应用新的技术/技能以提高他们的生产力和工作满意度，那么这对企业会产生什么效应？

普华永道正在通过一种被称为"全民（Citizen）主导的创新"的方法来应对这些挑战。这种方法很有效——没有它，普华永道很难实现大规模的创新，也无法提高生产力和加速变革。

普华永道正在进行的提升全体员工数字化技能战略涉及一套数字化评估和培训计划，其将被部署在关键技术上，影响所有员工的日常工作，并帮助企业营造一种文化：持续学习。

RPA 是普华永道为员工提供培训的技术之一。通过这项技术，员工可以自动化耗时的手动流程，减少人为错误，并让员工腾出时间去做更具有战略意义的工作。为了提供一个可以构建 RPA 机器人和自动化软件工作流程的平台，普华永道选择 UiPath（全球领先 RPA 供应商）作为提升员工数字化技能的技术之一。

普华永道的领导者希望整个组织都能够通过 RPA 将流程自动化，以及能够掌握自动化技能，这是为了在涉及数字化技术和相关工具的使用上"不让任何人掉队"。

企业数字化转型始于仔细审视那些行不通的重大举措，并讨论可以解决哪些问题，以及找到可以帮助实现企业业务目标的方法。普华永道发现了几项高度重复、基于规则的任务，这些任务导致部分员工效率低下。这种手动作业最适合实现自动化，而构建 RPA 机器人是一种必然的解决方案。

构建 RPA 机器人的方法是双管齐下的：由一个集中的技术团队驱动，以识别有助于企业取得成果的关键流程和领域，同时由基层员工和全民主导。因此，员工可以自由地应用新的技术/技能来解决日常工作中的挑战和自动化手动流程，这有助于提高工作的质量和敬业度。

普华永道的领导者还希望帮助企业中的每个人（包括他们自己）掌握可以在工作中应用的技术/技能，以简化工作。

通过让 RPA 机器人自动处理某些任务，普华永道的员工可以将注意力集中在提升客户体验上。这意味着他们可以腾出时间来挖掘数据以收集新的见解，专注于至关重要的领域——或者梦想下一个可以为他们的项目增加价值的创新机器人。在使用 UiPath RPA 平台的第一年，普华永道实现了将大约 500 万小时的非增值工作自动化。由此可见，通过正确的方法，RPA 可以改变任何组织。

普华永道已向其 5 万多名美国和墨西哥员工推广 RPA，并正在通过普华永道的网络将其扩展到全球的员工。普华永道让员工获得了可衡量的生产力提升，并创建了一支更精通数字化技术的团队。

普华永道的税务集团是最早利用 RPA 的业务部门之一。他们的工作是大量、数据密集型和高度结构化的——非常适合使用 RPA。根据税务集团的相关报告，利用 RPA 后，其生产力提高了并且运营成本降低了。普华永道将继续通过 RPA 支持他们的工作，并帮助他们的客户进行数字化转型。

普华永道的 RPA 应用案例可能是全球最大规模投资成功的案例之一，如果从数字上来衡量，其所取得的成就是惊人的：超过 5 万名员工使用了 RPA 机器人，节省了超过 500 万小时的工作时间，并且从减少的工作时间中节省了至少 5 亿美元。

如果每个员工都有一个 RPA 机器人，并且这个 RPA 机器人很容易被安装在用户友好的环境中，由可访问的技术支持，可以处理从数据分析到战略决策及流程优化等领域，那么企业的数字化转型就有可能会成功。

这会让所有的企业领导者都心动。每个员工都有一个 RPA 机器人，相当于每个员工都有一个数字化助理，员工和数字化助理一起参与企业的数字化转型，以数倍增长的生产力可保障企业数字化转型的成功，缩短企业数字化转型所需的时间。

6.1.3　RPA 产品的主要功能

全球领先的市场调研厂商之一 Gartner 在其《RPA 关键能力报告》中列出了 RPA 产品应当具有的 10 种主要功能，并通过 3 个用例来评估市场上的 RPA 产品。Gartner 发现排名在前 10 名的 RPA 产品在这 3 个用例中的评分差距不大。

Gartner 建议企业在为数字化转型选择 RPA 产品时，应考虑以下几个方面。

- 分析不同 RPA 产品的优点，以及分析全民开发者（Citizen Developer）和跨企业有效重用/规模化的需要。
- 优化 RPA 产品的投放，通过定义企业的业务用例和业务的基本能力，将它们与战略目的和期望的业务成果对齐，可确保企业选择的是长期的正确的 RPA 产品。
- 最大化投资回报，通过排序选择功能更多的 RPA 产品来支持企业主要的业务用例。重点关注 RPA 的相关能力，如更广泛的流程自动化和机器学习，这将帮助企业略过初期的概念验证以得到投资 RPA 的持续回报。

以下是 RPA 产品的 3 种功能分类和具体的 10 种主要功能。

- 核心（必要的）功能：自动化开发、集成特色、控制屏/仪表盘。这 3 种核心功能是一个 RPA 产品必需的。
- 关键（应该要的）功能：组件/脚本库、识别和处理环境的变更影响、快速恢复和错误复原、安全。
- 相关（与 RPA 同时使用的）功能：人工智能/机器学习/自然语言处理（AI/ML/NLP）、业务规则/流程自动化、光学字符辨识（OCR，Optical Character Recognition）。

Gartner 还通过 3 个最常见的用例来对 RPA 产品进行评估。这 3 个用例是通过用户界面集成、大规模数据迁移和增强知识工作者。

- 通过用户界面集成。这个用例侧重于"无人值守"（RPA 机器人独立工作）场景，其中 RPA 用于以临时的方式在两个应用程序之间简单地移动数据。如果加入人工干预（有人值守），则虽然扩大了 RPA 的应用场景，但无疑降低了效率。过多的人工干预意味着这个业务流程并不是 RPA 的优选场景，客户更应该做的是先优化流程。

- 大规模数据迁移。这个用例实际上侧重于集成多组协作组件以在一个应用程序和另一个应用程序之间"集体"移动数据。此用例所需的功能类似于构建"API 外观模式"所需的功能——在"最后一公里"的集成中有效地重用离散化的 RPA。为什么 Gartner 强调"大规模"（Large-Scale）？在员工薪资没达到高水平、业务量又不大的企业中，采用 RPA 产生的收益不会太好。RPA 真正的客户是业务量有一定规模的企业，只有规模化，才更有可能标准化，RPA 才更有用武之地。如果想让 RPA 在企业中立住脚，则需要考虑将 RPA 融入企业的 IT 体系中，不能总以"外挂"的形态存在。

- 增强知识工作者。这个用例主要侧重于"有人值守"（RPA 机器人和人类一起工作）场景，其中 RPA 用于提高知识工作者完成工作的能力，通过收集知识工作者所需的信息以更好地为其节省时间。人工智能在这个方向比较有用，其通过各种光学字符辨识、机器学习和自然语言处理等技术，提高知识工作者收集信息的能力，比如通过光学字符辨识自动提取发票信息，通过自然语言处理提取合同要素等。但是，以人工智能目前的能力还达不到完全准确，因此需要"有人值守"来帮助确认结果。未来，有希望通过人工智能将更多的"有人值守"场景转换为"无人值守"场景，从而进一步提高工作效率。此外，目前 RPA 项目普遍存在的维护成本高昂的问题，这也寄希望于人工智能得以解决。

Gartner 将 PRA 产品的上述 3 个用例和 10 个主要功能相结合，并为其分配了不同的评分权重。表 6-1 展示了 Gartner 对 RPA 厂商/产品评分的两个维度与权重（2019 年），可作为企业在引进 RPA 产品时，产品选型的技术评估参考模型。

表 6-1　Gartner 对 RPA 厂商/产品评分的两个维度与权重（2019 年）

功能＼用例	通过用户界面整合	大规模数据迁移	增强知识工作者
自动化开发	50%	20%	24%
集成特色	16%	55%	15%
控制屏/仪表盘	8%	1%	2%
组件/脚本库	3%	1%	15%
识别和处理环境的变更影响	2%	0%	5%
快速恢复和错误复原	8%	9%	6%
安全	5%	2%	5%
AI/ML/NLP	2%	0%	12%
业务规则/流程自动化	2%	12%	4%
光学字符辨识	4%	0%	12%
总分	100%	100%	100%

企业在选择 RPA 产品时，可以参考以上建议，以评估产品是否具备以上 10 种功能，以及执行这 3 个用例的效率。表 6-2 是依据以上 Gartner 2019 年的分析（2021 年的 RPA 产品市场调研也基于这些功能评比，但是 2021 年的产品评比并未包含 Kofax），对 3 大 RPA 厂商与 Kofax 按照上述 10 种功能进行评分的结果。（参考 6.1.4 节 RPA 厂商评估，5 分是满分。）

表 6-2　3 大 RPA 厂商与 Kofax 的功能评分（2019 年）

功能＼产品	Automation Anywhere	Blue Prism	Kofax	UiPath
安全	4.6 分	4.1 分	4.2 分	4.6 分
快速恢复和错误复原	3.8 分	4.2 分	4 分	4.4 分
AI/ML/NLP	4 分	2.9 分	4.5 分	3.5 分
识别和处理环境的变更影响	3.5 分	4 分	2 分	2.8 分
控制屏/仪表盘	3.9 分	4.1 分	3.9 分	4.4 分
自动化开发	4.2 分	4 分	4 分	4.2 分
集成特色	3.4 分	4.1 分	3.8 分	3.9 分
光学字符辨识	4.5 分	3 分	5 分	3.8 分
业务规则/流程自动化	2.7 分	3.2 分	4 分	3.4 分

续表

产品 功能	Automation Anywhere	Blue Prism	Kofax	UiPath
组件/脚本库	3.8 分	4.2 分	3.6 分	3.9 分
总分	38.4 分	37.8 分	39 分	38.9 分

在 3 个用例评估方面，排名在前 10 名的 RPA 厂商的差异不大，前 3 名大部分还是由表 6-2 中的 4 家厂商承包。只有 Kofax 在光学字符辨识功能上得到了满分（5 分）。

这里选择评估 Kofax 的原因是作者曾经代理过此产品，也见证了它的兴衰，所以企业在选择 RPA 产品的时候必须谨慎。Kofax RPA（在刚推出时，其产品名称是 Kapow）是中国最大的电信设备制造商之一（以下简称 H 厂）早在 2016 年就采用的 RPA 主力产品。当时 H 厂的 RPA 项目是为了解决以下需求：不同部门提出了大量的需求，牵涉内部和外部系统之间的数据交换及报告，需要网络和桌面自动化技术的配合。客户要求流程开发在短时间内完成，并必须保证百分之百的准确率，但服务器上的自动化流程数量无法被缩减或限制。

Kofax RPA 的解决方案是为 H 厂的客户部署 RPA 机器人。其在一年内构建了上百个 RPA 机器人，将客户的日常流程自动化（2018 年已经构建约 1000 个 RPA 机器人）。此解决方案可以帮助员工处理重复和烦琐的工作，使资源能被分配到更合适的工作上。H 厂的客户在此项目的第一阶段就节省了大量的运营成本。

H 厂的内、外系统多，流程复杂，有些系统没有接口，需要人工处理，效率低下。另外，由于 H 厂系统多、涉众广，传统的流程优化经常需要跟各部门沟通，而流程优化周期长，成本高，优化内容有限。当时 Kofax RPA 作为 H 厂主推的 RPA 产品，在整个企业范围内得到了推广和使用，在财务、供应链、人力资源、一线业务、IT 运维等部门上线 RPA 机器人超过 800 个。

6.1.4 RPA 厂商评估

如图 6-1 所示是 Gartner 于 2021 年 6 月发布的 RPA 厂商魔力象限图。此魔力象限图依据产品的愿景完整性和执行能力两个维度，将 RPA 厂商分到 4 个象限：领导者象限、挑战者象限、有愿景者象限和利基参与者（Niche Player）象限。领导者象限表示产品的愿景完整，执行能力高。挑战者象限表示产品的愿景不够完整但是执行能力高。有愿景者象限表示产品的愿景完整，但是执行能力不高。利基参与者象限表示产品的愿景不够完整且执行能力也不高。

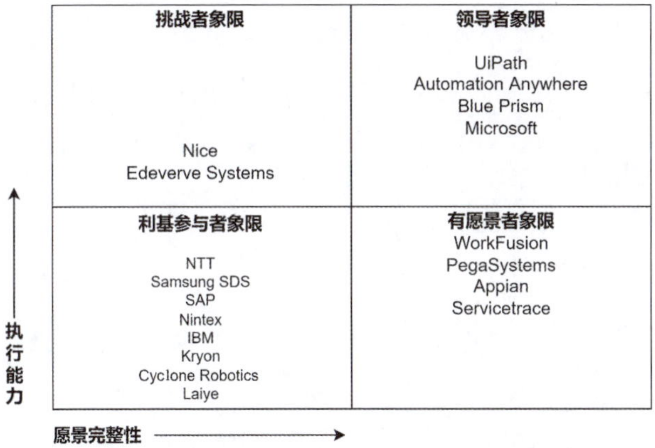

```
挑战者象限                       领导者象限
                                 UiPath
                                 Automation Anywhere
                                 Blue Prism
                                 Microsoft
         Nice
         Edeverve Systems

利基参与者象限                    有愿景者象限
         NTT                     WorkFusion
         Samsung SDS             PegaSystems
         SAP                     Appian
         Nintex                  Servicetrace
         IBM
         Kryon
         Cyclone Robotics
         Laiye
```

执行能力 ↑   愿景完整性 →

图 6-1　Gartner RPA 厂商魔力象限图

如同以往的评估（每年进行一次，已经进行了 3 年），UiPath、Automation Anywhere 和 Blue Prism 3 大厂商仍然位居领导者象限。值得注意的是，微软（Microsoft）从有愿景者象限（2020 年评估）进入了领导者象限，并且提供了免费的 Windows 10+桌面版的 Power Automate Desktop，中小企业和个人用户可以下载和试用。

有一些老牌产品，如 2020 年还在挑战者象限（2019 年在利基参与者象限）的 Kofax，这次没有上榜，令人意外。Kofax 是有 35 年历史的老牌 IT 公司，在数据采集领域享有盛名，其早期的明星产品是光学字符辨识和文档扫描产品，后来收购了一家 RPA 厂商，进入了 RPA 市场。

Kofax 针对大型组织的自动化需求，提供了一系列功能，包括 RPA、智能文档摄取、流程发现、智能业务流程管理和数据分析等。Gartner 没有将 Kofax 列入其 2021 年的 RPA 厂商魔力象限图中，是因为 Kofax RPA 已经作为 Kofax 智能自动化平台产品的一部分了。

令人欣慰的是，国产 RPA 厂商 Cyclone Robotics（弘玑）和 Laiye（来也）上榜了。虽然它们被放在利基参与者象限中（因为其主要市场是亚太地区，而不是全球），但这意味着这两家厂商通过了 Gartner 的各种评估，这是非常不容易的。这是国内 RPA 厂商首次入选 Gartner RPA 魔力象限图。国产软件能够进入 Gartner RPA 厂商魔力象限图的并不多。

市场调研公司 IDC 预计，到 2024 年，大多数企业中 45% 的重复性工作将通过由人工智能、RPA 技术支持的"数字化员工"实现自动化。如图 6-2 所示是 IDC 2021 年中国 RPA 厂商评估摘录（基于能力），作者采取了与 Gartner RPA 厂商魔力象限图类似的表现方法。

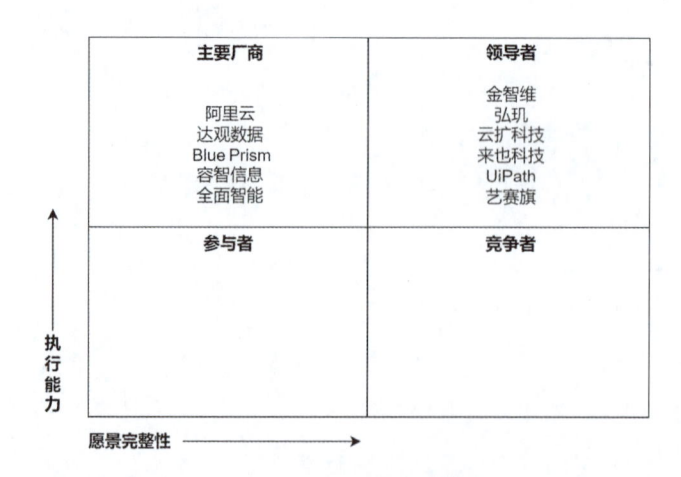

主要厂商	领导者
阿里云 达观数据 Blue Prism 容智信息 全面智能	金智维 弘玑 云扩科技 来也科技 UiPath 艺赛旗
参与者	竞争者

纵轴：执行能力　横轴：愿景完整性

图 6-2　IDC 2021 年中国 RPA 厂商评估摘录（基于能力）

其中上榜的中国厂商有 9 家，未上榜的华为和金蝶也有自己的 RPA 产品。华为的 WeAutomate RPA 机器人助手用于实现业务流程的自动化，支持对网页、Office、数据库、Citrix、Windows 本地应用、ERP 软件，以及各种第三方软件的操作。

金蝶除提供小 K-RPA 机器人之外，还与上海艺赛旗签署了 RPA 相关产品的业务合作协议，未来他们将共同打造深度融合 RPA 的企业流程自动化平台。金蝶的小 K-RPA 机器人支持对 ERP 软件、Excel、邮件、网页，以及各种第三方软件的操作。它可以代替人工处理枯燥、烦琐、重复的工作流程，也提供以下常用 RPA 产品必须具备的功能。

- 代替人工采集数据：如对网页数据、Excel 数据，以及光学字符等多种数据源的采集与数据加工等。
- 代替人工录入数据：如处理数据的填报工作，包括税务申报、海关填报等。
- 代替人工核对数据：如对多个业务系统中的数据进行核对分析，包括电商门店系统与财务系统的数据核对等。
- 代替人工操作业务：如根据设定的工作流程，自动化、智能化地模拟人工处理业务流程。

图 6-2 中对 UiPath 和 Blue Prism 的评价是值得商榷的。相比之下，Gartner 的评分标准覆盖了更多的技术细节，对全球的 RPA 厂商的市场趋势把握度、市场发展情况、企业参与度、应用趋势等多个方面进行了评估。Gartner 的魔力象限图素来以评测体系专业性强、分析师团队阵容强大、多项命题场景兼具挑战性和前瞻性等特点而著称。其一般判断产品的维度包括产品化程度、稳定性、可拓展性、兼容性和易用性。

- 产品化程度：产品是否可以通过渠道交付给客户，不需要定制化开发？用户是否可以自行安装？
- 稳定性：产品是否不易出故障、稳定性高和出错少？
- 可拓展性：产品是否可以通过 Java、Python、C 等接口，调用客户自行开发的系统？
- 兼容性：产品是否可以兼容多个和异构系统？
- 易用性：产品是否对用户友好，容易使用？

企业数字化转型的重要目标就是为客户提供需要和满意的数字化产品/服务包。希望本书能帮助开发人员提升架构设计和软件开发的能力，以开发出更好的数字化产品/服务包。

6.1.5　RPA 项目实施阶段与产品模块

RPA 项目实施一般涵盖以下 6 个阶段——从帮助企业发现最佳机会，到创建企业的 RPA 机器人并衡量其投资回报率。（参考资料：UiPath RPA 平台产品介绍和《端到端自动化如何实现业务转型》文章）。

（1）计划（发现）：基于人工智能，科学地计划企业的 RPA 项目实施，具体包括以下内容。

- 运用科学的方式，寻找自动化机会，包括流程挖掘。所有这一切都需要企业的数据、企业员工的专业知识，以及一个能够将两者结合起来的平台，为企业提供关于流程的整体视图。

- 对流程优化项目进行优先级排序,为企业的自动化流程项目提供优化投资回报率的清晰路径。自动记录工作流程，为 RPA 卓越中心（CoE，Center of Excellence）提供创建自动化流程的简化指导。

- 通过在一个平台上分享创意，鼓励团队成员解决流程效率低下的问题。团队中的任何一个成员都可以帮助 RPA 卓越中心管理自动化流程并进行优先级排序。

- RPA 顾问团队需要与企业一线业务人员充分沟通，根据企业实际业务需求，明确适用于 RPA 的场景，优先进行自动化方案设计，同时配合企业内部协调 RPA 引进和启动所需的准备工作。

（2）构建：使工作流程的设计和测试全民化，具体包括以下内容。

- 使用直观的 RPA 平台为具有不同编程水平的人员提供强大的数字化劳动力来运行企业的流程。

- 企业中的任何员工都可以使用拖曳式工具和模板仪表板创建可扩展、可调整和智能的自动化流程：让人工智能增强型机器人实现更多流程的自动化，同时让企业领导者治理自动化项目，让企业员工成为自动化的创建者，最终提高生产力。

- 针对选定的需求场景，进行调研和分析，梳理出工作流程图，制定具体的自动化实施方案，以及创建实验性质的基本流程概念验证。

（3）管理：包括企业规划的管理、部署和自动化，具体包括以下内容。

- 管理随处均可大规模编排、部署和检查的企业自动化流程。在本地或云端通过企业级安全性、可视性来监督企业的 RPA 机器人。随着人工智能被内置到 RPA 平台的各个环节，其可以为复杂的认知工作流程添加智能功能，实现自动化，并达到新的生产力水平。当 RPA 机器人能够对数据进行分析，并通过人工智能做出决策时，企业将开启新的可能，从而改变整个行业。
- 按照已制定的自动化实施方案，为选定的需求场景进行 RPA 机器人的开发、测试、调试和部署。

（4）运行：RPA 机器人与企业的应用系统和数据一起自动化运行，具体包括以下内容。

- 灵活的机器人构成了能够持续工作的数字化劳动力。RPA 机器人与企业员工和应用系统一起在企业中工作。
- 企业既可以控制和指挥有人值守 RPA 机器人，也可以控制在后台工作的无人值守 RPA 机器人，并在需要时进行检查。
- RPA 机器人运行后，企业需要关注和追踪 RPA 机器人的工作效果，充分使 RPA 机器人发挥价值。

（5）参与：员工和 RPA 机器人一起参与并实现无缝的流程协作，具体包括以下内容。

- 创建员工和 RPA 机器人协作的环境，自始至终优化全流程。
- RPA 机器人发送异常情况和审批请求给员工，以保持工作顺畅。

- 预构建的聊天机器人能够以类似人类对话的方式响应客户的请求。

（6）衡量：通过强大的嵌入式数据分析使 RPA 机器人的运营与业务目标保持一致，具体包括以下内容。

- 控制企业的自动化项目，使其绩效与业务目标保持一致。使用强大的嵌入式数据分析，检查每一个 RPA 机器人，跟踪自动化项目的投资回报率并提高绩效。
- 针对 RPA 机器人在运行中出现的问题，进行及时调整；针对业务场景的变化，进行相应的升级。同时，企业也可以继续挖掘更多的自动化需求场景，扩大 RPA 机器人的部署范围。

如表 6-3 所示是 RPA 开发阶段对应的产品模块。

表 6-3 RPA 开发阶段对应的产品模块

RPA 开发阶段	产品模块
计划（发现）	流程挖掘
构建	集成开发环境/设计工作室 文件扫描与光学字符辨识
管理	流程编排器
运行	后台机器人管理服务器（包含监控功能）
参与	聊天机器人
衡量	数据分析

6.1.6 RPA 卓越中心

企业在选择 RPA 产品，完成 RPA 机器人流程自动化试点后，下一步是成立 RPA 卓越中心。RPA 卓越中心是一个自持续、可扩展的内部专业团队，负责操作和维护 RPA 机器人。

RPA 卓越中心可以促进企业实现战略化发展，提高企业自身的价值。它通过以下方式实现 RPA 的企业级规模化：制定企业范围内的 RPA 标准、流程与过程；分享最佳实践，采用通用的技术和稳健的结构模型。

RPA 卓越中心的团队成员拥有多样化的技能组合。其中涉及的一些主要角色包括来自业务领域的卓越中心领导、变革管理者、主管/机器人管理者和编排器管理者，技术领域的项目经理、基础设施工程师、解决方案架构师和业务分析师。

RPA 卓越中心的构建步骤为：参加厂商培训以获得必需技能；选择 RPA 卓越中心的结构模型，建立 RPA 计划和目标与业务成果的关联，让主要利益相关者（安全部门、合规部门与人力资源部门）参与制定开发可交付服务（自动化即服务、自动化平台即服务、咨询服务）的计划；优先选择可以对业务产生最大积极影响和带来最高投资回报的自动化流程；构建 RPA 机器人，测试、测量和调整 RPA 机器人以提高其性能；使用数据分析平台，将员工的创意注入自动化管道，不断监控和改善业务。

RPA 卓越中心的结构模型有 3 种，具体的优势与劣势请参考表 6-4。

表 6-4　RPA 卓越中心的结构模型的优势与劣势

	信息技术部门卓越中心	业务部门卓越中心	共享服务部门卓越中心
优势	易于实施； 加速 IT 审批； 具有强大的技术能力	能快速识别机会； 具有更深入的业务和流程知识； 潜在的专用资源	更加注重端到端的解决方案； 具有获取更大投资回报的潜力
劣势	过于关注片面的任务自动化； 忽略其他有竞争力的 IT 项目	可能会面临被孤立； 缺少必备 IT 治理和控制知识	预算和设计审批的延期； 需要加强协调

参考资料：UiPath 白皮书《RPA 内部能力构建指南》

6.1.7　RPA 总结

随着全球企业数字化转型的加速，越来越多的企业对于 RPA 的态度已从可选项变成了必选项。Gartner 认为，RPA 是近年来企业软件市场增长最快的细分领域，2022 年，80%部署 RPA 的企业会引入人工智能技术，实现非结构化数据（如影像、纸质文件等）的业务流程自动化。企业将更深入地利用 RPA

来应对业务挑战，实现自动化。企业追求流程自动化，绝对不是简单地给流程应用人工智能技术。企业在选择 RPA 产品进行流程自动化时，选择对企业的业务场景或者业务流程有更深入理解的产品尤为关键。（参考资料：《金蝶战略投资 RPA 领导厂商艺赛旗》）。

Forrester 预测，到 2030 年，某种类型的自动化将改变企业中 80% 的工作。企业员工在今天所做的许多任务都可以通过 RPA 机器人、人工智能和其他自动化技术被更好地完成——在某些情况下，成本更低。

RPA 可以让员工做更有价值的工作，这样企业的业务将发展得更快，企业也能更好地为客户服务，并确保流程合规。如今，数字化转型不再是单纯地以流程为中心的工作，一家真正适应性强且能自我完善的企业需要将自动化应用到所有的业务领域中，从运营到人员、文化、系统集成，以保障企业长期的成功。

RPA 加速了企业从数字化转型中获益。数字化转型要求企业将流程自动化置于业务的核心位置，而 RPA 则提供了一个框架来快速实现这个目标。

6.2　数字化流程自动化（DPA）

6.2.1　DPA 介绍

流程是决定企业如何运作的算法。其定义了团队如何合作、企业如何与合作伙伴和供应商合作，以及如何为客户提供价值。越来越多的企业认识到，为了提供更好的客户体验、跟上竞争对手的步伐、简化运营，企业必须将自己的关键业务流程自动化。这是企业数字化转型的当务之急：今天就要拥抱自动化，否则明天就可能倒闭。

因此，市场上充斥着各种可以自动化企业业务各个方面的工具。虽然许多工具可以自动执行任务，但它们不能跨系统和端点从头到尾编排完整、复杂的业务流程。也有工具声称自己支持端到端的流程编排，但它们要求用户采用其专有的方法来自动化任务，从而影响了效率和敏捷性。此外，许多工具缺乏在业务和技术之间实现协作和协调的功能，而这对于企业可持续的数字化转型是必不可少的。

数字化流程自动化（DPA）是对传统业务流程管理软件套件/系统的升级，也是对智能业务流程管理系统（iBPMS）概念的延伸。本节会介绍以 BPMN 3 级可执行型流程语言和流程引擎为核心的 DPA 概念，以及以流程为基础的低代码开发平台。

BPM 是 IT 主导和管理流程；DPA 是业务主导和管理流程。从 BPMN 转型到 DPA，消除了客户在流程上的差距，是企业数字化转型的最佳路径，因为与交互相关的痛点可通过 DPA 的灵活特性来解决。从客户体验开始，为了将新的流程和现有的流程逐步移交给业务主导的自动化流程，要让业务方参与进来。正确执行 DPA 意味着让最了解客户需求的业务专家更早地参与进来，而不是依靠人力紧张的 IT 团队来管理和变更流程。通过实施智能流程设计和自动化工具，企业可以降低非技术参与者的学习难度。

DPA 依赖于人工智能和低代码开发技术。集成的机器学习技术使 DPA 能够从海量的数据中提炼模式以进行报告和响应，而低代码开发技术允许在新系统中实现对复杂规则和编程类功能的非编码、声明式调用。

DPA 可以实现业务与 IT 的有效协作，以设计、自动化和管理关键业务流程，跨各种系统和端点（例如 API、微服务、RPA 机器人等）编排复杂的业务流程，使用实时数据来查明和解决影响业务流程的技术问题，以及通过全面的性能分析持续改进企业的业务流程。

鉴于面临多重融合的市场压力，许多企业正在加快步伐并增加投资，以转型成为真正的数字化企业。追求数字化转型的企业正争先恐后地采用融合了云、微服务和移动应用程序的现代化架构。同时，他们使用 RPA 解决短期瓶颈或自动化人工任务，以及使用 DPA 解决流程生命周期长和端到端跨部门流程的执行。

因此，流程自动化已成为企业数字化转型的关键，为整个企业的创新提供了动力。流程自动化同样可以提高企业的顶线和底线——帮助企业改善客户服务、降低成本和推动业务增长。目前，企业的流程自动化需求正受到各种新技术、基础设施和用例的挑战。这就增加了企业中不完整或破碎的业务流程及成本，让企业缺乏对低效率的业务流程和存在的瓶颈的洞察，以及造成潜在的客户流失或错过新的业务增长机会。

6.2.2　DPA 市场调研

鉴于当今流程自动化的重要性日益增加，数字化流程创新和开源软件公司 Camunda 曾对美国和欧洲的 400 名 IT 决策者进行了关于"流程自动化现状"的调查，以衡量企业采用 DPA 的现状和趋势、面临的挑战和改进机会。其调查的企业最少有 500 名员工，覆盖行业包含信息技术、金融、软件、制造、零售、政府、教育、能源、生命科学和制药、汽车、保险、电信、物流等。

几乎 97%的受访企业中的 IT 决策者都认同 DPA 对企业的数字化转型至关重要。DPA 被认为是企业创新的关键驱动力和实现业务增长的重要因素。

许多企业正在为各种用例实施 DPA。从支持端到端的可视化到手动任务的自动化管理，组织正在利用 DPA 提供各种的可能性。其中常见的用例包含：

- 跨不同系统和技术的 DPA，以实现端到端的可视化。
- 将过时/遗留业务流程管理解决方案更换为新技术。
- 流程中所有步骤的自动化采用直通式处理，无须人工干预。
- 手动任务管理。
- 集中自动化平台。
- RPA 编排。
- 微服务编排。

Camunda 公司的调查结果显示，84% 的企业计划增加对 DPA 的投资。平均而言，近一半（46%）的受访企业的流程是自动化的，并且在未来 24 个月内这一比例将增长到 58%。

也有许多企业仍然依赖于手动或各种报告来决定如何优化或改进已经自动化的流程，以及识别其中的模式和瓶颈，甚至一些企业不使用 KPI 来衡量这些。这种缺乏可视化和战略监督的情况增加了关键业务流程被忽视的可能性，并会对企业的业务收入和声誉造成损害。

76%的受访者表示，他们已经建立了卓越中心，或者正在积极开展相关工作。卓越中心的建立旨在为整个企业的 DPA 提供领导力、最佳实践、支持和培训。大部分企业在整个企业中推动 DPA，建立卓越中心的企业的比例有所提高，另外，31%的企业正在积极规划中。

6.2.3 DPA 功能需求

表 6-5 是 DPA 产品、RPA 产品与低代码开发平台的功能比较，在有些平台中这些功能的界限已经渐渐模糊，例如有些领先的 RPA 厂商也支持流程编排、流程分析和优化等，低代码开发平台也支持微服务编排。

表 6-5 DPA 产品、RPA 产品与低代码开发平台的功能比较

产品或技术 数字化流程自动化功能	传统 BPM 软件	低代码开发平台	RPA 产品	微服务编排	企业应用	DPA 产品
1. 端到端流程编排						×
2. 支持长时间运行的流程	×			×		×
3. 流程分析和优化		×				×
4. 基于标准的业务—IT 协作	×	×	×		×	×
5. 对开发人员友好			×			×
6. 灵活的架构				×		×
7. 开源软件						×
8. 总体使用成本低						×
9. 专为云而设计		×				×

（参考资料：《Camunda 白皮书：流程自动化景观指南》）

如表 6-5 所示，传统 BPM 软件支持长时间运行的流程，但其功能有限且一般产品无流程版本控制。传统 BPM 软件的协作功能虽然可用，但它们通常

不基于开放标准。

以下针对表 6-5 中的 9 个数字化流程自动化功能展开说明。

（1）端到端流程编排：大多数企业使用数百个甚至数千个现成的或自主开发的应用系统来执行其核心业务流程。因此，当企业从头到尾完整地梳理一个业务流程时，该流程很可能跨越多个系统，它们将流程分割成独立执行的不同部分。这种碎片化的流程导致企业对端到端业务流程缺乏可视性、集成性和控制性，会减慢甚至阻止有效的故障排除、报告和分析。

无论涉及多少应用程序或系统，DPA 都可以在端到端业务流程中编排自动化和手动任务。因为 DPA 可以协调整个流程，所以 DPA 可以提供全面的监控、报告和故障排除功能，让企业始终可以全面了解流程的状况。

（2）支持长时间运行的流程：许多企业的业务流程可以运行数小时、数天甚至数周。长时间运行的流程会带来各种技术挑战，例如跟踪流程状态、关联与流程相关的所有活动和数据，以及触发超时。长时间运行的流程还经常导致额外的业务需求，例如如果在线下单的客户付款失败，则企业可能希望给客户一定的时间以使用不同的付款方式重试。

DPA 应该基于 ISO 标准的业务流程模型和标记法 BPMN，允许企业设计图形化和可执行的流程。DPA 中的 BPMN 流程引擎支持长时间运行的流程，它会自动处理诸如数据关联和触发超时等技术挑战。DPA 中的 BPMN 流程引擎还可以进行流程级别的监控、警报和报告，这些是管理长期运行的流程的关键功能。

（3）流程分析和优化：大多数自动化工具都提供了有关它们收集的数据状况的报告。但是，这些报告仅限于该工具自行执行的任务；它们缺乏调用这些任务的端到端业务流程的上下文，这意味着企业对流程性能的了解不完整，这种不完整的视图使企业很难或不可能确定流程存在的瓶颈和其他可以采取措施改进流程的地方。

DPA 可编排端到端业务流程，因此，通过 DPA 可以访问流程执行数据的 360°视图。通过这些数据可以进行深入的分析，包括对技术和业务利益相关者都有用的直观可视化图和热图。通过 DPA 也可以分析由其他流程自动化工具执行的流程，因此，企业可以从单一视图评估整个业务流程的绩效。

（4）基于标准的业务—IT 协作：填补 IT 与业务之间的鸿沟对每家企业来说都是一项挑战，尤其是在流程自动化能够在企业数字化转型中发挥着关键作用的情况下。业务部门和 IT 部门通常有不同的目标、激励措施和优先级。这些差异往往会降低项目的沟通效率，影响项目优先级的一致性，进而导致项目实施错误。

DPA 使用了全球公认的业务流程模型和标记法（BPMN），以及决策模型和标记法（DMN，Decision Model Notation）来弥合 IT 和业务之间的差距。此标准是所有利益相关者都可以使用的通用语言。BPMN 和 DMN 允许业务部门创建可视化的流程图和决策表，同时还允许技术部门通过编辑底层代码来完善自动化流程和决策的技术实现。

（5）对开发人员友好：许多自动化工具，尤其是传统 BPM 软件和低代码开发平台，采用平台/软件供应商特定的方法进行应用开发，以最大限度地减少需要编写的代码量。然而，大多数企业的核心业务流程很复杂，需要定制的解决方案。因此，一旦企业需要实施超出其自动化工具支持范围的工作，就会遇到麻烦。为了解决技术和功能的限制，开发人员必须学习平台/软件供应商特定的自动化任务方式。

开发人员通过 DPA 可以快速实现流程自动化，而无须学习平台/软件供应商特定的自动化任务方式或被迫使用专有的集成开发环境（IDE）。在创建、测试和操作自己开发的应用程序时，开发人员可以选择熟悉的环境类型。例如，他们可以在自己喜欢的代码编辑器中工作，用自己喜欢的语言编程将代码存储在版本控制系统中，自动测试代码，实现持续集成，并在开源的 Kubernetes 等平台上管理容器化应用程序。

（6）灵活的架构：传统 BPM 软件、低代码开发平台和企业应用通常被作为一组紧密集成的工具或组件，无法被拆分。这样做的目的是让企业可以使用平台/软件供应商的产品来完成自动化业务流程所需的一切工作。实际上，这种封闭式的架构方法将企业的业务流程锁定在平台/软件供应商的产品中，阻碍了与其他 IT 系统的集成。

为了使企业数字化转型成功，企业必须要完全、灵活地控制自动化技术堆栈的每个部分。DPA 提供了两全其美的功能：松散耦合的组件，它们彼此完全集成，可以被无缝集成到企业的技术架构中。为了获得更大的灵活性，DPA 组件可以被部署到企业的基础架构，公共云、私有云或混合云配置中。DPA 还提供了云原生的托管软件即服务（SaaS，Software as a Service）选项，可为大容量、高性能的用例提供快速、大规模的可扩展性。

（7）开源软件：具有封闭架构的自动化产品是"黑匣子"——企业无法访问其源代码，并且产品的实际工作方式通常对用户不透明，这使得用户很难在完全采用该产品之前试用该产品。

DPA 提供了开放的流程自动化产品，用户可以轻松地进行试用，看看它是否满足企业的需求。DPA 用户还建立了社区，社区成员可以定期改进和开源插件，扩展 DPA 组件。社区注册用户可以在在线论坛和聚会中进行沟通：提出问题、分享想法和了解相关技术的最佳实践。

（8）总体使用成本低：影响自动化产品总体使用成本的因素有很多，如获得软件许可、为内部团队无法完成的项目聘请顾问、建设运行产品所需的基础设施，等等。由于启动时间长（有时以年为单位），以及需要付出持续的咨询费用和高昂的基础设施建设成本，许多自动化产品以具有高使用成本而闻名。

企业应该从多个角度减少自动化产品的总体使用成本。

首先，DPA 采用对开发人员友好和标准的使用方法，使其易于上手并缩短用户实现价值的时间，因为 IT 团队不必花时间学习平台/软件供应商特定的开发框架或专有开发工具。

其次，DPA 的开放式架构允许用户选择要使用的组件，因此，企业可以将 DPA 与企业已经购买或集成的其他工具/系统一起使用。DPA 是一种轻量级解决方案，它需要的基础设施资源很少，并且可以在本地运行，也可以在公共云、私有云或混合云中运行。

（9）专为云而设计：云优先举措仍然是业务部门和 IT 部门决策者的战略重点。目前，许多企业正在寻求利用云来最快地实现价值，同时提高运营效率的解决方案。考虑到这一点，企业需要选择能够支持其在任何地方（在私有云、公共云和混合云环境中）实现流程自动化需求的产品。为了有效地做到这一点，解决方案需要专门为云构建，同时在任何环境中都能提供一致的结果。DPA 支持这一需求，并提供了一种轻量级的解决方案，可以轻松地在任何地方实现任何流程的自动化。在构建解决方案时，应该考虑现代云工程实践——使企业的软件可作为原生 Docker（一个开源的应用容器引擎，让开发者可以将他们的应用及依赖包打包到一个可移植的镜像中）镜像和松散耦合的构建块，并且可以被单独部署和扩展，以非常适合 Kubernetes。

流程是决定企业运行方式的算法，现在的企业比以往任何时候都更需要自动化流程，以提供更好的客户体验，跟上竞争对手的步伐，简化运营。DPA 应该采用现代化的流程自动化方法，使企业能够实现以下目标：

- 通过确保跨系统和端点协调端到端业务流程的所有方面，以提供更好的客户体验。
- 通过更快地交付自动化项目，同时依靠开放式架构作为未来业务增长的基础，更快地产生价值并实现业务目标。
- 通过基于标准的业务—IT 协作持续改进流程，提高业务的敏捷性并快速响应市场变化。
- 通过自动化手动任务、尽量减少错误和优化流程，以及深入了解流程性能来节省运营成本。

6.2.4　DPA 基础：BPMN 2 级分析型流程建模元素与符号

在 6.2.2 节中说明了 DAP 的基础技术之一是 BPMN，在 4.2 节也讲解了业务人员使用的 BPMN 1 级描述型的流程建模元素和符号，这里将继续介绍 BPMN 2 级分析型和 3 级可执行型的流程建模元素和符号，以及支持 BPMN 3 级可执行型的开源流程引擎与管理平台。

图 6-3 所示的是 BPMN 1 级描述型的 3 种任务类型：用户任务、服务任务和抽象任务，它们都可以用来表达"检查信用"，但是有着不同的意义。

图 6-3　BPMN 1 级描述型的 3 种任务类型

- "检查信用"用户任务代表的是人为执行检查工作，例如，输入客户信用数据到后台系统中。
- "检查信用"服务任务代表的是由系统自动化执行检查。
- "检查信用"抽象任务代表的是目前还未决定将来是由人员还是由系统来"检查信用"。这是一种常用的建模技巧，即把尚未确定的任务类型用抽象任务来表达，将决策延后。

图 6-4 所示的是 BPMN 的其他 5 种任务类型，这 5 种任务类型基本上都用于可执行型的流程建模。这 5 种任务中的发送和接收任务与发送和接收消息事件类似，是 BPMN 2 级分析型的流程建模元素，这里不再细述。其他 3 种则属于 BPMN 3 级可执行型的流程建模元素。

图 6-4　BPMN 的其他 5 种任务类型

- 手动任务只能在可执行流程（即自动化工作流）中使用。在这种情况下，与由工作流引擎管理的用户任务相比，手动任务是在与工作流引擎没有任何连接的情况下执行的任务。
- 脚本任务是指由流程引擎本身执行的自动化任务，它实现了一个嵌入在描述流程定义的可扩展标记语言（XML）中的简短程序（通常使用的是 Javascript 或 Groovy 脚本语言）。
- 业务规则任务表示在业务规则引擎上执行复杂决策的任务。业务规则任务实际上是一种特殊类型的服务任务。

BPMN 1 级描述型和 BPMN 2 级分析型之间最重要的区别是对事件的强调（即图 6-5 中圆圈的样式）。在 BPMN 规范中，将事件定义为流程中"发生的事情"。准确地说，BPMN 事件描述了流程如何响应发生某事件的信号，或者在抛出事件的情况下，该流程如何生成发生某个事件的信号。信号的类型（被称为捕获事件的触发器和抛出事件的结果）由图 6-5 中圆圈内的图标指示。

类型	开始 顶层	开始 事件子流程/中断	开始 事件子流程/不中断	中间 捕获	中间 边界/中断	中间 边界/不中断	中间 抛出	结束
无	○						○	○
消息	✉	✉	✉	✉	✉	✉	✉	✉
计时器	⏰	⏰	⏰	⏰	⏰	⏰		
错误		⚡			⚡			⚡
升级		▲	▲	▲	▲	▲	▲	▲
取消					⊗			⊗
补偿		◀◀		◀◀			◀◀	◀◀
条件	▤	▤	▤	▤	▤			
连接				→			→	
信号	△	△	△	△	△	△	△	△
终止								●
多重	⬠	⬠	⬠	⬠	⬠	⬠	⬠	⬠
平行多重	✚	✚	✚	✚	✚			

图 6-5　BPMN 2.0 事件——完整元素集

在 BPMN 1 级描述型中，流程的每个步骤都由上一步的完成触发。在某个步骤完成后，从其中流出的顺序流将启动流程的下一步。这是流程前进的一般方式。而事件使用户可以描述其他行为。例如，用户可以说该流程暂停，直到触发发生，然后继续。BPMN 为所有这些事件触发的行为提供了一种可视化语言。

当有人说"BPMN 对业务人员来说太复杂了"时，通常他们说的是其中令人困惑的一系列事件类型，即图 6-5 中所示的事件类型。该表摘自 BPMN 2.0 规范，有 13 行（每个触发器/结果类型是一行）、8 列，总共有 104 种不同的组合，但是，这些单元格有一半是空的，这意味着不允许组合。

常见的一种错误是业务人员尝试了解和使用图 6-5 中所示的 63 个事件，并企图使用 8 种不同的任务类型。在前面强调过业务用户只需使用 3 种任务类型：用户、服务和抽象；事件也只需要 6 种：开始（无、接收消息、计时器）和结束（无、发送消息、终止）。流程图的复杂度是可控的。

图 6-5 中列出的中断、抛出、捕获等事件都是在软件开发时需要用到的。通过这些事件，可以更好地处理信号和错误等。DPA 流程引擎必须能够处理这些事件，并且能提供表 6-5 中所示的 9 个 DPA 功能。

这些事件不是给业务人员使用的，它是为 IT 人员准备的，可以用来描述复杂的流程逻辑和信号处理，这对于"支持长时间运行的流程"是必需的。这 13 种事件类型与说明请参考表 6-6。

表 6-6 事件类型与说明

事件类型	事件描述
无	无类型的事件，指示开始事件，状态变更或最终状态
消息	接收和发送消息
计时器	周期性计时器事件，定义时间点，持续时间或超时
错误	捕获或抛出命名的错误
升级	升级到更高层的责任
取消	响应取消的交易或驱动取消
补偿	处理或驱动补偿

续表

事件类型	事件描述
条件	响应变更的业务条件或集成的业务规则
连接	跨页的连接器。两个对应的连接事件，相当于一条顺序流
信号	跨不同流程的信号。抛出的一个信号可以被多次捕获
终止	驱动流程立即终止
多重	从一组事件中捕获。抛出所有已定义事件
平行多重	捕获来自平行事件集合的所有事件

中间事件用带有双环的圆圈表示，它发生在流程的开始之后和结束之前。中间事件的确切含义取决于其表示的详细信息：内部图标、该图标颜色、双环线样式及其在图中的位置。

代表中间事件的圆圈如果为实线，则表示立即中断此流程，并在异常流上退出；圆圈如果为虚线，则表示不中断此流程。对于不中断事件，正常顺序流和异常顺序流出口表示平行路径。

BPMN 也是一种编程语言，因为它支持决策网关（If-then）和循环活动（Loop）。循环活动由底部包含带箭头的圆形标记的图形表示（见图 6-6 左图），类似于编程中的 Do-While 语句。图 6-6 左图的含义与图 6-6 右图（带网关回环的非循环活动）的含义相同：执行一次活动，然后评估循环条件（一般用布尔数据表达式）。如果条件为真，则再次执行该活动，然后再次评估循环条件。这个迭代过程可以循环，也可以建立一个上限，当循环条件为假时，则将启用循环活动外的顺序流。

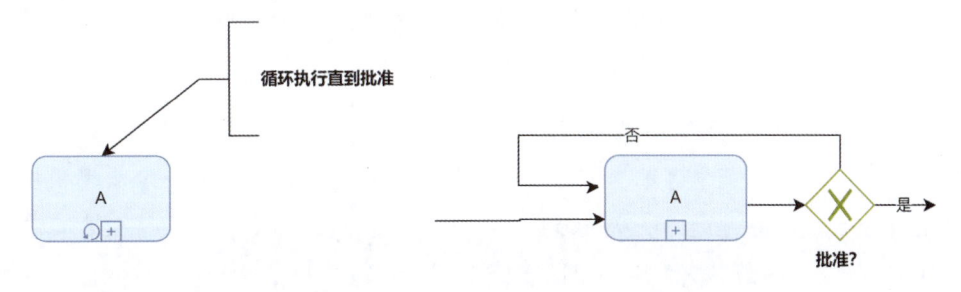

图 6-6　BPMN 循环活动 A（左）与带网关回环的非循环活动 A（右）相同

多实例（MI，Multiple Instance）活动由底部包含 3 个平行线条标记的图形（见图 6-7 左侧）表示，类似于编程中的 For-Each 语句。它表示对列表中的每个项执行一次活动。在单个流程实例中，如果有多个活动实例，则每个活动实例作用于列表中的一项。仅当流程实例数据包含某种集合（例如订单中的订购商品项）时，多实例活动才有意义。在订单流程中，多实例活动检查库存是指检查每个订单的库存。

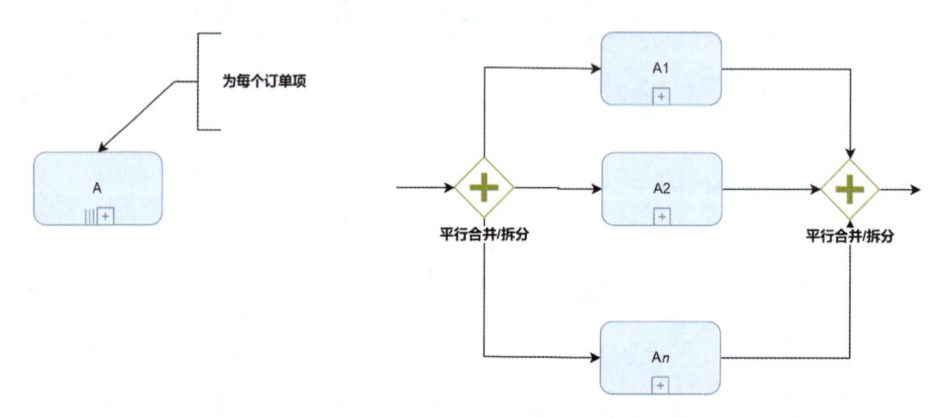

图 6-7　多实例活动 A（左）与非多实例活动 A 的 n 个平行实例（右）活动相同

每个订单中的商品数量都不同，但是当开始检查特定订单的库存时，流程逻辑已经知道需要经过多少次迭代，即订单中的商品数量。通常涉及的迭代次数能从活动名称中看出，如果不能，则最好在文本注释中指出它，例如，For each X。提前知道迭代次数是多实例活动和循环活动之间的一个根本区别。如果多实例可以平行执行，则多实例被标记为 3 条垂直平行线条。如果实例总是按顺序执行的，则被标记为 3 条水平平行线条。连续多实例活动与循环活动不同。

在图 4-15 所示的汽车订单流程示例中，流程实例是单个订单，这意味着端到端一次处理一个订单。但在实际的订单流程中，可能会有一个大型机批处理应用程序每天运行一次或多次，以发布（释放）自上一批次以来收到的所有订单。"发布批次"流程可以更好地表示为独立的顶级流程，计时器开始事件表示与订单流程交互的预定流程。交互建模有两种方法：数据存储和消

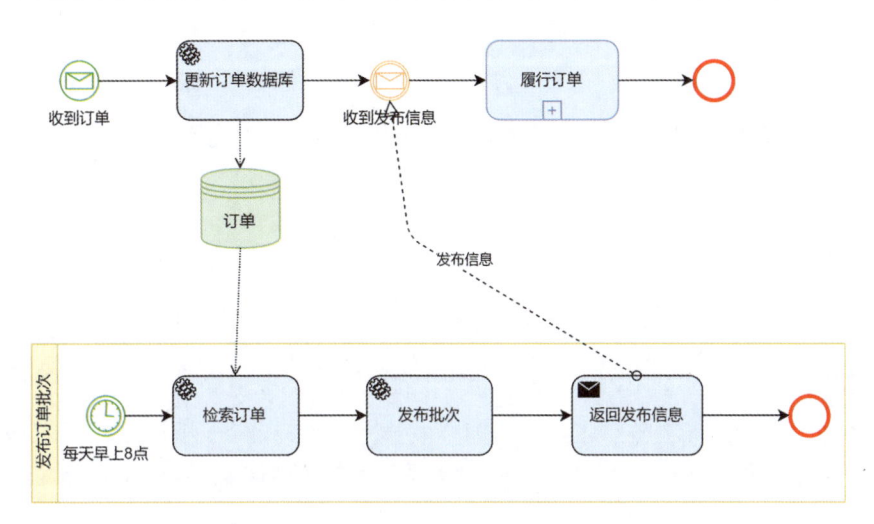

息（或信号）事件，图 6-8 展示了数据存储和消息交互的两个泳池。

图 6-8　数据存储和消息交互的两个泳池

订单流程在收到订单时会更新订单数据库。每天早上 8 点，"发布批次"流程检索所有的新订单和运行批处理，"返回发布信息"流程将消息返回给订单流程。该流程等待消息，并在消息到达后立即继续。"订单"流程一直等到"发布批次"流程完成并检索该订单的发布数据，然后继续。

6.2.5　决策模型和标记法（DMN）

决策模型和标记法（DMN，Decision Model & Notation）是用于精确规范业务决策和业务规则的建模语言和符号。

DMN 通常和 BPMN 一起使用，它们是互补的，因为有一些复杂的业务规则不适合用 BPMN 的多个网关来描述。DMN 利于参与决策管理的人阅读，其中包括指定规则并监控具体应用的业务人员；将用户需求转化为详细决策模型的业务分析师；在企业系统中实现它们的软件开发人员。

使用 DMN 为企业的决策建模有以下好处。

- 帮助所有的利益相关者使用易于阅读的图表理解复杂的决策领域。
- 提供讨论业务决策的范围和性质的基础，并达成一致。
- 通过对描述决策需求的图形（决策需求图，Decision Requirement Diagram）进行分解，减少决策自动化项目的工作量和风险。
- 允许在明确的决策表中简单、可靠地定义业务规则。
- 使用可自动验证和执行的规范简化决策系统的开发。
- 为预测分析模型的开发和管理提供结构化上下文。
- 支持开发可重复使用的决策组件库。

对于前面介绍的 DPA 产品，除提供 BPMN 流程引擎外，一般也会提供 DMN 决策引擎，其决策对应于 BPMN 2 级分析型中的业务规则。图 6-9 是 DMN 业务规则示例，其中说明了在确定宴客菜单时，如何依据季节和宴客人数决定提供的菜肴。

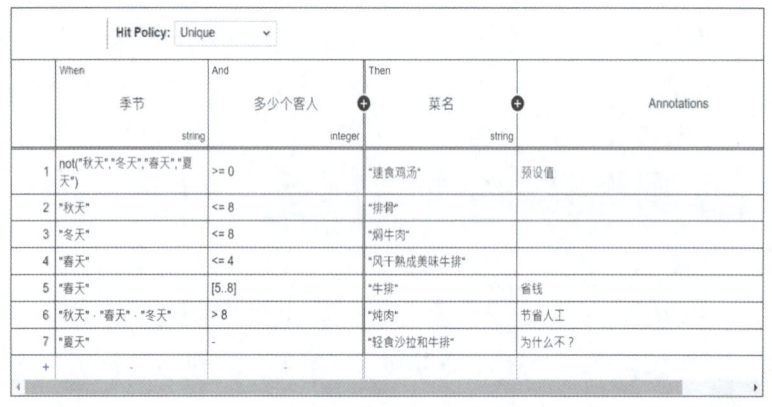

Hit Policy: Unique			
When	And	Then	
季节	多少个客人	菜名	Annotations
string	integer	string	
1 not("秋天","冬天","春天","夏天")	>= 0	"速食鸡汤"	预设值
2 "秋天"	<= 8	"排骨"	
3 "冬天"	<= 8	"焖牛肉"	
4 "春天"	<= 4	"风干熟成美味牛排"	
5 "春天"	[5..8]	"牛排"	省钱
6 "秋天","春天","冬天"	> 8	"炖肉"	节省人工
7 "夏天"	-	"轻食沙拉和牛排"	为什么不？

图 6-9 DMN 业务规则示例

图 6-9 中的第 2 条业务规则定义的是：如果在秋天，客人数量少于或等于 8 人，则提供排骨。第 3 条规则定义的是：如果在冬天，客人数量少于或等于 8 人，则提供焖牛肉。

6.2.6 可执行 BPMN 流程引擎

到此为止，本书一直在介绍不可执行的 BPMN 流程图。该流程图以易于理解的方式描述了流程逻辑，其中的重点在于对流程逻辑的可视化。

但是，开发 BPMN 2.0 规范的大部分工作都涉及与可执行流程相关的元素。在可执行流程中，执行 BPMN 流程模型的流程引擎会将从流程实例化到完成的执行流程自动化。这就需要为每个 BPMN 元素指定其他详细的信息，包括流程变量、任务输入/输出数据及它们到变量的镜像、任务用户界面窗体和屏幕流、任务执行者分配逻辑、条件表达式、事件定义和消息内容。

这些细节在流程图中不可见，但是 BPMN 2.0 提供了 XML 元素来指定它们。

目前支持开源的流程引擎主要有 Camunda、Flowable 和 Activiti。

- Camunda 是功能完整的 DPA 产品。但是 Camunda 只有社区版开源，其企业平台版并没有开源。Activiti 是最早的开源流程引擎之一。
- Activiti 的国内用户不少，华为早期也引进了 Activiti 作为其软件开发工具内嵌的流程引擎。一些低代码开发平台也使用 Activiti 作为工作流程引擎。
- Flowable 是 Activiti 的一个分支，它是一个用 Java 编写的轻量级业务流程引擎。Flowable 允许企业部署 BPMN 2.0 流程定义（用于定义流程的行业 XML 标准）和创建这些流程定义的流程实例等。

将 Flowable 流程引擎添加到应用程序/服务/架构中非常灵活。可以通过将 Flowable 流程引擎作为 JAR（Java 文档）的 Flowable 库嵌入应用程序或服务中。Flowable 应用模块包含 Flowable Modeler（建模器）、Flowable Admin（管理）、Flowable IDM（身份管理）和 Flowable Task（任务管理），以及提供开箱即用的示例 UI，用于处理流程和任务。Flowable 流程引擎可以被视为通过 API 来管理和执行业务流程的服务集合。

表 6-7 基于 Camunda 的产品说明，描述了 DPA 产品模块及其功能。这些

模块可以分为设计、自动化和改进 3 个阶段。

表 6-7　DPA 产品模块

DPA 产品模块	功能描述
桌面建模器	以基于标准的现代方式自动化流程和决策。 • 在开发人员友好的桌面或云端应用中设计业务流程、构建任务表单和自动化决策 • 依靠 BPMN 和 DMN 作为业务部门和 IT 部门之间的通用语言 • 通过共享可重用模板加快自动化流程的交付 • 将建模器与用户的集成开发环境（IDE）一起使用并对其进行自定义优化
驾驶舱	监控业务流程和自动化决策，以快速发现、分析和解决问题。 • 实时查看中断端到端业务流程的技术事故 • 通过详细的流程执行历史来了解根本原因 • 通过应用各种技术来解决问题，确保用户在流程中不会被卡住
任务列表	使用现成的人工任务应用程序更快地实施业务流程。 • 使用开箱即用的手动工作界面，缩短实现流程编排项目的价值的时间 • 提供适合企业的用户体验 • 编排对企业的业务至关重要的人工工作流程
工作流引擎	使用可扩展的高性能引擎自动化和协调关键型业务流程。 • 自动化跨不同组件和端点的端到端业务流程 • 在单一流程中编排 RPA 机器人、自动化业务决策并管理人工任务，以实现完全流程控制和可见性 • 实现快速、高度可用的流程自动化，以提供业务所需和客户期望的性能 • 借助基于标准、对开发人员友好的集成方法，将流程自动化构建到企业的 IT 环境中，并且实现中断最少
决策引擎	协同自动化业务决策。 • 使 IT 和业务保持一致以自动化决策，并将它们编排为端到端业务流程的一部分 • 使用 DPA 平台管理从设计到实施，再到执行的整个决策生命周期 • 实现快速的决策自动化，以提供业务所需和客户期望的性能 • 借助基于标准、对开发人员友好的集成方法，将决策自动化构建到企业的 IT 环境中，并且实现中断最少
优化	获得所需的洞察力，以了解并不断改进企业的业务流程。 • 依靠易于使用的报告和警报进行实时的过程监控和分析 • 分析由 DPA 或其他工具或系统执行的业务流程 • 使用数据过滤、热图和流程变体来可视化复杂业务流程的性能 • 使用企业已有的流程执行数据，让用户快速入门

图 6-10 说明了 DPA 产品功能模块和各阶段的关系。

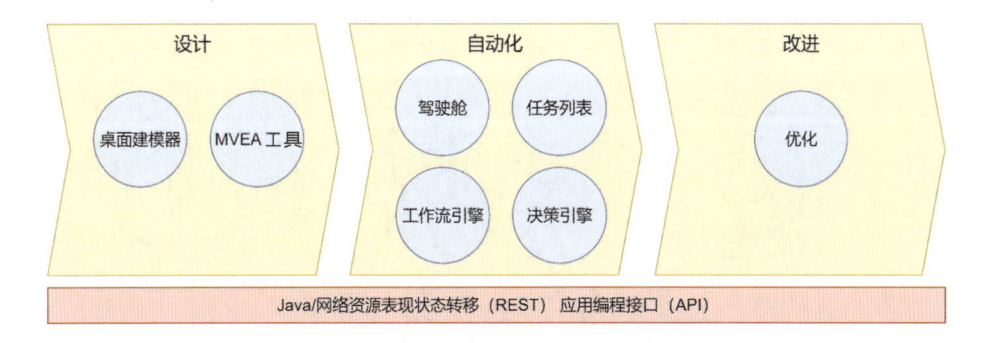

图 6-10 DPA 产品模块和各阶段的关系

6.2.7 DPA 案例

以下案例参考了 SAP（全球领先的 ERP 厂商）在 Flowable 公司举办的 2019 年全球市场大会中发表的文章《SAP 云平台中的工作流引擎如何与 SAP 的传统应用和云端软件即服务应用集成》。值得注意的是，SAP 云平台在 2016 年使用的工作流引擎是 Activiti，在 2019 年 11 月将其替换为 Flowable。其中有一段小插曲：在 SAP 的报告中将 Activiti 错误拼写为 Activity。这也是一般人常犯的错误。作者在此特地指出，因为 Activiti 的开源对 BPMN 的推广和流程引擎的影响是非常正面的。

从 2016 年到如今，SAP 在 DPA 方面的投资已经有 5 年多了，这说明了实现 DPA 是长期性的投资，也说明了支持 BPMN 的流程引擎与开发平台是一个主流方向。SAP 这种全球技术领先的公司也采用开源的 BPMN 流程引擎，这足以让各家企业领导打消对 DAP 的疑虑。企业积极拥抱 DAP 的时代来临了。

图 6-11 所示的是 SAP 云平台架构图，其中除展示了主要的模块外，也展示了 SAP 云平台如何连接企业本身的云端和本地应用系统，以及 SAP 传统应用系统（如企业资源规划系统）和云应用系统（如人力资源系统）的接口。图 6-11 中的"你的用户界面"和"你的应用系统"分别类似于低代码开发平台中的用户界面和应用系统开发功能。DPA 产品一般都具备以流程为中心的低代码开发功能。

企业数字化转型最小可行之道
始于流程自动化,终于软件设计自动化

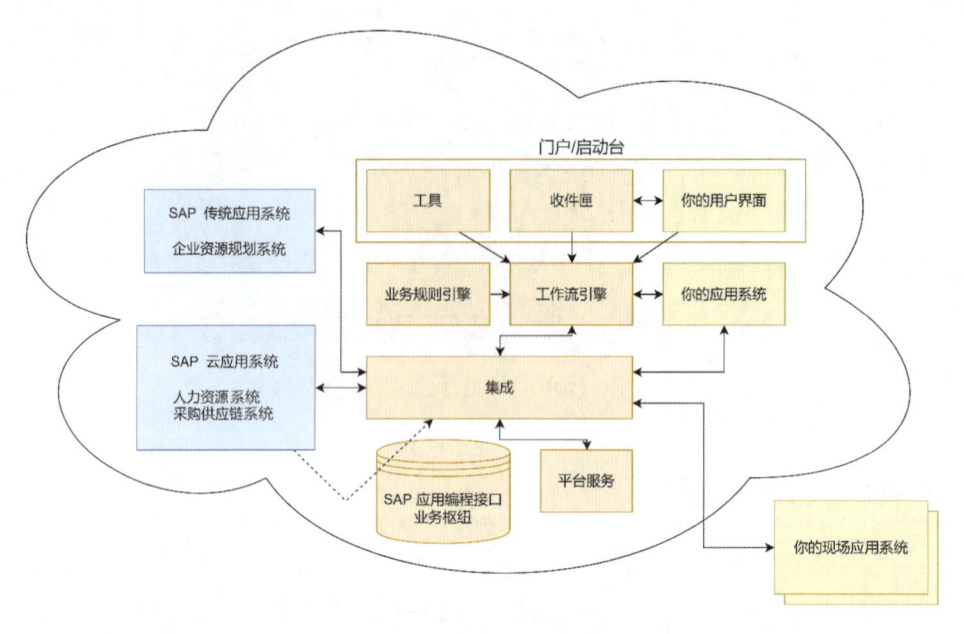

图 6-11　SAP 云平台架构图

图 6-12 是 SAP 云平台工作流引擎的高层架构图,原来架构中的 Activiti 已经被替换为 Flowable。图中的 Olingo 是 Apache 开源组织的一个实现开放数据协议(OData)的 Java 库。

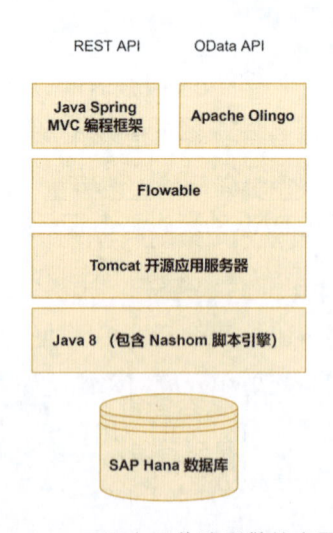

图 6-12　SAP 云平台工作流引擎的高层架构图

6.2.8 DPA 总结

通过支持全民软件开发（Citizen Software Development）来大规模推动流程自动化，以及将许多以纸质表格、电子表格、电子邮件和其他手动工具管理的流程自动化是一项艰巨的任务。要解决这一长尾自动化需求最可靠的策略就是给全民软件开发者授权。

虽然 DPA 是一项新兴的技术，但是一些供应商在该领域提供的服务令人深感震撼。最好的 DPA 产品满足了针对全民开发者的特定需求，以及在建立真正的数字化文化以持续改进企业文化。至少，供应商应该有一种方法将特定的开发任务委派给业务人员，让他们成为成熟的自主开发人员和应用所有者。

自动化正从幕后走向台前，成为新的业务和运营模式的有力推动者。拥有先进自动化规划的企业可以击败甚至消灭竞争对手。为了实现这个目的，企业必须定义一种自动化结构（自动化层），通过一个框架来构建、编排和管理由人工和数字化工作者组成的混合劳动力。这个框架帮助企业连接了基于人工智能的自动化组件、传统的自动化组件和具有前瞻性的创新方案。

长期、持续的自动化规划不仅能降低企业的流程执行成本，也能释放员工的创新能力，并为企业打造强大的竞争优势。随着 RPA、iPaaS 和 DPA/低代码开发平台等自动化技术在供应端的融合，许多企业将采用自动化架构来培育创新文化、创造新的商业模式、将新产品和新服务推向市场，或者重构客户体验。

第 7 章

企业软件设计自动化

软件设计自动化（SDA）是通过模型驱动软件架构设计、集成、验证和物理设计（包括逻辑模型和物理模型转换、设计规则检查等）的。

实现 SDA 的方式之一是利用作者研发的 MVEA@1 工具集成低代码开发平台、RPA、DPA 等；或使用类似工具（如德国 Software A&G 公司的 ARIS 业务流程分析与管理平台）来集成 Kryon 公司的 RPA。

SDA 工具通过架构标准库中的内容与架构（含流程）验证规则，对架构模型进行强制的标准、继承和规则验证，然后将通过验证的架构模型导出到低代码开发平台或数字化流程自动化平台中，实现软件设计与开发的一体化。

在软件设计和开发流程之间形成无缝集成，可以助力企业实现数据共享，形成创新环境，以及让那些进行数字化转型并购买集成软件设计和开发解决方案的企业能够真正在速度和质量方面超越竞争对手。

图 7-1 说明了企业如何从流程自动化和软件设计自动化到软件自动化，这是企业数字化转型在自动化方面的终极目标。图 7-1 中引进了自动化平台，此概念是由全球领先的 RPA 厂商之一 UiPath 的首席执行官 Denis Dines 提出的（Forrester 称之为自动化结构），它是由软件机器人组成的。作者将其进行扩充，包含了低代码开发平台、BPMN 流程引擎与管理平台。自动化平台通过软件机器人和 DPA 平台以非侵入的方式（不修改原始代码）集成各种各样已经存在的应用系统和数据库，自动化生成各种系统和数据库的接口；通过流程决定如何呼叫应用系统和数据库，以及先后顺序，并进行数据格式转换。在自动化平台中，软件开发变得很简单。软件机器人和 DPA 流程引擎承担了数据交换，以及工作流和系统集成的工作，这是软件自动化的基础。

软件自动化和 Gartner 的超自动化（Hyperautomation）的概念是类似的，它们都是以流程自动化为中心的，其实现的基础是各种相关的软件技术和平台。超自动化是 Gartner 在 2022 年顶级战略技术趋势分析中列出的一项顶级趋势。

企业数字化转型最小可行之道
始于流程自动化，终于软件设计自动化

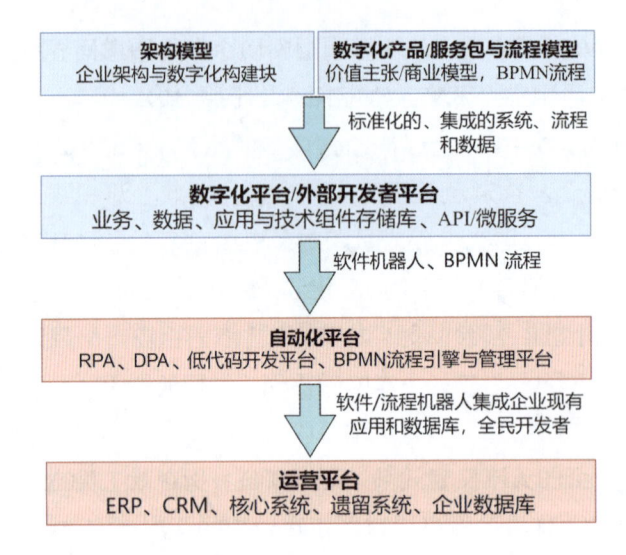

```
┌─────────────────────┐  ┌─────────────────────────────┐
│     架构模型         │  │  数字化产品/服务包与流程模型  │
│ 企业架构与数字化构建块│  │ 价值主张/商业模型，BPMN流程  │
└─────────────────────┘  └─────────────────────────────┘
                        │
                        │ 标准化的、集成的系统、流程
                        ▼ 和数据
        ┌───────────────────────────────────────────┐
        │         数字化平台/外部开发者平台          │
        │ 业务、数据、应用与技术组件存储库、API/微服务│
        └───────────────────────────────────────────┘
                        │
                        │ 软件机器人、BPMN 流程
                        ▼
        ┌───────────────────────────────────────────┐
        │               自动化平台                   │
        │ RPA、DPA、低代码开发平台、BPMN流程引擎与管理平台│
        └───────────────────────────────────────────┘
                        │
                        │ 软件/流程机器人集成企业现有
                        │ 应用和数据库，全民开发者
                        ▼
        ┌───────────────────────────────────────────┐
        │               运营平台                     │
        │  ERP、CRM、核心系统、遗留系统、企业数据库   │
        └───────────────────────────────────────────┘
```

图 7-1　企业从流程自动化和软件设计自动化到软件自动化

超自动化/软件自动化是一种业务驱动的、规范的方法，企业可以利用它来快速识别、审查和自动化尽可能多的业务和 IT 流程。超自动化/软件自动化涉及多种技术、工具或平台的协调使用，具体包括以下内容。

- 人工智能
- 机器学习
- 事件驱动的软件架构
- 机器人流程自动化（RPA）
- 业务流程管理（BPM）和智能业务流程管理套件（iBPMS），数字化流程自动化（DPA）
- 集成平台即服务（iPaaS）
- 低代码/无代码开发平台
- 套装软件
- 其他类型的决策、流程和任务自动化工具

以下是一个简单的超自动化案例：一家石油和天然气公司有 14 个并发的超自动化措施。这些措施包括有针对性地将 90 多个不同领域的任务自动

化、工业化（涉及智能文档处理，以及海上石油钻井作业的自动化）。关于自动化哪些方面的决策是战略性的，并以保证产品质量、产品上市时间、业务敏捷性或新业务模式创新方面的目标成果为前提。

自动化被媒体争相报道是有道理的，因为自动化是一个对企业来说越来越重要的目标，企业希望通过自动化提升效率。

当企业将人工智能、物联网和 RPA 结合在一起时，将获得超自动化：RPA 将人们从繁重、无聊的工作中解脱出来；人工智能和物联网将为端到端自动化任务铺平道路，甚至可以自动化新产品或服务的开发。

需要注意，超自动化必须以标准化的方式完成。例如，如果没有在整个企业中使用一致的 DPA 协议，那么不同的软件机器人的连接就会出现重大问题。

Gartner 预测，到 2024 年，分散的自动化支出将使企业总成本增加 40 倍，这使得适应性治理成为企业绩效的差异化因素。建议企业应首先建立整体自动化计划的映射和优先级，而不是打造任务自动化的孤岛，以确保实现业务协调。

7.1 流程卓越、流程自动化与相关技术趋势

随着自动化成为今后的主要趋势之一，企业必须要准备好实现自动化的计划。以下说明了流程卓越和流程自动化之间的关系。

流程卓越通常更关注过程而非结果。流程卓越涉及旨在优化企业的核心流程绩效（关于时间、成本、质量等方面）的方法和技术。而且，近年来，企业自动化这些流程和任务的趋势显著增强。而这些技术非常多样化，Gartner 创造了"超自动化"一词用来描述通过使用多种技术实现企业业务和 IT 流程自动化的业务驱动方法。

从本质上讲，存在以下 3 种类型的自动化技术。

企业数字化转型最小可行之道
始于流程自动化，终于软件设计自动化

- 工作流自动化/DPA：专注于更复杂的端到端流程，并确保所有任务以正确的逻辑顺序执行，并由适合的员工和角色执行。
- 无代码/低代码开发平台：可视化软件开发环境，甚至允许一般开发人员（包含业务人员）创建不太复杂的关于业务的应用程序。
- RPA 机器人：指模仿人类用户的软件机器人。通过在应用程序中利用 RPA 机器人处理数据和处理事务，使员工的重复性和日常任务自动化。

对于用不一致、不协调的技术拼凑而成的可怕场景，企业应该不惜一切代价避免。实施没有事先规划的自动化，就像坐在带有小马力发动机的一级方程式赛车中，并且对旅程的目的地只有一个模糊的概念。

在不了解底层流程、目标和要遵守的规则的情况下，为全体开发人员提供强大的自动化工具是错误的。自动化不是仙丹妙药。相反，先分析底层流程，再优化目标，然后实施自动化，更有意义。

在实施自动化之前，企业需要充分了解现有的业务流程和新的工作方式。查看当前的技术趋势，会对任务监控和业务流程的真实执行产生重要的作用。

通过流程挖掘可以以自动化方式分析端到端业务流程的执行，以识别瓶颈并得出优化措施。通过任务挖掘可以自动发现和分析桌面上的用户交互（由单个员工执行的任务）。

将流程挖掘和任务挖掘结合很有意义，因为通过任务挖掘可以详细分析复杂的流程步骤。将流程挖掘和任务挖掘结合的结果为识别整个流程和不同细节的弱点提供了基础。

企业在实施自动化之前，需要考虑很多方面：很多时候，业务流程步骤太多和执行时间太长（包括等待和空闲时间）是业务流程执行效率低的主要原因之一；此外，对几乎所有企业而言，缺乏跨业务功能的数据集成是成功使用自动化技术的主要障碍。

在许多企业中，员工对业务流程的理解水平和业务流程跨组织单位的集成水平相当低（Forrester 称之为"组织内的巨大集体债务"）。现代化企业一般

第 7 章 企业软件设计自动化

都为所有员工提供了一份包含精确工作方式模型的数字化手册,以确保员工了解自己的具体角色和职责。

流程卓越需要持续的监控和分析,以改进和简化实施流程自动化前后的业务流程。想要取得成功,企业必须制订计划,将流程挖掘、分析和自动化技术结合,并在持续优化中使用这些方法和技术。许多企业在这个周期中使用了"企业管理系统"或"流程管理门户",例如华为的流程文件管理中心(PDMC,Process Document Management Center),其中收集了华为所有与流程相关的文件,是华为多年来积累的高价值流程资产。

图 7-2 说明了流程卓越、流程自动化和工业 4.0 的技术路线图,每个节点代表了支持流程卓越和流程自动化的技术。蓝色连接线代表与工业 4.0 相关的技术节点之间的关系。流程自动化连接线上的技术节点有超自动化、人工智能、DPA、IT/OT(信息技术/运营技术)连接、RPA 和 NC/LC(无代码/低代码开发)平台(参考资料:《Helge Hess,如何使超自动化成功?》)。

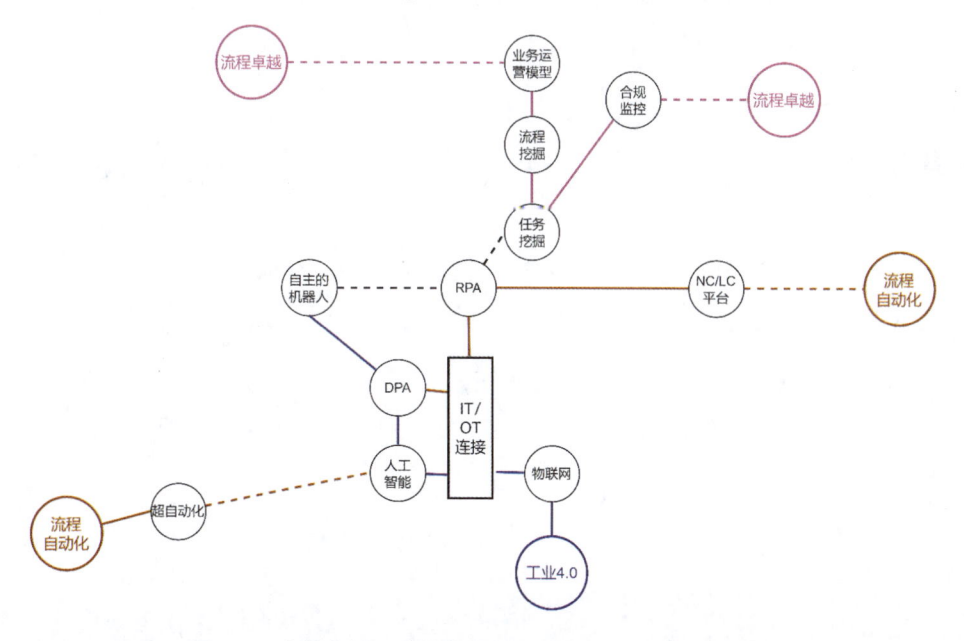

图 7-2 流程卓越、流程自动化和工业 4.0 的技术路线图

企业数字化转型最小可行之道
始于流程自动化，终于软件设计自动化

可以将图 7-2 视为具有各种路线和站点的"地铁图"，每条路线都是影响企业数字化转型和卓越运营的大趋势。每个站点都是塑造大趋势的关键技术或子趋势。就像城市的地铁一样，有时多条路线会汇聚在一个枢纽站点，这些大趋势也是如此。例如，在图 7-2 中，"IT/OT 连接"是流程自动化、流程卓越和工业 4.0 这 3 个关键技术的枢纽站点。它连接了 RPA、DPA、人工智能和物联网（参考资料：Software A&G 公司的业务转型和卓越运营的趋势图）。

图 7-2 中的虚线路线代表两个站点之间有一些站点被省略了，下面会展开完整的说明。

除了上述的流程自动化、流程卓越和工业 4.0，这些大趋势还包含：商业模型创新、业务弹性、连接性、客户驱动的业务、新工作及合规性。

在经济快速发展的今天，企业中的每个人——从上到下，都面临着如何在不断加快的创新周期中领先一步的挑战。获胜者将是那些不断主动调整其商业模型、生态系统、价值链、产品组合和客户渠道的企业。

企业进行业务转型是在做正确的事。商业模型包含愿景、使命、市场、目标与策略、产品组合和价值主张、客户细分和渠道、合作伙伴生态、系统收入来源和成本分析。

卓越运营是正确地做事。运营模型包含业务流程、客户旅程和满意度、流程生命周期、流程质量、流程成本、风险与监管合规、组织与技能，以及 IT。

企业数字化转型是成功还是失败，取决于企业能否将战略决策转化为业务运营，然后清楚地传达给每位员工。有关商业模型的 MVEA 模板与示例，请参考附录 B。

麦肯锡最近的一项研究显示，上榜标准普尔 500 指数的公司的平均寿命从 1958 年的 61 年缩短到今天的不到 18 年（截至本书出版时）。过去的成功并不能保证未来的成功。适应快速变化的市场的能力是非常重要的。通过几乎扫除所有行业的障碍，找到通往成功的道路可能很困难。但重要的是不要沉迷于细节，而是要保持宏观视角。请注意出现在企业面前的无数流行术语和话题是如何相互关联的，以及这些话题是如何相互影响的，企业需要一张鸟瞰图（顶层设计图）。

这就是业务转型和图 7-2 的用武之地。图 7-2 涵盖了战略转型和优化领域中最重要的趋势及彼此的关系。

卓越运营的 9 大趋势是：商业模型创新、新工作、流程卓越、流程自动化、法规遵从、业务恢复力、工业 4.0、连通性、客户驱动的业务。以下是对这 9 大趋势的说明和对应的完整技术路线图。

（1）商业模型创新意味着（重新）定义企业的战略定位，并为企业的长期定位提供支持。商业模型（可通过商业模型画布等方法设计）包括对市场、目标群体、客户利益、合作伙伴关系、核心流程、成本结构和收入流的描述。其沿途停靠站点（主要技术）有以下几种。

- 业务生态系统：由公司组成网络，它们协同工作为端到端价值链中的客户共同创造价值/产品。
- 竞争和合作策略（竞争+合作）：描述了竞争公司之间通过形成组织的战略联盟来进行的合作。
- 弹性及安全（"灵活性"和"安全性"的结合）：是平衡雇主和雇员之间利益的劳动力市场政策范式。
- 超本地运营模型：指在一个小的地理区域内开展业务（获取和交付产品和服务）。
- 新生态：描述了企业朝着资源高效、经济可持续变化的过程。
- VUCA：指的是"波动性"（Volatility）、"不确定性"（Uncertainty）、"复杂性"（Complexity）和"模糊性"（Ambiguity），这些都是现代社会的动态特征。

（2）新工作是各种工作模式和形式的统称，例如通过网络会议在家办公。其沿途停靠站点（主要技术）有以下几种。

- 目标和关键结果：一种协作目标设定方法论，供团队和个人用来设定具有可衡量结果的目标。
- 开放知识：指内容免费可用，并且相关版权法通常允许其进一步被传播。
- 工作与生活的融合：意味着生活世界和工作世界的融合，这将导致在工作和休息时间之间进行着几乎无法察觉的切换。

（3）流程卓越包括旨在优化企业核心流程绩效（在时间、成本、质量等方面）的所有举措、方法和技术。其沿途停靠站点（主要技术）有以下几种。

- 客户旅程解析：旨在分析跨接触点的客户行为，以衡量客户的满意度，以及客户行为对业务成果的影响。
- 流程治理：包含用于统一设计和开发企业流程管理的所有工具和法规，其中包括开发和操作流程管理的标准。
- 流程挖掘：以自动化的方式分析业务流程的执行，以识别其中的瓶颈并得出优化措施。
- 任务挖掘：对用户交互的自动发现和分析。

（4）流程自动化被定义为使用数字化技术，通过最少的人工干预来执行复杂的业务流程和功能。其沿途停靠站点（主要技术）有以下几种。

- API 经济：其中定义了应用如何相互通信的协议。API 经济是指通过更广泛的数字化生态系统交换这些 API 和管理它们的系统。
- 超自动化：是一种业务驱动的方法，它允许组织通过协调使用多种技术、工具或平台来实现业务和 IT 流程的自动化。
- NC/LC 平台（无代码/低代码开发平台）：是一种可视化软件开发环境，其甚至允许普通开发者创建应用和移动/网络。
- RPA：通过在应用中操作数据和处理事务来将人工任务自动化。

（5）法规遵从是一套流程、政策和治理结构，可确保企业遵循行业设定的规则和标准。其沿途停靠站点（主要技术）有以下几种。

- 业务连续性管理（BCM）：包括捆绑方法、程序和规则，以便在业务流程或关键 IT 系统发生中断或发生故障后尽快恢复生产运营。
- 合规监控：用于检查企业的业务运营如何满足其监管和内部流程定义。
- 供应链法案（供应链中的企业尽职调查法案）：是德国政府出台的一项法律，于 2023 年 1 月生效，它用于确保企业供应链中的人权和某些环境标准得到保护和遵守。

（6）业务恢复力是指企业在保持持续的业务运营，以及保护人员和资产的同时，可以快速适应和响应业务中断的能力。其沿途停靠站点（主要技术）有以下几种。

- 多源采购：指企业从多个供应商处采购货物，以便从供应商之间的竞争中获得最佳价格、质量和时间，并降低自身的供应风险。
- RegTech（监管科技）/金融科技：监管科技是金融科技（FinTech）的一个子集，专注于确保企业遵守使用其被监管要求的技术。
- 可持续性：指在不损害企业未来能力的情况下满足现在的需求，并以经济、环境和社会支柱为基础。

（7）工业 4.0 是工业历史上的第四次重大技术突破，旨在将现实世界与虚拟世界连接起来——将生产方法与最先进的信息和通信技术相结合。其沿途停靠站点（主要技术）有以下几种。

- 数字孪生：真实世界中的实体或系统的虚拟表示，主要用于模拟实体和系统的工作方式。
- 边缘计算：一种分布式的、开放的 IT 架构，通过设备本身处理数据，以支持移动计算和物联网（IoT）技术。
- 工业物联网（IIoT）：基于信息技术（IT）和运营技术（OT）的交集，在工业部门中使用的物联网。

（8）连通性描述了基于数字化基础设施和通信技术的网络原理。连通性导致企业的工作方式和开展业务的方式发生了根本性的变化。其沿途停靠站点（主要技术）有以下几种。

- 5G 网络：指第 5 代移动网络标准，其目标是将几乎所有人和所有事物（包括机器、物体和设备）连接在一起。
- 平台经济：指从基于产品的商业模型转变为具有多种产品、协作和社区连接的技术驱动平台。

（9）客户驱动的业务指将客户需求置于企业战略的核心位置。这个概念表明，只有吸引和留住客户才能获得长期利润。其沿途停靠站点（主要技术）有以下几种。

- 客户保留：指企业将客户转变为回头客并防止他们转向竞争对手的能力。
- 数字化客户体验：用于处理以数字化为媒介的客户体验，以及客户通过互联网与品牌互动的接触点。有关客户体验的 MVEA@1 模板与示例，请参考附录 C。
- 大规模定制（按订单生产）：指将定制产品的灵活性和个性化与大规模生产的低单位成本特点相结合。

图 7-3 列出了商业模型创新的主要技术，还列出了以下技术：文化变革、物联网、平台经济、无摩擦的企业和大众定制化。

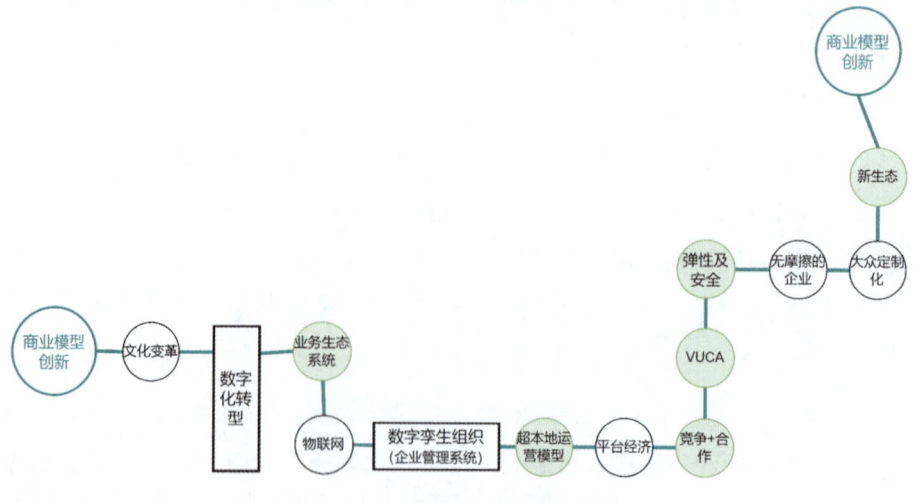

图 7-3　商业模型创新技术路线图

图 7-4 中列出了新工作的主要技术，还列出了以下技术：业务生态系统、混合式工作、协作、数字化标准操作程序、变更管理、VUCA、弹性及安全和敏捷方法论。

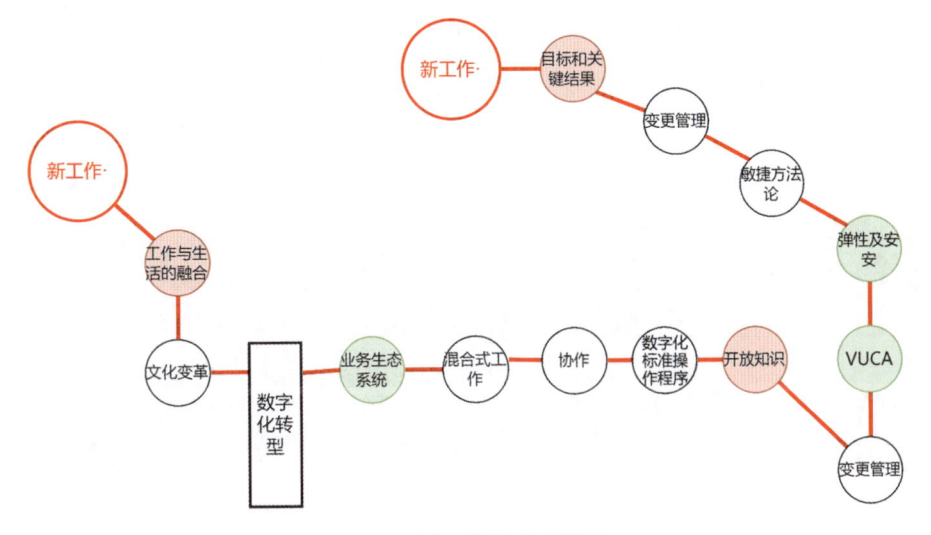

图 7-4　新工作技术路线图

图 7-5 中列出了流程卓越的主要技术，还列出了以下技术：端到端流程、卓越中心、业务运营模型、合规监控、组织挖掘、假设分析和文件智能。

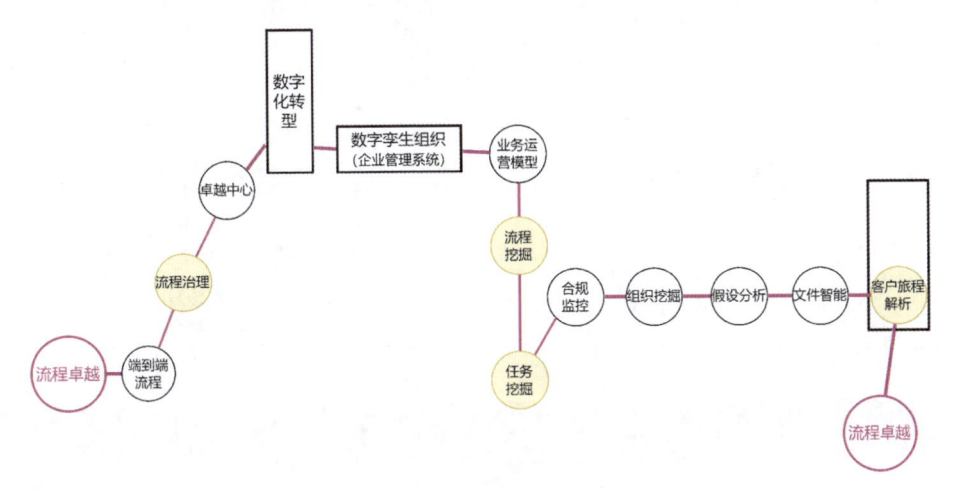

图 7-5　流程卓越技术路线图

图 7-6 中列出了流程自动化的主要技术，还列出了以下技术：人工智能、DPA、优化机器人、聊天机器人及 DevOps。

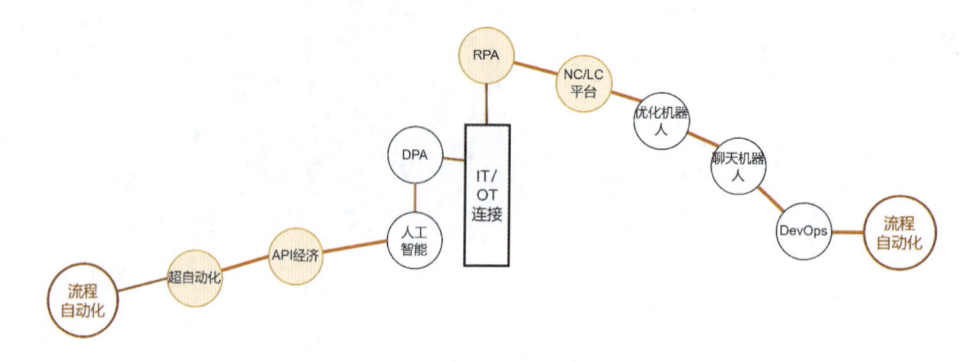

图 7-6　流程自动化技术路线图

图 7-7 中列出了法规遵从的主要技术，还列出了以下技术：质量管理、第三方风险管理、RegTech/金融科技、业务运营模型、流程挖掘、社会责任、信息安全、数据保护和环境保护。

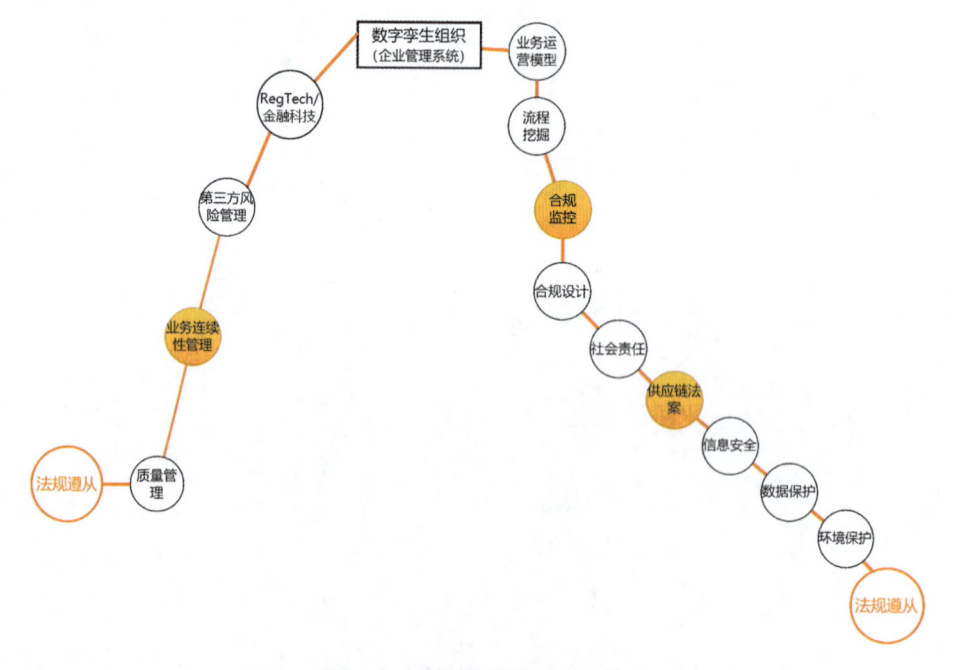

图 7-7　法规遵从技术路线图

图 7-8 中列出了业务恢复力的主要技术，还列出了以下技术：欺诈识别、网络安全、业务连续性管理、第三方风险管理、业务运营模型、就近外包、供应链恢复性、无摩擦的企业和气候风险解析。

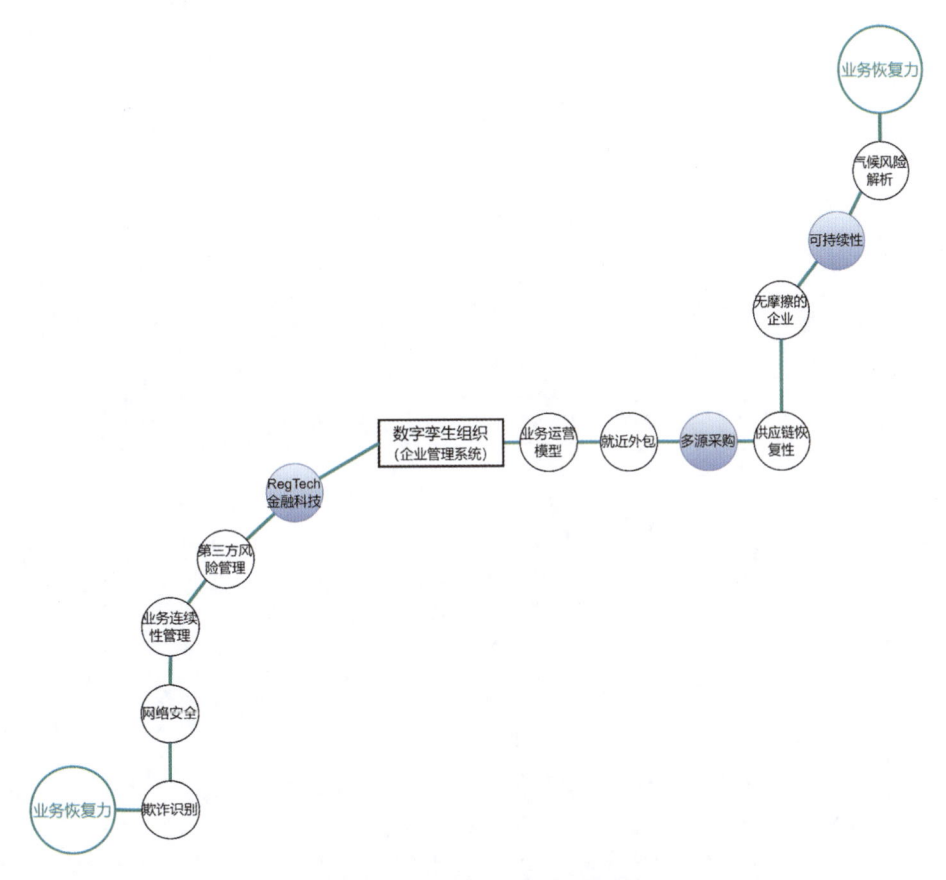

图 7-8　业务恢复力技术路线图

图 7-9 中列出了工业 4.0 的主要技术，还列出了以下技术：物联网、大数据、增强现实、自主的机器人、DPA 和人工智能。

图 7-10 中列出了连通性的主要技术，还列出了以下技术：业务生态系统、混合式工作、协作、数字化标准操作程序、多源采购和客户接触点。

企业数字化转型最小可行之道
始于流程自动化，终于软件设计自动化

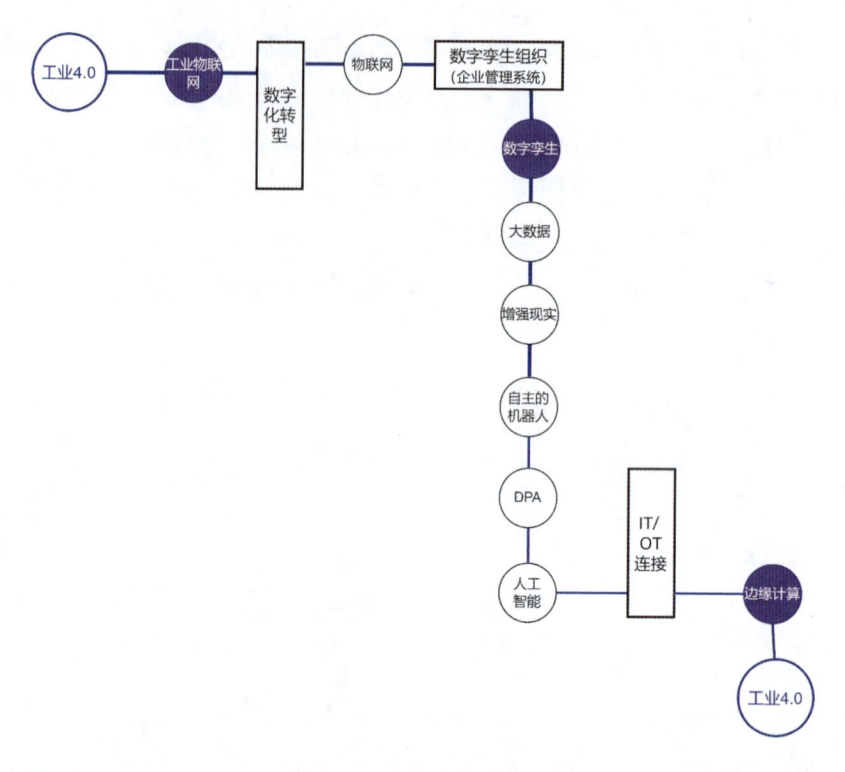

图 7-9　工业 4.0 技术路线图

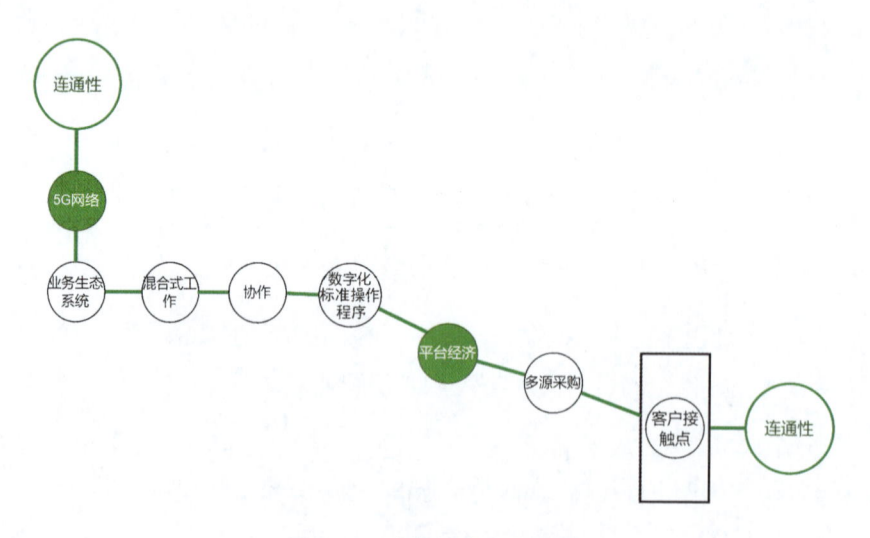

图 7-10　连通性技术路线图

图 7-11 中列出了客户驱动的业务的主要技术,还列出了以下技术:聊天机器人、数据保护、客户旅程解析、客户接触点、客户体验绩效和多渠道沟通。

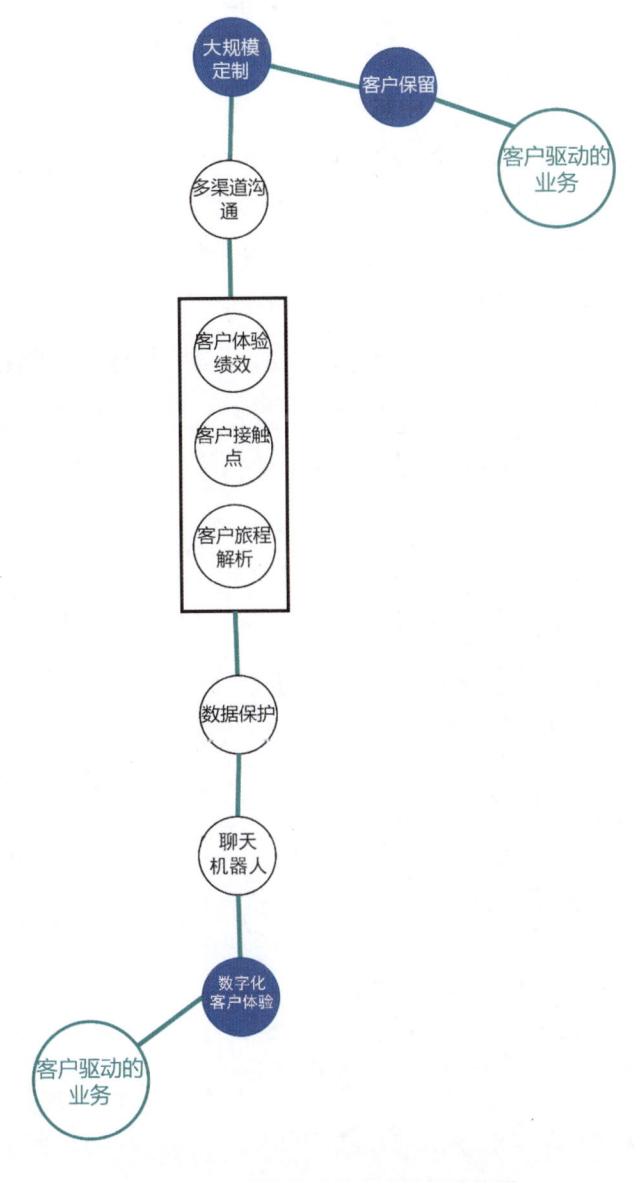

图 7-11　客户驱动的业务技术路线图

图 7-3 至图 7-11 中的技术交叉站点有以下几个。

- 数字化转型：将数字化技术集成到所有业务领域中，从根本上改变运营方式并满足不断变化的业务和市场需求。
- IT/OT 连接：管理数据的 IT 系统与控制物理世界的 OT 系统的集成。
- 数字孪生组织：提供组织的虚拟表示，以模拟业务运营并支持变更的实施。数字孪生组织和企业管理系统有时可作为同义词使用，可用于服务企业的数字化转型和优化。
- 客户旅程解析：监控跨客户接触点的客户行为，以衡量其对业务成果的影响。客户旅程被认为是提高客户体验的一种手段。

为了跟上企业所在行业的快速变化，企业需要同时考虑战略转型和运营实施。这不仅仅是一个传统的变革过程。尽管存在许多不确定性，成功的企业仍会积极主动地拥抱变革，并在组织、流程和技术层面有效地实施创新商业模型。

使用趋势图作为企业的"全球定位系统"（GPS）可以提高企业的成熟度，其功能具体表现在以下几个方面。

- 可以与企业的利益相关者分享趋势图。
- 确定与企业相关的大趋势。
- 对于每个大趋势，根据企业的特定需求调整趋势线。
- 定义目的、举措和里程碑。
- 为成功的业务转型和卓越运营制定企业的数字化路线图。

如何将业务转型和卓越运营的技术路线图（图 7-3 到图 7-11）付诸行动？建议使用 BPMN 来设计企业的业务转型与卓越运营的路线图。BPMN 不仅使企业的业务更有效率，也更智能。

7.2 低代码开发平台与企业架构的集成

流程自动化的关键技术之一是无代码/低代码开发平台，它也是软件设计自动化的关键技术之一。本章除介绍低代码开发平台的概念外，还举例说明企业架构/顶层设计如何与流程自动化引擎和低代码开发平台集成，以实现软件设计与开发的自动化。

低代码开发平台的一个重要趋势是支持设计思维。如今，设计思维正在迅速进入业务与 IT 领导者的词典中。就在几年前，设计思维主要局限于工业设计和产品设计领域。然而，希望通过定制软件开发来使自己与众不同的企业发现，设计思维是一种非常有效的方法：可以识别要解决的问题，并为这些问题制定最有效的解决方案；迭代开发解决方案，为用户和业务提供所需的结果。

设计思维是一种敏捷、迭代的设计和创新过程，其以用户的愿望和需求为中心，使企业能够随着行业的变化和技术的发展而转变。设计思维认为没有一种方法可以解决所有的问题。相反，设计思维鼓励员工在包含不同意见和想法的环境中提问、实验、观察和创新。借助设计思维，企业将不再依赖传统的管理阶层来获得想法和审批。相反，企业将培养一种文化：鼓励员工挑战企业的传统。

Gartner 认识到设计思维的价值，其在 2017 年企业高生产力应用平台即服务魔力象限图中，将支持设计思维作为评价产品的关键标准。然而，并非所有平台都拥有相同的理念——以促进以用户为中心、业务—IT 协作和快速迭代等核心设计思维为原则。

IDEO 是一家设计咨询公司，它在 20 世纪 90 年代初期将设计思维用于商业目的。其将设计思维定义为"一种以人为本的创新方法，它从设计师的工具包中汲取灵感，以整合人们的需求、技术的可能性，从而实现商业上的成功。"

虽然设计思维的具体实施方式存在差异，但通常包括以下 6 个阶段。

（1）激发（Inspire）：这通常是设计思维的第一个阶段。在此阶段，企业将尝试了解问题或机会。另外，企业需要明确目标、关键的客户接触点、客户需求、技术需求，以及企业的解决方案或产品/服务包如何适应行业市场。

（2）共情（Empathize）：深入了解客户，以及他们的行为和动机。由于人们通常不知道或无法明确地表达自己的行为和动机，因此，企业可以通过观察客户以识别商业模式，通过提出问题和进行假设以理解客户。建议参考附录 C 中的客户旅程地图模板和客户选择银行示例来发现客户的真实行为，并对所有的客户接触点进行净推荐值评分。

共情是设计思维的一个重要方面。通过研究服务客户（Client）、用户（User）和产品客户（Customer）（以下统称为客户）想要的和需要的，企业可以开发出最好的产品/服务。企业需要通过了解如何让客户的生活更轻松，或者如何让产品更令人愉快、实用、高效或易于使用来实现这个过程。这个过程不仅是考虑软件界面或物理产品的美感，而是更多地了解人们如何使用技术。他们希望从产品中获得什么，以及如何为客户创造更有意义的体验。

（3）定义（Define）：创建一个可采取行动的问题陈述来定义要解决的挑战，以及需要满足的一组重要需求。在整个过程中可以不断测试、验证和完善（或重新定义）该陈述。

（4）形成观念（Ideate）：利用头脑风暴、思维导图、画画等进行原型设计，可以集思广益，并尽可能多地提出想法。虽然大多数想法将被丢弃，但此过程有助于团队缩小寻找解决方案的范围。

（5）原型（Prototype）：创建原型甚至可用的软件，将产品送到客户手中并开始收集反馈。对原型设计的探索过程可以使团队深入思考并提出正确的解决方案——这是抽象文档无法做到的。

（6）测试（Test）：即从客户体验中学习，收集反馈以发现新的洞察并快速迭代以达到预期效果。

企业可以根据需要重复以上过程，直到完成可发布的最小可行产品（MVP）。注意：这6个阶段不是线性的。企业可以在任何时候跳回到起点，以发现新的客户行为与洞察，重新定义问题并继续开发产品。

为了更好地支持设计思维，低代码开发平台必须具备以下能力。

- 业务与IT协作：虽然共情是设计思维中至关重要的一步，但在整个过程中始终将客户及其需求放在首位，并且作为枢纽也很重要。在软件开发的过程中，最好的方式是让客户和业务利益相关者积极参与软件架构与软件设计的流程，并与开发团队密切协作来设计和构建软件。

  虽然几乎每个低代码开发平台都在宣传自己与传统的方法相比在生产力上具有优势，但很少有人从头开始构建平台，将业务与IT协作嵌入应用开发生命周期的每个步骤中。这些协作功能有助于确保解决方案在用户利益和业务目标方面充分实现预期的结果。

- 可视化，低代码开发：设计思维取决于跨职能团队协作识别、设计和构建最具影响力的解决方案的能力。实现这些协作的最大障碍之一是需要运用低级编程语言，如C语言。因为通常只有程序员才能理解代码，所以对于平台的使用，在开发团队与业务利益相关者，以及最终用户之间长期存在差距。

  低代码开发平台采用可视化、模型驱动的开发技术（例如使用MVEA@1设计员工请假原型画面，然后导出到飞速低代码开发平台），使小型跨职能团队能够迭代地设计和构建应用。可视化模型用于定义应用的用户界面、数据模型和逻辑，可以最大限度地减少甚至消除编写代码的需求。

- 可重用组件：设计思维提高了企业的创造力，可以将其作为一种新的且通常解决棘手的商业问题的手段。从软件开发的角度来看，阻碍企业使用设计思维的是需要重复构建相同的功能或常见的UI模式。低代码开发平台通过提供可重用的UI元素、功能组件和连接器市场，进一步加速了原型和应用的开发。这使得企业的开发人员专注于构建和迭代新的应用设计和功能,而不是重新发明"轮子"。某些平台还提供了私人应用商店,用于在多个自治团队之间共享和重用企业特定的知识产权。

- 集成的,用户友善的敏捷项目管理:许多企业将设计思维与敏捷方法结合使用。设计思维是一种寻找要解决的正确问题的方法,而敏捷方法是一种为该问题构建正确解决方案的方法。因此,一旦团队在原型设计阶段就发现并清楚预期的解决方案,他们就能够无缝过渡到敏捷项目开发阶段。要支持这种端到端的流程,应寻找内置了敏捷项目管理功能的低代码开发平台。虽然可以与第三方工具集成,但以开发人员为中心的工具使用起来通常非常复杂,这就限制了业务用户的参与。易于使用的项目管理门户则使整个团队可以在整个敏捷开发过程中轻松创建用户故事、协作和沟通。

《CIO》杂志最近称设计思维为"企业数字化成功的秘诀"。该杂志指出,企业对设计思维的采用率正在飙升,因为这些企业希望为用户提供强大、友好的产品和服务,以支持其数字化业务战略。

有大量的数据表明这种方法有效。事实上,企业的设计重点和业务绩效之间存在直接的关联关系。

低代码开发平台可以促进企业采用设计思维。企业需要的不仅仅是大多数低代码开发平台供应商宣传的可视化开发能力,而是需要一个支持整个应用生命周期的集成平台。它具有促进以用户为中心、快速迭代和在流程中的每一步进行业务与 IT 协作的功能。总之,采用正确的平台和方法可以帮助企业为用户和业务带来更好的结果。

如今,企业越来越多地采用低代码开发平台来实现应用开发,以及业务与 IT 的融合,从而快速交付新的解决方案并实现业务能力的现代化。Gartner 预估,到 2025 年,70% 的企业将使用低代码或无代码技术开发新的应用,而在 2020 年这一比例还不到 25%。

Gartner 对"企业低代码开发平台"的定义是：通过抽象和最小化手工编写代码来快速开发和部署自定义应用。企业低代码开发平台必须包含低代码特性（例如，模型驱动或带有脚本的图形编程方法），以方便开发由用户界面、业务逻辑、工作流和数据服务组成的完整应用。

企业低代码开发平台可用于创建企业级应用，这些应用需要具备以下功能：

- 高性能
- 高可用性和可扩展性
- 灾难恢复
- 企业安全
- 对企业和第三方云服务的 API 访问
- 应用使用监控
- 服务水平协议（SLA）
- 来自供应商的技术支持和培训

企业低代码开发平台应该使用声明性的高级编程抽象来提供一站式的应用部署、执行和管理。一些企业低代码开发平台提供的高级功能包括：

- Web 用户界面（UI）之外的前端用户体验
- 复杂的业务流程自动化和管理
- 事件驱动架构
- 人工智能增强的开发技术
- 应用组成

图 7-12 是 Gartner 在 2021 年发布的企业低代码开发平台魔力象限图。值得注意的是，Microsoft（Power Apps 产品）被列入了领导者象限中，未来，如果 Microsoft 能够将 Power Apps 更好地集成在 Power Automate 产品中，或许就可以达到软件自动化的最终愿景。

	挑战者象限	领导者象限
	Appian Oracle Pega	OutSyystems Mendix Microsoft Saleforce ServiceNow
	利基参与者象限	有愿景者象限
执行能力	Newgen Kintone Quickbase CreatlO	

愿景完整性 →

图 7-12　企业低代码开发平台魔力象限图（按照执行能力排序）

在领导者象限中，愿景完整性排名第二的 Mendix 平台，已经被部署在腾讯云上，其被称为西门子低代码开发平台，因为 Mendix 的母公司是西门子。

7.2.1　企业架构与低代码开发平台的集成

以下举例说明的低代码开发平台是飞速创软开发的低代码开发平台（以下简称飞速低代码开发平台）。飞速创软专注于构建云原生全场景低代码开发及数字化基础设施。其公司研发团队深入研究和实践面向对象业务建模、前后端分离开发技术、微服务框架等，具有软件开发全生命周期平台产品，曾帮助腾讯、格力、碧桂园、恒大、中粮、中铝、中国商飞等机构成功实现数字化转型和升级。

低代码开发平台通常聚焦于 PaaS（平台即服务），可支撑 SaaS（软件即服务），适配多种 IaaS（基础设施即服务），遵循开放、开源、生态化的发展原则，为企业提供软件开发、测试、构造、发布、部署、运维、运营和集成等各种平台技术及能力，支撑企业构建高并发、高性能、高可用、安全的系统。

飞速低代码开发平台是基于微服务架构和模型驱动的开放式开发平台,并支持开源的 BPMN 流程引擎,如 Activiti 和 Flowable。此平台旨在极大地加速企业基本应用的开发过程,同时还具有灵活性,使开发人员能够随着业务需求和技术趋势的发展不断地开发和更新应用。

飞速低代码开发平台的微服务架构具有如下特性。

- 可扩展性:在增加业务功能时,单一应用架构需要在原有架构的代码基础上做比较大的调整;而微服务架构只需要增加新的微服务节点,并调整与之有关联的微服务节点。在增加业务响应能力时,单一应用架构需要进行整体扩容;而微服务架构仅需要扩容响应能力不足的微服务节点。
- 容错性:在系统发生故障时,单一应用架构需要进行整个系统的修复,涉及代码的变更和应用的启动/停止;而微服务架构仅仅需要针对有问题的服务进行代码的变更和服务的启动/停止,其他服务可以通过重试、熔断等机制实现应用层面的容错。
- 技术选型灵活:在微服务架构下,每个微服务节点都可以自由选择最适合的技术栈来实现不同的需求功能。即使对单一的微服务节点进行重构,成本也非常低。
- 开发运维效率更高:每个微服务节点都是一个单一进程,都专注于单一功能,并通过定义良好的接口清晰表述服务边界。由于具有体积小、复杂度低的特点,每个微服务都可以由一个小规模团队或者个人完全掌控,易于保持较高的可维护性和开发效率,并且属于分层式图形化开发。
- 内嵌行业多种标准规范:内部标准规范、行业标准规范、通用安全策略等被融入平台,自动规范开发人员的开发过程。
- 业务与技术资产分离积累:通过业务模板、资源分层技术,解耦技术与业务,使技术与业务资产分别积累,灵活复用。
- 全生命周期支撑 DevOps(开发与运维)理念落地:通过应用全生命周期工具的支撑,统一数据,统一模型,打通应用开发全生命周期壁垒,实现 DevOps 理念实际的落地。

利用 MVEA@1 和飞速低代码开发平台的导入/导出功能,可以将用

MVEA@1 设计的软件架构导入飞速低代码开发平台中，进行下一步的软件开发。

图 7-13 是 MVEA@1 工具架构与飞速低代码开发平台接口示意图。其中架构模型层与平台模型层接口包含 UI 模型、业务逻辑模型（前端与后端）、业务对象模型和数据算法模型接口。图 7-13 中使用了 ArchiMate 建模语言来描述接口，图中黄色矩形代表的是业务对象，浅蓝色圆角矩形代表的是应用服务，而蓝色矩形代表的是数据对象。应用服务（接口服务，如 UI XML 接口）用于进行 MVEA@1 工具架构模型（UI、BPMN 和数据）和飞速低代码开发平台模型之间的转换。

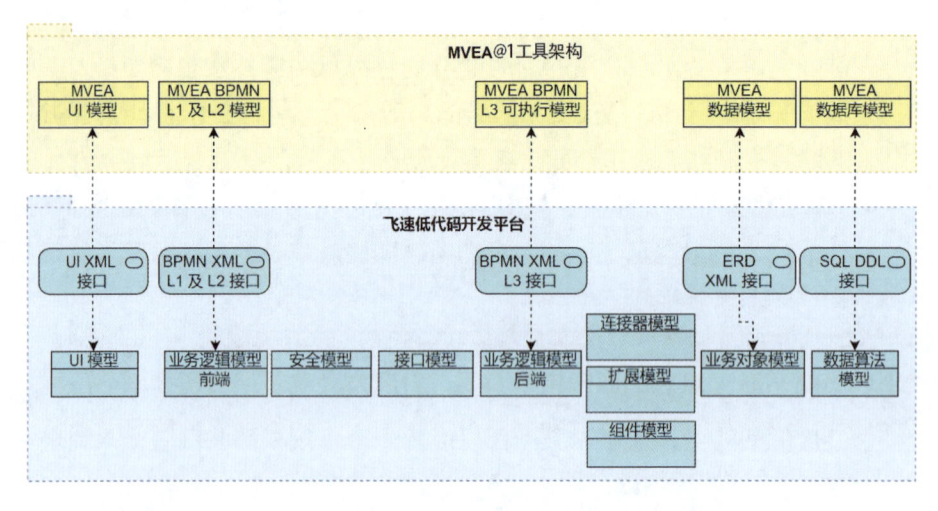

图 7-13　MVEA@1 工具架构与飞速低代码开发平台接口示意图

图 7-14 是使用 MVEA@1 的用户界面（UI）模板设计的员工请假原型画面。此用户界面可以被保存为 XML 文档并导出到软件开发工具中，如飞速低代码开发平台。市场上能够支持原型画面和 BPMN 流程设计、数据建模、数据库设计和 ArchiMate 应用架构的工具并不多见，MVEA@1 可以支持这些功能，这是软件设计自动化的基本要求。

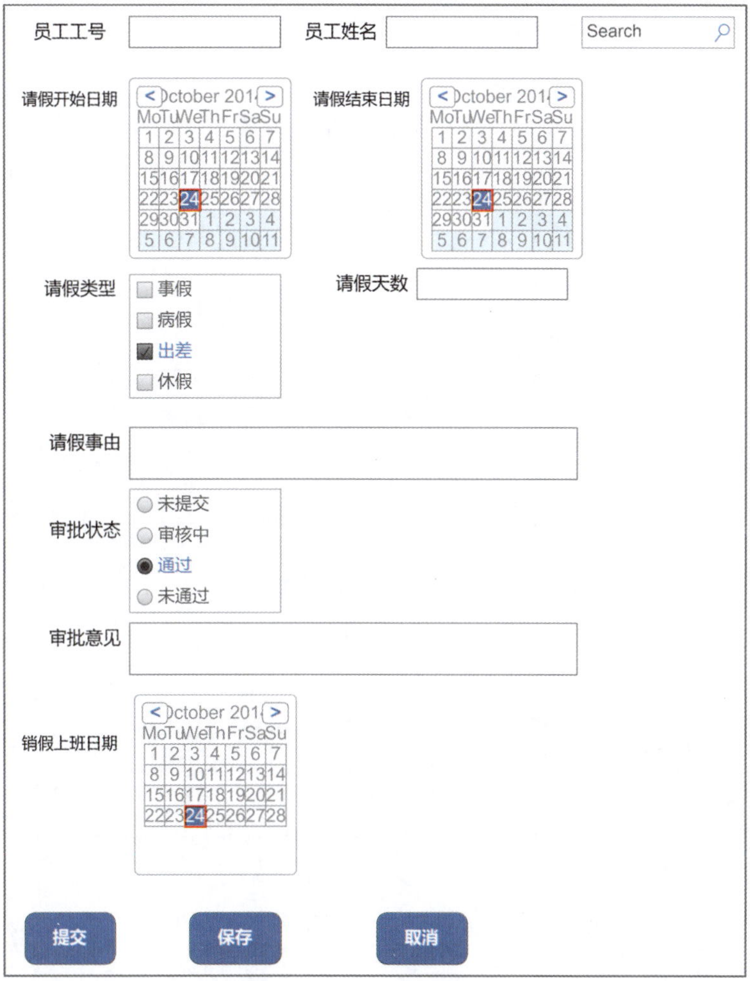

图 7-14　员工请假原型画面

如今，软件的快速开发和不断迭代已成为主流，因此，低代码开发平台即将成为主流的软件开发方法。与此同时，来自更专业领域的供应商所具备的能力日趋成熟，从而导致 DPA 和低代码开发平台的融合。(参考资料:《Forrester Wave：面向专业开发人员的低代码开发平台》。)

未来，低代码开发平台将趋于标准化，因此，企业应该寻找能提供以下功能的低代码开发平台厂商。

企业数字化转型最小可行之道
始于流程自动化，终于软件设计自动化

- 优雅的以数据为中心和以流程为中心的开发模式。
- 适合各种开发者的工具。
- 满足特定的基础设施、架构和开发流程的需求。

图 7-15 是 Forrester 针对 14 家低代码开发平台厂商进行的产品评估，其中除 Salesforce 外，还包括 Garter 评估的 4 家：Mendix、OutSystems、Microsoft 和 ServiceNow。

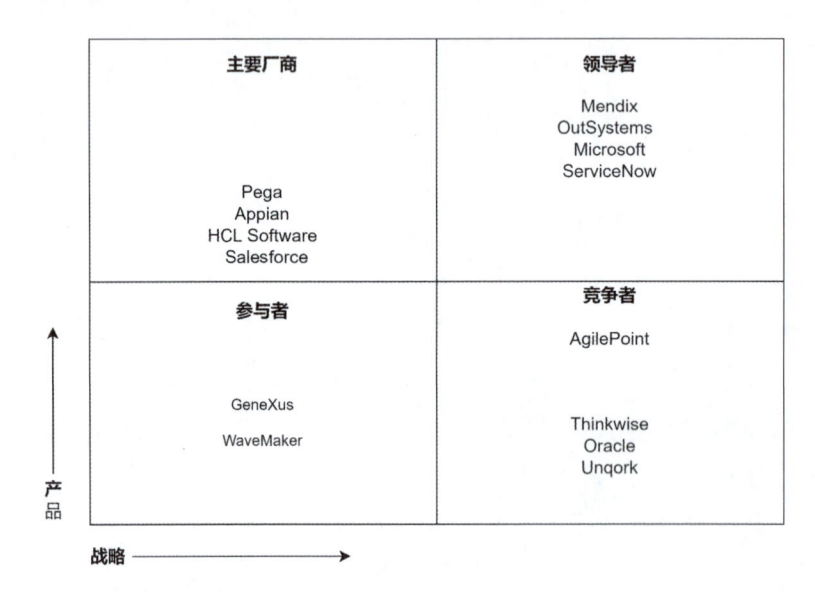

```
主要厂商                         领导者
                                Mendix
                                OutSystems
                                Microsoft
                                ServiceNow
       Pega
       Appian
       HCL Software
       Salesforce

参与者                           竞争者
                                AgilePoint


       GeneXus                  Thinkwise
       WaveMaker                Oracle
                                Unqork
产
品
   战略 →
```

图 7-15　Forrester 的低代码平台厂商评估

7.2.2　低代码开发平台案例

国内某互联网集团公司在 2018 年就引进以低代码开发为核心的一体化高生产力平台赋能业务，并且在不同的业务领域中进行了探索和突破。

当时，该集团的某个业务领域使用的是某国际商业套装软件，但随着业务的高速发展，个性化、新增的业务内容不断增多和涌现，用此商业套装软件开发的标准化应用逐渐不能满足业务的需求。尤其是当标准化应用二次开发的限制成为业务发展的掣肘时，该集团的 IT 部门开始考虑自建系统以应对业务的变化。他们希望新建的系统能拥有数据治理的能力，将数据打通并做到业务数据化。当时中台架构刚开始风行，该集团的 IT 部门希望通过构建中台减轻前台的压力，并且联通后台的数据和服务，让前台更灵活地应对业务的变化。在部署方面，IT 部门的愿望是：

- 第一，希望通过容器化部署优化资源使用，提升运维效率，加速微服务落地。
- 第二，希望能实现系统云化，做到更经济、更专业、更高效、更可靠和更简单易用。
- 第三，希望新的系统最好能对接国产化的基础资源和服务，做到真正的自主可控，以及增强安全性。

基于以上痛点，该集团的业务部门考虑引进一套低代码开发平台帮助其完成数字化转型。他们选择飞速低代码开发平台，主要考虑了以下几方面因素。

- 第一，低代码开发平台的可视化开发模式能让企业快速实现应用的开发及上线，大大提升了 IT 部门的工作效率，让其更好地适应业务的变化和实现各方的连接。
- 第二，低代码开发平台前沿的技术栈和技术架构可以提升新应用的安全性、可用性、可拓展性。
- 第三，低代码开发平台底层架构的国产化及代码的开放性、私有化部署，提高了应用的安全性及应用所有者对应用的掌控性，让其可根据业务需求随时对应用进行维护和调整。
- 第四，通过低代码开发平台开发的应用不与平台绑定，可独立部署，同时提供了与原有平台和应用对接的能力，可更好地继承原有的数字化资产。同时，在应用开发过程中新积累的数字化能力也能很好地沉淀和复用，从而提升了企业的整体数字化水平和能力。

飞速低代码开发平台可支持私有化部署、混合部署、云部署等。其中的可视化开发模式对开发人员的技术要求低，初、中级开发人员经过 1~3 周的培训即可上手。同时，平台中集成了大量的组件，开箱即用，可满足各种复杂的业务场景的开发需求。

飞速低代码开发平台是一套具备全技术栈，能够自组织、自我进化与演进的系统，其通过链路层、结构层、框架层将所有功能有序连接，构成体系。此平台属于复合模型驱动，可基于 UI 模型、业务逻辑模型（前端）、安全模型、接口模型、业务逻辑模型（后端）、连接器模型、扩展模型、插件模型、业务对象模型、数据算法模型等建模工具或编辑器创建跨行业全场景应用，并且模型代码彻底开放，从而让开发者具有掌控感和安全感。各模型能被导入/导出，以及被分享到组件市场中，从而形成"轻平台、重组件"的多边共建网络协同效应。与此同时，飞速低代码开发平台面向的大型客户或独立软件供应商（ISV）具有行业模型搭建能力，可持续完善生态，使得系统可自我进化。图 7-16 为飞速低代码开发平台分层架构图。

此平台具有以下功能：

- 支持微服务、容器化，可实现应用开发的低耦合+高内聚。
- 支持前后端分离，支持 Angular JS、Vue.js、微信小程序等主流框架，以及后端 Spring Cloud 等。
- 支持私有化部署，更加适应我国的国情。
- 支持全栈视觉开发。
- 前端页面组件、中台模块、大数据组件封装模块丰富，降低了开发门槛。
- 可与 TKE（Tencent Kubernetes Engine）云容器服务、TSF（Tencent Service Framework）微服务平台、腾讯公蜂（TGit）企业代码管理协作解决方案、腾讯微瓴平台（物联网操作系统）、TBDS 大数据平台、腾讯 coding-DevOps 一站式软件研发管理平台等集成和融合。

第 7 章 企业软件设计自动化

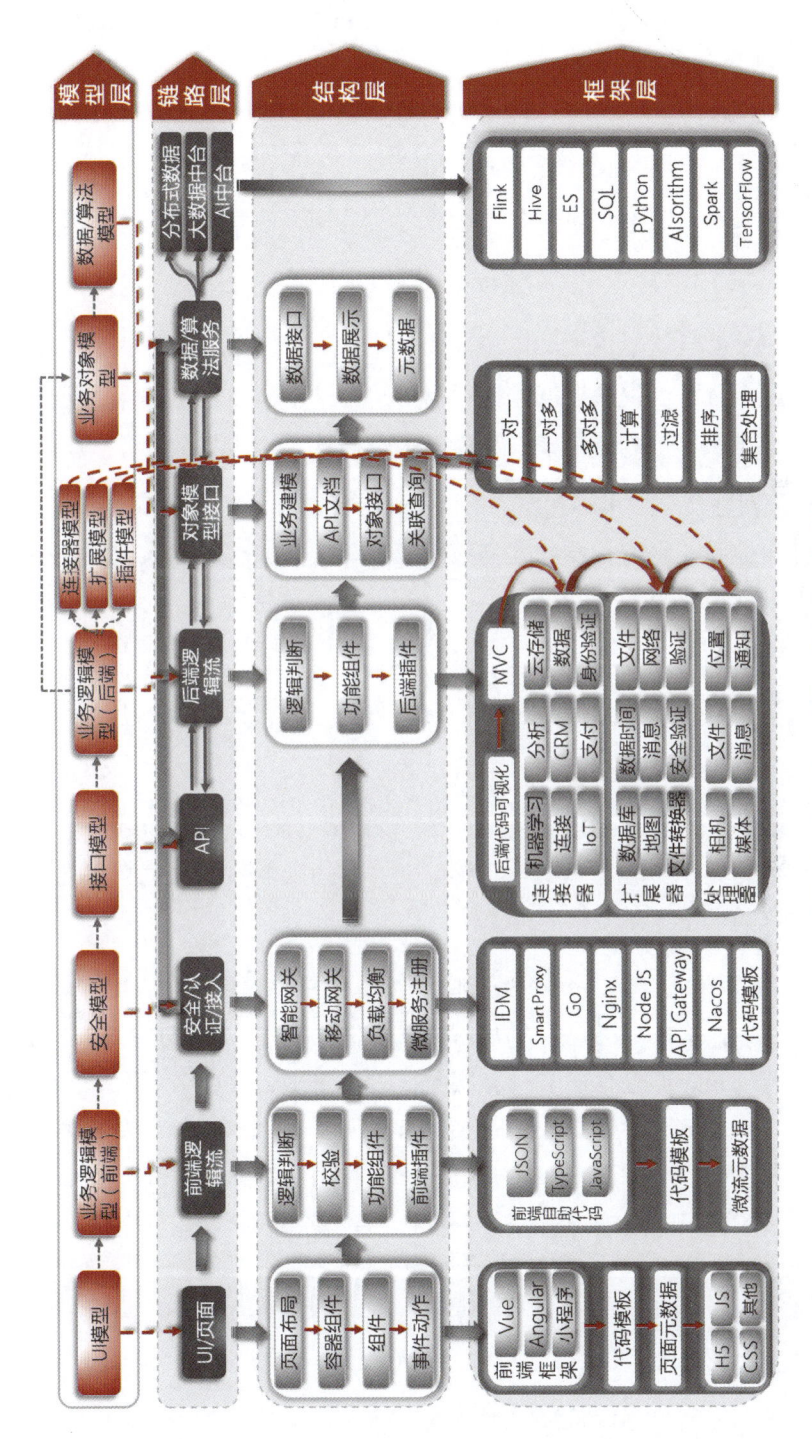

图 7-16 飞速低代码开发平台分层架构构图

图 7-17 为飞速低代码开发平台的功能架构图,其中包括微服务框架、插件、低代码开发平台、技术中台、PaaS(平台即服务)平台、运维平台和日志平台,以及其下一层的功能分解。

飞速低代码开发平台与同类产品相比,具有以下 5 大优势。

(1)支持复杂的全场景。平台面向开发者,提供复合模型驱动的可视化开发功能,覆盖业务全场景应用。

(2)赋能研发全生命周期。平台提供整个开发全过程中各环节用到的工具,包括建模开发、测试部署、发布流水线、运维监测等。

(3)云原生及全技术栈覆盖。平台拥有松耦合和高内聚的微服务架构:低代码开发平台+服务中台+运维监控+数据治理+大数据平台+ DevOps+PaaS 平台+容器和测试平台+专属服务。

(4)开放性强及甲方全权掌控。在应用开发过程中源代码全部可见、可改,知识产权归属甲方;开发的应用不依赖于平台运行,代码质量更高,可读性更强。

(5)融合性强及可持续发展。平台可以接入并融合甲方原来的开发规范、风格和标准,继承甲方原有的数字化能力,并为软件资产的复制和沉淀提供可持续发展的平台支撑。

引入该平台后,该集团的业务部门开始着手进行成熟标准应用的重构,将大部分功能依据新的业务特点和需求,在低代码平台中以拖拉拽的方式进行重构。重构的系统中包括十多个微服务、近千张表、数百个页面。该集团投入了 6 个开发人员,只用了 15 天就完成系统的第一个版本的开发并上线,通过微服务架构、大数据、云原生、容器、私有化部署等新技术,解决了复杂的业务场景和逻辑的数字化需求。该系统上线至今已有 3 年,历经数次迭代,仍是该集团部分业务领域的核心数字化平台。

第 7 章　企业软件设计自动化

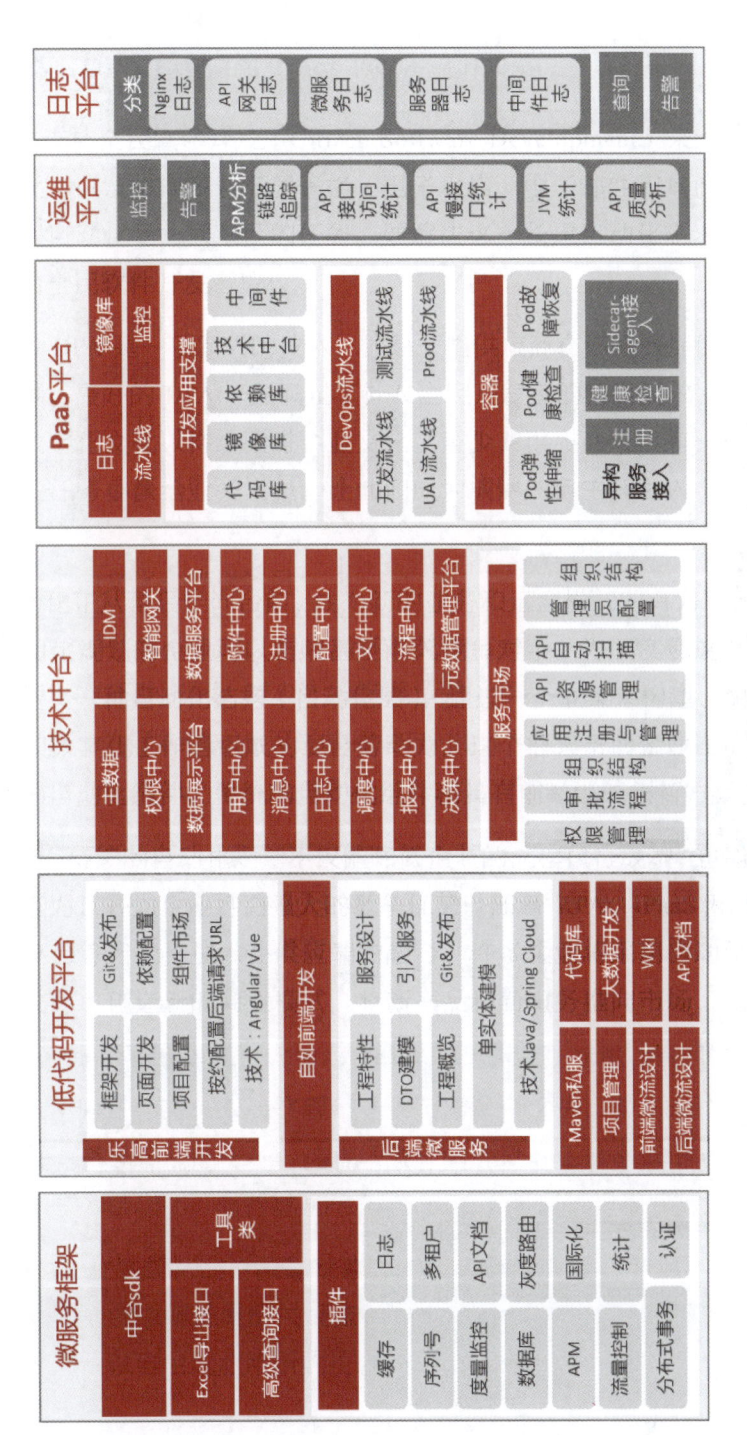

图 7-17　飞速低代码开发平台的功能架构构图

值得一提的是，通过飞速低代码开发平台开发的应用，其代码（含使用的组件代码）可见、可改、可编译。因此，该集团的业务部门对使用此平台开发的大部分应用进行了改造。这些应用不仅供集团内部的业务部门使用，也以 SaaS 的模式提供给数百家生态合作伙伴复用，极大地节约了资源，提高了效率。

数据展示和处理一直是该集团业务部门的数字化工作中的重中之重。该业务部门基于低代码开发平台开发了元数据平台和数据展示平台。其中元数据平台（见图 7-18）分为数据字典、元数据预警和血缘分析三部分，解决了元数据处理的问题。随后，业务部门开发了该业务系统唯一的官方 BI 数据展示平台。该系统由 3 人开发 70 天后上线，用分布式部署实现了高性能、高并发、高可用，增加了数据展示的安全性和可控性。

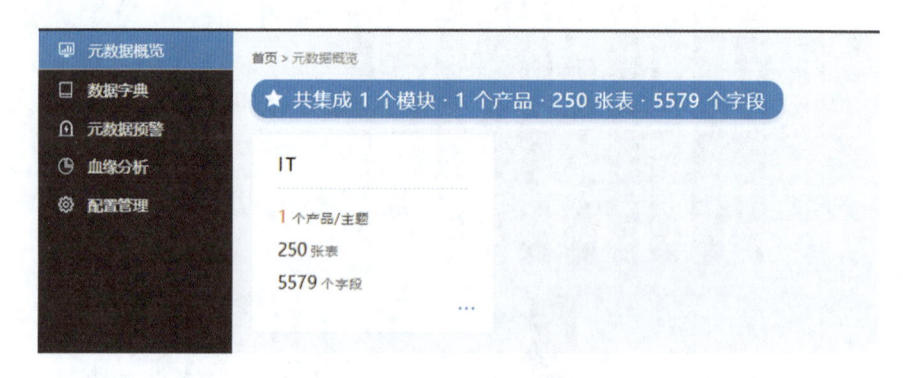

图 7-18　元数据平台的功能结构图

图 7-19 是 HR 数据字典的五层结构，这里先将 HR 分解为 18 个领域，然后再依据产品、应用、表和字段继续向下分解。

图 7-20 为元数据预警服务功能架构，其中说明了如何提供跟踪预警数据的信息化服务：从预警类型插件注册开始到预警信息的发送。

第 7 章 企业软件设计自动化

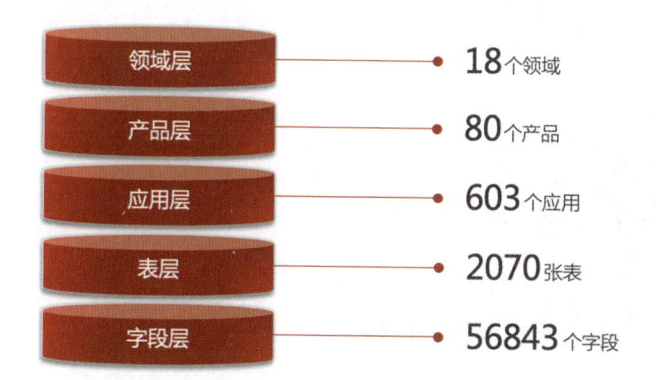

图 7-19 HR 数据字典的五层结构

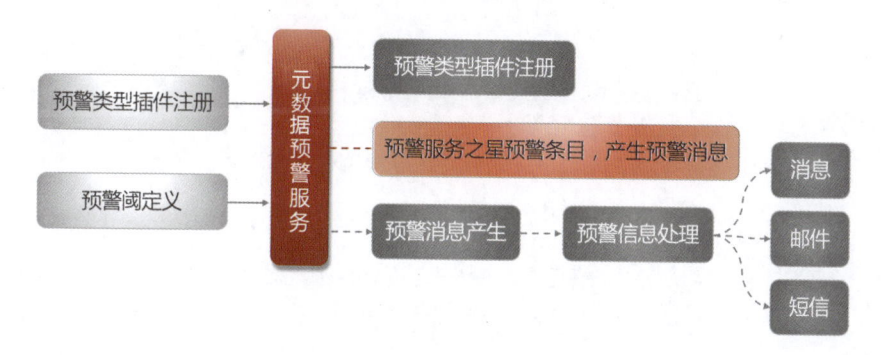

- 领域层 —— 18个领域
- 产品层 —— 80个产品
- 应用层 —— 603个应用
- 表层 —— 2070张表
- 字段层 —— 56843个字段

图 7-20 元数据预警服务功能架构

同时，该业务部门使用低代码开发平台构建了面向 C 端用户，拥有 PC 端/移动端多端展示，包含多种精美的交互性 UI 界面的知识分享平台。为满足业务快速发展的需求，他们开发了近百款创新型轻应用，满足不同应用场景的需求。这些应用以 SaaS 模式供几百家生态企业使用。

值得一提的是，除了具体应用的搭建，该集团充分利用低代码开发平台在数字化资产积累及继承方面的优势，构建了以中台为核心的开发生态，并且将开发的组件、API 进行管理复用，形成了组件市集（见图 7-21）、服务市场等生态内容，加速了数字化资产的积累和复用。

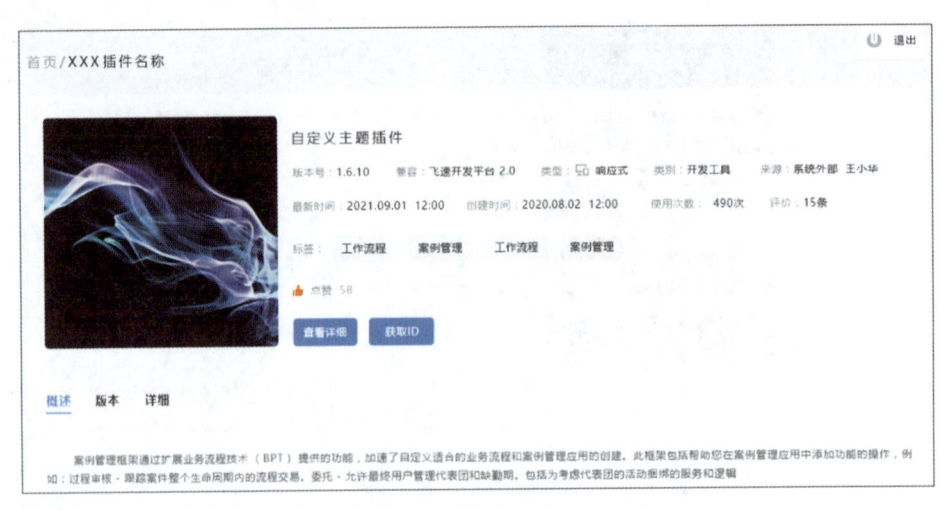

图 7-21　组件市集

引进此项目后产生了极高的价值，主要体现在以下几个方面。

第一，降本增效。低代码开发平台是指那些无须编写代码或通过编写少量代码就可以快速生成应用的工具。其一方面可以降低企业应用开发的人力成本，另一方面可以将原来需要数月甚至数年的开发时间大大缩短，从而帮助企业实现降本增效、灵活迭代应用。

第二，统一技术路线。微服务架构是未来政务数字化的核心技术路线。微服务是一个新兴的软件架构，其将一个大型的单个应用程序和服务拆分为数十个微服务。针对微服务的技术特点，飞速低代码开发平台可以对每一个数据项建立标准接口，对数据接口进行二次封装，以及推送用户数据及消息队列等服务。同时，建立微服务总线标准接口，可以按接口的颗粒度对数据资源进行管理，形成服务目录、数据目录和安全目录。通过对服务目录、数据目录和安全目录的协同使用，有效避免了因服务交换过程不可监督、不可视、不可追溯、不可控导致的数据滥用、冒用和复用。

第三，代码及质量管控。飞速低代码开发平台把代码质量管控通常需要经历的 4 个阶段称之为"代码四化"：规范化、自动化、流程化和中心化。

- 规范化就是建立代码规范与代码评审制度。
- 自动化就是使用工具自动检查代码质量。
- 流程化就是将代码质量检查与代码流动过程绑定。
- 中心化就是以团队整体为视角，集中管理代码规范，并实现代码质量状况透明化。

代码的"四化"也是分阶段进行的。

- 阶段一是规范化。保障代码质量的基础是建立代码规范，通常包括风格规范，主要指缩进、换行、大小写等要求；实践规范，主要指规避一些常见的隐患，或者列出针对特定问题的最佳实践；业务规范，主要指与业务有关的特殊要求，比如文案中的关键词。
- 阶段二是自动化。自动化是指在代码规范的基础上，使用自动化工具进行质量检查，通常包括代码规范检查；重复率检查，重复出现的代码区块占比通常要求在5%以下；从总行数、模块大小、循环复杂度等方面进行的复杂度检查；根据经过检查的代码行数占代码库总行数的比例来进行的覆盖度检查。
- 阶段三是流程化。流程化是指将自动化代码质量检查及代码评审与代码流动的过程绑定，从而保证所有上线的代码都经过了机器与人工多个环节的检查。执行自动化代码质量检查有4个时机：编辑时，即使用编辑器插件时，实时运行质量检查；构建时，即在本地服务器或者服务器构建脚本中运行质量检查；提交时，即在利用Git提交代码时，运行质量检查；发布时，即在发布的脚本中再做一次质量检查，这个检查通常与自动化测试放在一起。
- 阶段四是中心化。部分项目由于要求不高，没有接入质量检查，或者因为存在大量未修复的缺陷而无法从整体层面上体现各个项目的质量状况对比。为了应对以上问题，需要建设中心化的代码质量管控体系，其中的重点包括：统一管理代码规范；使用Git开源代码管理软件自动化代码质量检查的规则集；使用一个开发团队、一类共享项目、一套通用规则；使用统一的持续集成服务；质量检查不通过的项目不能上线；建立代码质量评分制度；让项目与项目能够横向对比，项目自身能够纵向对比，并且进行汇总反馈。

第四，部署流水线。其中涉及以下几个方面。

- 工程特性：通过勾选平台中的一些基本配置和依赖，生成一个完整的 Java 后端服务项目框架。
- 配置信息：在工程的 Properties 配置文件中添加一些基本的配置信息；在"工程依赖"中勾选不同的依赖包，也会默认添加配置信息。
- Git 代码库和发布：工程特性、数据建模、DTO 建模和 API 导入完成后，生成工程完整代码，并推送到项目对应的 Git 仓库中；开发人员还能从 Git 仓库中获取代码到本地服务器中，经手动修改后合并到 Git 仓库中；代码也能被一键发布到开发、测试环境中。

第五，项目成本可量化。通过飞速低代码开发平台，能细致地看到对象、表结构、接口、页面、组件、服务、自动代码、手工代码、业务逻辑、控制校验、安全认证、流程等；80%的代码可以自动生成。在项目维护期，可安排维护团队按需修改和调整，节省运维费用。飞速低代码开发平台除提升了项目开发效率外，更重要的是还提高了企业对项目的把控力，以及项目的透明度、可视化程度、质量、可维护性、可驾驭性、独立性。

第六，建立 6 个统一资源库。即建立微服务资源库、组件资源库、应用资源库、代码资源库、项目资源库和文档资源库这 6 大统一的资源库。

第七，统一 TOGAF 企业架构领域。其中包括统一业务架构、应用架构、数据架构和技术架构。

第8章

企业数字化转型案例

企业数字化转型最小可行之道
始于流程自动化，终于软件设计自动化

本章介绍的数字化转型案例来自华为和星展银行，以及作者在一些上市公司、制造业和政府中进行咨询与培训时的经验总结。

- 华为的案例聚焦于 IT 部门的数字化转型。
- 星展银行的案例则偏重于战略规划、数字化转型原则、设计思维和客户旅程。
- 作者的经验总结包括企业如何建设数字化转型的能力。
- 作者将本书的大部分内容转换为 9 门课程，并让学员在日常工作中实践这些数字化转型能力。

华为数字化转型案例介绍了华为的数据建模，以及基于开放群组（The Open Group）发布的 IT4IT（IT 部门的数字化转型参考架构）国际标准的导入和对标经验。本案例参考了《华为数据之道》一书和得到 App 中的《华为数字化转型》电子书，以及来自"数据力学"微信公众号的文章。

在本书前面提到了从 IT 部门开始建立问责框架和组织变革是一个好的起点。从 IT 部门开始数字化转型也是一个好的起点。IT4IT 中包含了数字化 IT 的价值流、数据模型、服务/产品模型和应用功能模型。IT4IT 还强调了 IT 部门应该从以项目为导向进化为以产品为导向，每个项目都应该是数字化产品（参考资料：The Open Group 的 IT4IT 论坛）。

星展银行案例的内容源于 *World Best Bank*，作者为 Robin Speculand。书中说明了星展银行的 3 个长期战略规划：亚洲浪潮（2010—2014 年）、数字化浪潮（2015—2018 年）及可持续性浪潮（2019 年以后）。星展银行通过数字化浪潮（数字化转型）成为世界最佳银行之一，目前，其正在继续优化以保持可持续的数字化转型。该书中的一个重点概念是设计思维和客户旅程地图（附录 C 中说明了客户旅程的概念）。

在 5.1 节的星展银行数字化转型路线图中介绍了星展银行从 2009 年到 2019 年完成了 5 个数字化构建块，这些构建块的发展时间和顺序请参考图 5-1。星展银行的这些数字化构建块的主要内容和发展历程如下。

- 运营平台：重新设计核心业务流程，以及标准化及合理化核心系统。主要开发时间为 2009—2011 年，2012—2014 年继续优化。
- 共享的客户洞察：专注于客户旅程；设定客户旅程实验室；实验室负责教授员工测试和学习客户旅程地图概念。开发时间为 2009—2011 年，而主要投入建设时间是 2012—2014 年。
- 数字化平台：星展银行在印度发布"数字化银行"并复制到其印度尼西亚的公司；进行广泛的 API 使能组件开发。开发时间从 2015 年开始，并延续到 2019 年及以后。
- 问责框架：进行"业务与 IT 二合一"管理设计，并且 IT 部门从面向项目转变为面向数字化产品。其开发时间和数字化平台的开发时间是一样的，二者是相辅相成的。
- 外部开发者平台：推出全球最大的第三方可访问的 API 和使能外部开发者的平台。开发时间从 2017 年开始，并延续到 2019 年及以后。这是星展银行最晚开发的一个构建块，因为它必须建立在数字化平台和问责框架的基础上。

8.1 华为的数据建模与数字化 IT

以下案例简单描述了华为的数据建模方法和引入数字化 IT 的经验。其中特别值得学习的是华为将流程架构与数据架构密切关联。华为的数据主题域组等同于流程架构中的一级流程领域。为了不涉及商业机密，本书采用公开的流程分类框架 PCF 作为范例进行说明。

PCF 的 13 个一级流程领域请参考图 4-8 和图 4-9。华为使用的流程分类框架是自己开发的业务流程架构（BPA，Business Process Architecture），类似于 IBM 的企业流程框架（EPF，Enterprise Process Framework），它们都是基于端到端业务流的。而 PCF 缺乏端到端的理念，是基于业务职能的。

华为在数字化 IT 方面引进了 IT4IT 国际标准。IT4IT 是由壳牌石油、惠普、荷兰合作银行、慕尼黑再保险、埃森哲、普华永道共同主导发展的。

8.1.1 数据建模

制造业企业可选择 APQC 的消费电子流程分类框架中的一级流程作为数据主题域，启动数据建模工作。数据建模的起点是对各数据主题域的业务项（Business Item）和业务对象（Business Object）进行调研和分析。这相当于建立概念数据模型。在数据建模时只需列出对象名称、定义、目的、业务对象的拥有者和问责人等，而不需要进行详细的业务对象属性和业务对象关系的定义与分析。在大型企业中，定义业务对象的拥有者和问责人是非常有挑战性的工作，因为其中可能牵涉权责的分配。

业务项对应于流程中使用的物理事物和表单，如纸本采购单、纸本采购合同等。流程分析人员可辅助相关人员发现业务项。数据架构师参考业务项，定义业务对象，并进行初步的概念数据模型设计。例如，在 PCF 的流程"3.0 营销和销售产品与服务"中的纸本采购单和纸本采购合同，被抽象为采购单业务对象和采购合同业务对象。针对 PCF 的 13 个一级流程领域进行各领域的业务项和业务对象建模，可以形成企业的完整概念数据模型。

下一步的工作是将 13 个一级流程领域作为数据主题域组进行逻辑数据建模；将粗颗粒度的业务对象分解成细颗粒度的数据对象，进行第三范式分析；定义数据对象的属性，建立数据对象之间的关系，并对数据对象之间的关系进行有意义的命名。之后建立初步的业务规则，作为后续应用设计及编程的准则。

最后的工作是进行物理数据建模，此时需要考虑的是在应用开发阶段使用的数据库管理系统，如 Oracle、SQL Server 或开源的 PostgreSQL 等；建立主键、外键和索引，并消除逻辑数据实体中可能存在的多对多关系。使用数据建模工具可以根据物理数据模型完成数据架构的实施工作：建立数据库。

利用流程领域，也可以对应用系统进行分类，然后将在同一个领域中的流程、数据和应用关联起来，建立完整的企业架构关系。此概念被华为称为 3A 集成：业务架构、数据架构和应用架构的集成。图 8-1 是业务架构、数据架构和应用架构的集成关系示意图，实际的图形会更加复杂，因为流程、数据和应用都有不同的层级。

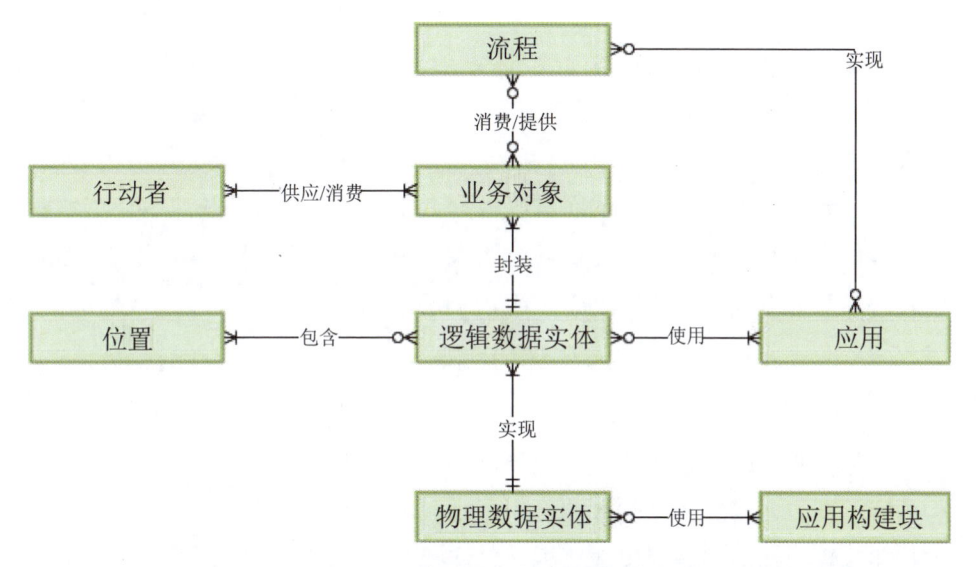

图 8-1　业务架构、数据架构和应用架构的集成关系示意图

3A 集成是非常重要的，因为在很多企业内，业务架构、数据架构和应用架构经常是独立发展的。这造成了在流程中找不到数据的源头、与其他数据的关系（业务规则），以及数据属性的精确定义。没有集成机制会造成数据实体与应用之间的 CRUD（创建、读取、更新和删除）关系不清楚，甚至在不同应用中存在重复的数据，这就是典型的数据架构孤岛。使用支持 3A 集成的工具和集中共享的架构存储库才可以消除架构孤岛。

以下具体说明了流程、数据、应用的层次（L：Level）和使用关系。

- 流程的层次（L1～L5）：流程领域、流程群组、流程、子流程、任务。
- 数据的层次（L1～L5）：主题域组、主题域、业务对象（概念数据实体）、逻辑数据实体、属性或物理数据实体。

- 应用的层次（L1 ~ L4）：应用领域、应用群组、应用系统、应用构建块/应用服务。

L3 流程的输入和输出使用 L3 的业务对象。

L3 的应用系统使用 L4 的逻辑数据实体，L4 的应用构建块/应用服务使用 L5 的物理数据实体。

在得到 App 的电子书《华为数字化转型》中介绍了华为有 1000 多个业务对象，20 多个一级流程，700 多个子流程和 7000 多个活动（BPMN 的任务，Task）。这些流程与活动支持了华为的 200 多个作业、办公、交易等业务场景。流程与活动是业务皮肤下面的血肉，数据在流程血管中流动。只有让运营模式实现数字化和智能化，才能实现让客户像在网店购物一样下单采购华为的所有产品，不论是电信交换设备、基站，还是手机。

在实施数据架构的时候，需要有对应的职权部门进行数据架构、数据管理和数据治理等工作。例如，华为在 IT 部门下设有独立的数据管理部门进行以上的工作，并与企业架构部、流程管理部和应用架构部进行工作的协调、架构内容的同步，以及依赖关系的检查，确保数据架构、业务（流程和组织）架构和应用架构能够彼此集成、相容且没有冲突，而不是独立的数据架构孤岛。

8.1.2 IT 部门的参考架构

企业在针对 PCF 的"8.0 管理信息技术"进行建模时，可引进另外一个国际标准——The Open Group 的 IT4IT：IT 部门的参考架构。它包含了 IT 部门的数字化服务/产品模型、价值链、应用功能模型和数据模型。以下描述了基于 IT4IT 的 IT 部门的价值链、价值流和支持活动的示意图如图 8-2 所示。

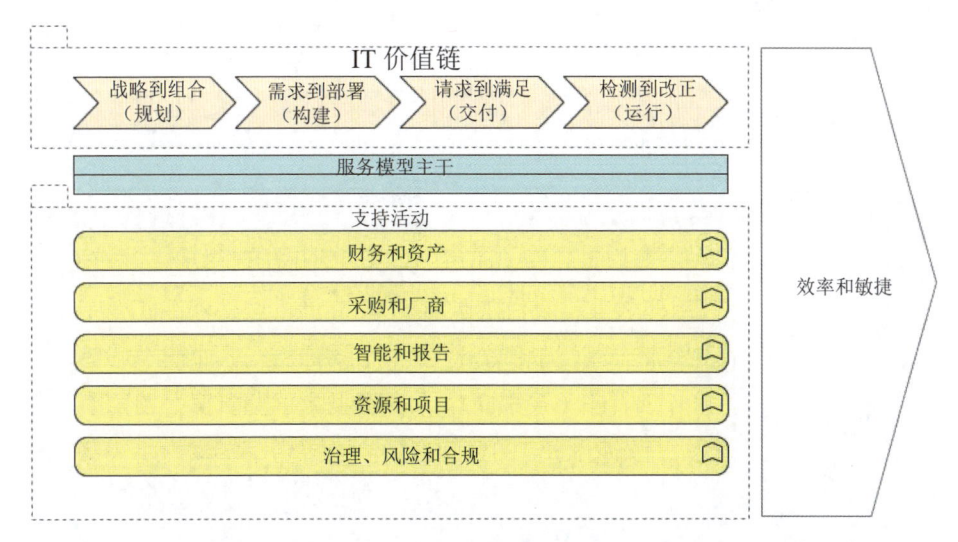

图 8-2 基于 IT4 工厂的 IT 部门的价值链、价值流和支持活动的示意图

IT 价值链是一种 IT 主要活动和支持活动集合的分类体系。这些活动对创建产品或服务包的价值的整个生命周期都有贡献，产品或服务包通过 IT 功能提供。价值流描述了 IT 价值链中个别领域的关键活动，当服务在其生命周期中演进时，一些价值被创建或增加到底层的服务模型中。

IT 价值链的主要价值流是战略到组合、需求到部署，以及请求到满足和检测到改正。主要价值流是企业 IT 功能的核心，在帮助企业全面运行整个服务方面起着至关重要的作用。这些价值流通常运行在整个 IT 领域中。

IT 价值链的支持活动是财务和资产、采购和厂商、智能和报告、资源和项目，以及治理、风险和合规。支持活动有助于确保 IT 价值链和主要价值流的效率和有效性。这些都可能是企业的管理功能，它们可被业务线和/或 IT 部门管理。

图 8-3 是 PCF 的 "8.0 管理信息技术" 的 IT 部门数据模型（资料来源：*IT4IT™ Reference Architecture, Version 3.0: Managing Digital Excerpt*，作者为 The Open Group，2021 年 1 月出版）。

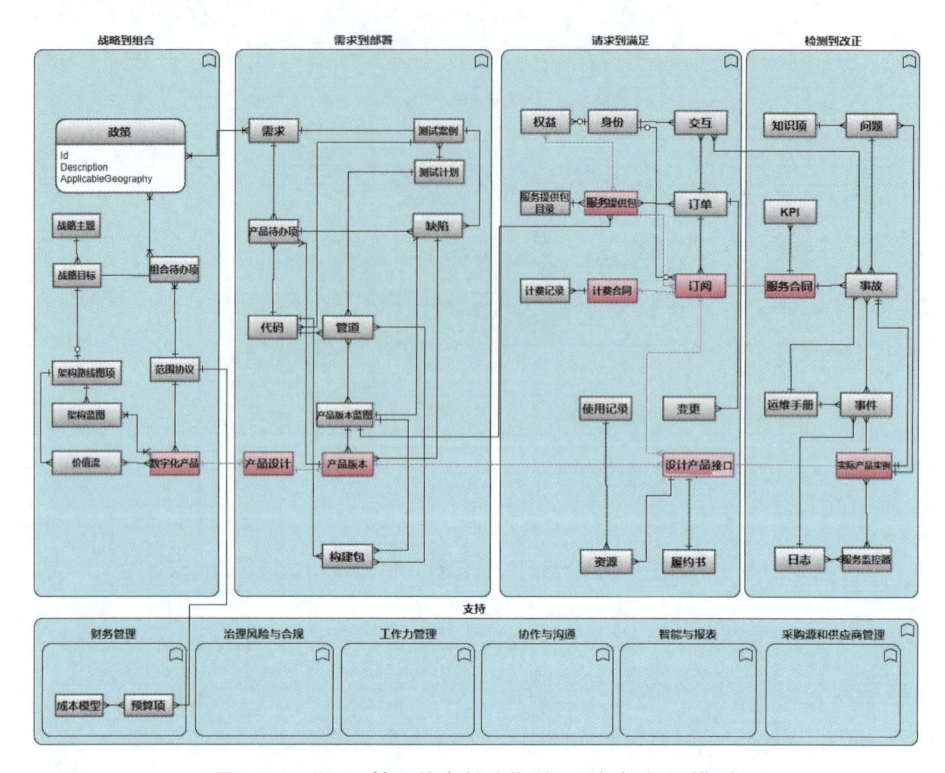

企业数字化转型最小可行之道
始于流程自动化，终于软件设计自动化

图 8-3 "8.0 管理信息技术"的 IT 部门数据模型

IT4IT 参考架构是 The Open Group 的一项标准，是调整和管理数字化企业 IT 技术的强大工具，可以帮助企业更好、更快、更低成本、更安全地在业务方面获得成果。IT4IT 参考架构的灵活性和基于价值流的方法都可以支持企业的数字化 IT。

IT4IT 参考架构是一个综合框架，对于解决企业在 IT 方面面临的许多挑战都非常有用（无论是迁移到云、敏捷部署或开发运营一体化、数字化转型，还是迁移到以产品为中心的运营模式）。IT4IT 参考架构专注于管理数字化产品/服务包所需的信息和管理系统之间的数据流，它与流程无关，对各种规模和不同行业的企业来说都很有用。IT4IT 参考架构为企业创建数字化交付模型提供了一个"标准的、可重复的模型"。它旨在帮助企业适应技术、流程和方法的转变，而无须重构管理架构以适应每一次转变。

如今，许多企业的 IT 运营模式也正在转变为数字化运营模式，该模式被用于管理数字化产品，并实现敏捷开发、持续交付（CD）和开发运营一体化。与此同时，数字化生态系统正在发生变化，企业需要在其业务模型中有效地代理和集成来自越来越多的云服务商和其他业务合作伙伴提供的数字化服务。

以下是 IT4IT 参考架构 3.0 版（最新版本）的主题：

- 转向数字化产品（作为服务交付）以将 IT 和业务结合在一起。
- 采用开发运营一体化实践以实现可扩展、集成和自动化的价值流。
- 将 IT 价值链的概念扩展到数字化价值网络（通过探索、迭代开发和持续改进，与数字化生态系统中的多方协作创造价值）。
- 平衡数字化产品和服务交付的速度和风险（确保安全、风险少和合规地嵌入数字化产品和服务交付模型中）。
- 代理多供应商云生态系统中的服务。

管理数字化产品和服务正在成为企业在数字时代取得成功的关键业务能力。IT4IT 参考架构 3.0 版旨在帮助企业管理新的数字化生态系统，并指导企业将 IT 运营模式转变为数字化运营模式，与新数字化生态系统中的所有利益相关者，包括业务人员、消费者，以及外部供应商和服务提供商，共同创建数字化产品。

在图 8-3 中，蓝色圆角矩形代表应用功能，灰色矩形代表数据实体，紫色矩形代表关键数据实体。每个数据实体下都定义了数据属性，例如"政策"数据实体的数据属性是：id（识别码）、Description（描述）和 ApplicableGeography（政策适用的地理区域）。在进行物理数据建模时，这些数据属性会成为数据库表的主键和字段。在 IT4IT 参考架构 3.0 版本中，未列出以下数据实体的所有数据属性，而仅仅列出了具有代表性的最小数据属性集合。企业或厂商需要根据自己的需求，增加数据属性。

- IT 战略到服务组合（S2P，Strategy to Portfolio）（战略到组合）价值流包含了以下数据实体：政策、战略主题、战略目标、组合待办项、范围协议、架构路线图项、架构蓝图、价值流和数字化产品。

- 系统需求到部署（R2D，Requirement to Deploy）（需求到部署）价值流包含了以下数据实体：需求、产品待办项、代码、管道、缺陷、测试案例、测试计划、构建包、产品设计、产品版本蓝图和产品版本。
- 服务请求到满足（R2F，Request to Fulfil）（请求到满足）价值流包含了以下数据实体：权益、身份、交互、服务提供包（Offer）目录、服务提供包、订单、订阅、计费记录、计费合同、使用记录、变更、设计产品接口、资源和履约书。
- 问题检测到改正（D2C，Detect to Correct）（检测到改正）价值流包含了以下数据实体：知识项、问题、事故、事件、服务合同、KPI、运维手册、日志、服务监控器和实际产品实例。

此数据模型包含 38 个与产品无头的数据实体和 6 个与产品相关的数据实体。其中大致包含了所有 IT 部门在运营中会产生的重要数据，可以将其作为与企业 IT 部门的数据模型对标的基础，以检验数据源是否唯一，数据内容是否有遗漏。

以下是 IT4IT 参考架构的数据模型中的一个范例，每个数据实体都有描述、属性定义和关系说明。例如"架构路线图项"是"企业架构"应用功能组件创建的一个数据实体，它包括在目标架构景观中对代表计划和部署的 IT 服务的引用。

"架构路线图项"数据实体应具有以下关键数据属性。

- id：服务的唯一标识符。
- Component：为创建所需的服务（如应用、技术等）所需的架构组件。
- Diagram：当前的业务、数据、应用架构图。

"架构路线图项"数据实体应保持以下关系：从"架构路线图项"到"架构蓝图"（一对多），此关系有助于跟踪哪些产品组件和产品架构图被分配给哪个/哪些产品。

IT4IT 参考架构定义了这些数据对象的属性/字段，并且定义了每个数据对象的主键，以及代表数据对象之间关系的外键。不同类型的服务：软件即服务（SaaS）、平台即服务（PaaS）和基础设施即服务（IaaS），在 IT4IT 参考架构中都是数字化产品（或被简称为产品）。

图 8-4 是 IT4IT 参考架构的级别 1 参考模型，图中的蓝色图标代表价值流中 IT 部门应该具备的应用功能组件，每个应用功能组件中都有其创建或管理的数据实体。

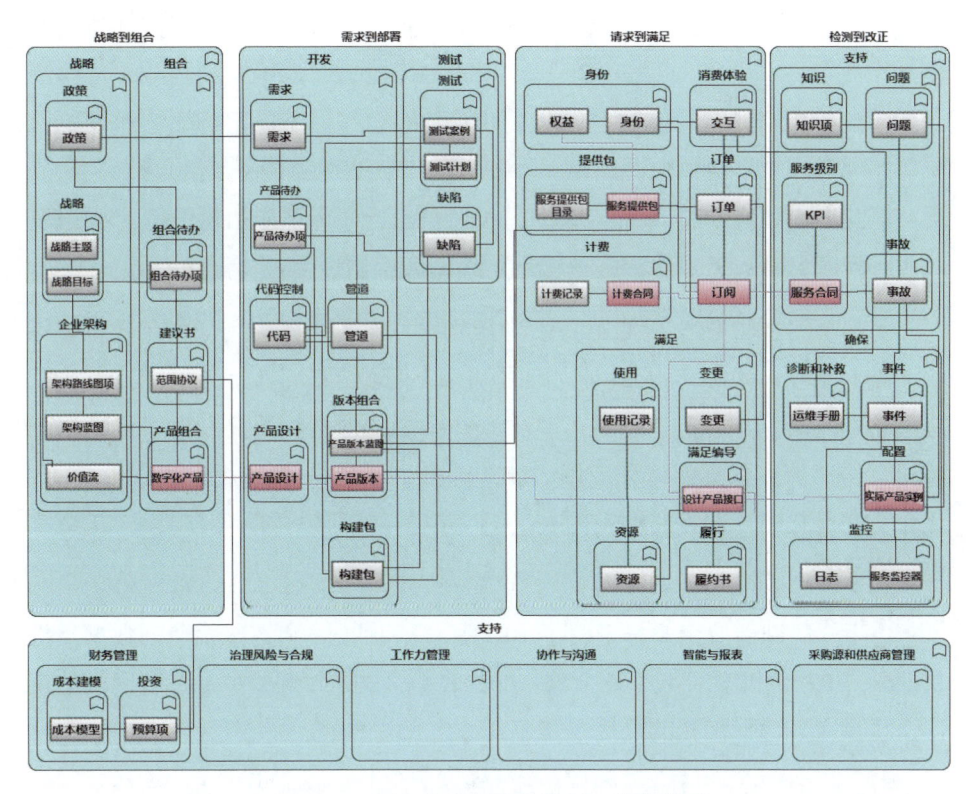

图 8-4　IT4IT 参考架构的级别 1 参考模型

IT4IT 参考架构是基于企业实际的 IT 场景和使用案例的，用于识别和定义必不可少的组件集合中的所有应用功能，它创造或消费数据并能与适当的价值流对齐。

应用功能组件是最小的技术单元，它可以单独存在，而且作为整体对客户来说是有用的。应用功能组件必须有定义的输入数据实体（多个）和输出数据实体（多个），以及必须对关键数据实体有影响（例如状态变更）。应用功能组件通常控制单一的数据实体。

- IT 战略到服务组合（战略到组合）价值流包含了以下应用功能组件：企业架构、政策、战略、组合待办、建议书和产品组合。
- 系统需求到部署（需求到部署）价值流包含了以下应用功能组件：需求、产品待办、代码控制、管道、缺陷、测试、构建包、产品设计和版本组合。
- 服务请求到满足（请求到满足）价值流包含了以下应用功能组件：身份、消费体验、提供包、订单、计费、使用、变更、资源和满足编导。
- 问题检测到改正（检测到改正）价值流包含了以下应用功能组件：知识、问题、事故、事件、服务级别、诊断和补救、监控和配置。

范例中的企业参考了 IT4IT 参考架构，将 IT 部门的应用架构和数据架构与 IT4IT 参考架构对标，以决定如何提升 IT 部门的数字化服务能力，并确认应用功能与数据实体的完整性。其中一个重要的对标结果是发现了"请求到满足"价值流中数据实体和应用功能的缺失，这也是一般企业在进行 IT 数字化与产品化时普遍存在的问题。IT4IT 参考架构可以帮助企业加速 IT 数字化与产品化。

由于一般制造业企业都采用了 ERP 系统，因此，将这些企业的数据架构映射到 ERP 商业软件包（如金蝶、用友等）的数据库纲要中是一项困难的工作，也是完成数据架构的最后一步工作。

数据模型开发工具对开发数据架构/模型是非常重要的，国外的相关著名产品有 ERWin 和 PowerDesigner，国内的则有由原来 ERWin 研发团队员工自行研发的 datablau 和作者自研的 MVEA@1。市场上的企业架构工具一般都支持概念和逻辑数据建模，但是普遍缺乏完整的物理数据建模功能（例如生成 SQL 数据定义语言脚本以构建数据库），或者其反向功能——从数据库纲要中产生物理数据模型。

在选择数据模型开发工具时，要考虑是否需要建立数据实体和流程的关联，以及是否需要建立数据库表与应用的关联。如果答案是都需要，则除需要数据架构工具外，还需要企业架构工具。国外关于企业架构的主流产品有 Software A&G 的 ARIS 和 Orbus Software 的 iServer 等，而作者研发 MVEA@1 的动机也来自这两个产品，例如 iServer 的前端是基于 Visio 的，而 MVEA@1 的前端是类似 Visio 的开源产品。

1. 数字化转型蓝图

以下是华为的数字化转型蓝图介绍和对应举措的说明（参考资料：《华为数据之道》）。

图 8-5 是作者使用 MVEA@1 的三合一元模型（BPMN+ArchiMate+ERD）重新解读的华为数字化转型蓝图，例如，黄色部分为业务架构元素（如"合作伙伴"行动者、"在线体验"业务服务和"面向市场创新的主业务流"价值流）；灰绿色部分为数据实体（如"产品""客户""员工"等数据实体）；蓝色部分为架构元素（如"创新与产品开发平台"应用组件、"研发"应用服务等）。

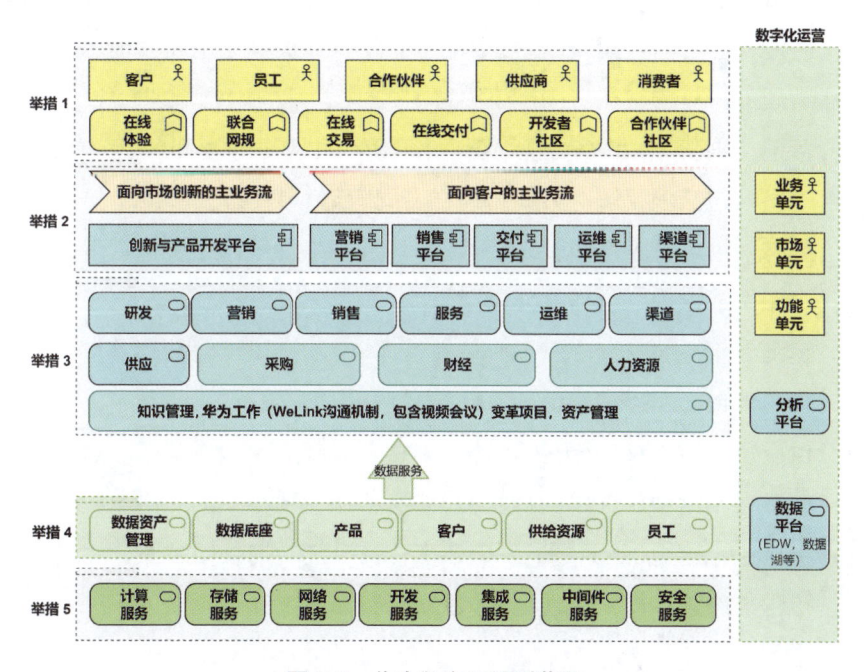

图 8-5 华为数字化转型蓝图

- 举措 1：实现"客户交互方式"的转变，用数字化手段优化客户界面，实现与客户做生意更简单、更高效、更安全，提升客户的满意度，帮助客户解决问题。
- 举措 2：实现"作战模式"的转变，围绕两大主要业务流，以项目为中心，采用精兵团队作战方式，率先实现基于 ROADS 的客户体验，达到领先于行业的运营效率。ROADS 是以下 5 个关于数字化客户体验单词的首个英文字母的缩写：Real-time（实时）、On-demand（随需）、All-online（全在线）、DIY（自助）、Social（社交化）。ROADS 是华为在 2016 年提出的。华为在 2018 年发布了数字化策划者框架以加速数字化转型，并成立了 OpenROADS 社区，成员有华为、麻省理工学院、中国香港电信、英国电信等大型运营商。
- 举措 3：实现"平台能力"提供方式的转变；实现关键业务对象的数字化并不断汇聚数据；实现流程数字化和能力服务化，支撑一线作战人员和客户的全连接。平台能力被进一步分解如下。

  研发：包括创新管理、产品组合管理、洞察管理、研发管理、产品规划管理、产品的发布/上市管理、需求管理、开源生态管理；

  营销：包括营销策略与规划管理、营销活动和事件管理、客户关系管理；

  销售：包括项目解决方案管理、合同管理、商法管理；

  服务：包括项目管理、资源管理、售后网络规范网络设备管理、网络部署和集成管理、合作伙伴管理；

  运维：包括服务请求管理、备件管理、客户投诉管理；

  渠道：包括渠道销售管理、伙伴关系管理；

  供应：包括 S-NPI（新产品导入）管理、制造管理、制订计划管理、仓储及物流管理、订单履行管理、供应运作管理。

- 举措 4：实现"运营模式"的转变；基于统一的数据底座，实现数字化运营与决策；简化管理，加大对一线人员的授权。

- 举措 5：云化、服务化 IT 基础设施和 IT 应用，统一公司 IT 平台，同时构建智能服务。

在得到 App 的《华为数字化转型》电子书中将 ROADS 中的 All on line 概念替换为全量和全要素的连接，并将 ROADS 作为客户体验的 5 个层级。

- 全量就是数量上足够全，要覆盖所有业务对象。
- 全要素是单个业务对象的全部属性，比如对于一部手机，各零器件的设计数据都有了，如果没有手机运行过程中的数据，就不叫全要素。

2. 数字化转型的数据能力建设

在企业数字化转型过程中，如何管好、用好数据，是企业必须具备的一项必不可少的基础能力。如何系统性地构建、提升企业的数据能力，是企业管理层的当务之急。图 8-6 描述了企业如何开展数据能力建设工作，以作为数据驱动的企业数字化转型的起点（资料来源："数据力学"公众号的文章《企业数据能力建设之路：总览》）。

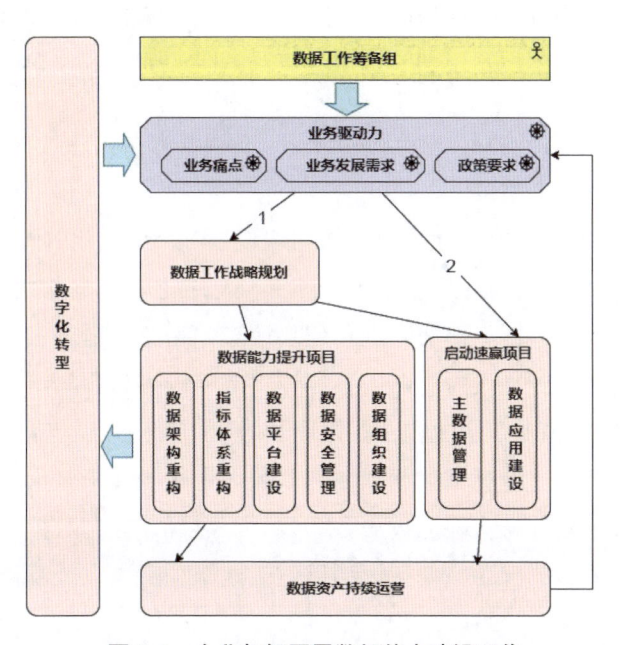

图 8-6 企业如何开展数据能力建设工作

企业数字化转型最小可行之道
始于流程自动化，终于软件设计自动化

企业的数据能力与企业的整体环境息息相关，其以企业数字化转型为背景假设，代表了业务需求的来源。但这并不意味着企业没有进行数字化转型就不需要或者不能开展数据能力建设工作。同时，这更不意味着将数据能力建设排除在数字化转型之外。相反，对开展数字化转型的企业来说，数据能力建设是其中很重要的举措。数据架构重构、指标体系重构等措施与企业数字化转型中的数字化业务、数字化运营等措施更是相辅相成的。

在图 8-6 中有两条数据能力建设路径：数据工作战略规划和启动速赢项目。数据能力建设是一个系统工程，在有条件的前提下，要做到"谋定而后动"。先做好数据工作战略规划当然最好，但也可以快速启动一些速赢的数据能力建设项目，这样一方面可以让管理层、业务部门建立信心，另一方面可以通过实际工作初步累积能力。据观察，除了银行业，一般的企业主要选择的是第二条路径，即启动速赢项目，从数字化运营等应用开始切入，带动企业的数据能力建设。

数据能力的提升并非一蹴而就的。如果数据能力建设项目解决的是从 0 到 1 的问题，那么持续运营解决的就是从 1 到 N 的问题。不仅如此，经过一段时间之后（如 1~3 年），业务环境变了，技术升级了，又将开始新一轮的数据工作战略规划。

以下就这两条数据能力建设路径进行简要说明。

数据工作战略规划：企业的数据能力建设是一个体系化的过程，而且周期长（一个建设周期至少需要 2~3 年）、投入大，没有整体的规划，很难有序开展。一个完整的数据工作战略规划包含愿景、目标、蓝图及其演进路径，以及一系列行动措施、人力与财力预算等。战略规划过程与结果同等重要。战略规划的过程，也是在企业内部各管理层级/各功能部门中广泛宣传与贯彻、讨论的过程。这个过程对于数据领域的规划尤为重要。毕竟大家对于数据价值、工作要求的理解与认识达成一致需要一个过程。通过数据战略规划的输出，将形成一系列的行动，包括短期见效的速赢项目，以及基础能力建设项目。

启动速赢项目——主数据管理：在信息化时代，但凡在信息化建设方面稍有成效的企业，基本上都开展了主数据管理工作。所谓"麻雀虽小，五脏俱全"。主数据管理工作相当于企业的小型数据管理体系，涉及业务、数据、IT三方面的组织职责。因此，对于没有开展主数据管理的企业，这或许是一个比较好的起点。毕竟，产品、客户、供应商等基本信息的准确性对每家企业来说，都是至关重要的。

启动速赢项目——数据应用建设：数字化运营、用户画像、精准营销、风险控制……这些名词对大家来说都已经耳熟能详了，对企业管理层来说也并不陌生。企业只要积累一定数量的数据，就可以选择以上一个或者多个主题开始着手建设数据分析应用，或者在原有数据分析应用的基础上进行升级换代。同样是建设数据分析应用，千万不要再走以前的"老路"，而是在向业务呈现应用价值的同时，带动相应的数据能力建设。相应的数据能力建设内容包括指标体系、数据资产（架构与标准）、主数据，乃至数据质量等。

数据架构的 4 个组件是：

- 数据资产目录：通过分层架构展现对数据的分类和定义，厘清数据资产，建立数据模型的输入。数据资产一般可分为 5 层，可参考图 8-7 所示的华为数据资产的 5 层结构。
- 数据标准：规范业务定义，统一语言和消除歧义，为数据资产梳理提供标准的业务含义和规则。数据标准组件包括业务术语（业务对象在企业内的统一定义）和数据标准（在企业内需要共同遵守的数据含义和业务规则）。
- 数据模型：通过 ERD（实体关系图）建模实现对数据及其关系的描述，以及指导 IT 开发。它是实现应用系统的基础。数据模型示例请参考图 8-8 和图 8-9。
- 数据分布：数据在业务流程和 IT 系统中流动的全景视图，用于识别数据的来龙去脉、定位数据问题。数据分布组件有信息链（表达数据在业务流中的流转）、数据流（表达数据在 IT 系统中的流转）和数据源（定义数据产生的源头）。

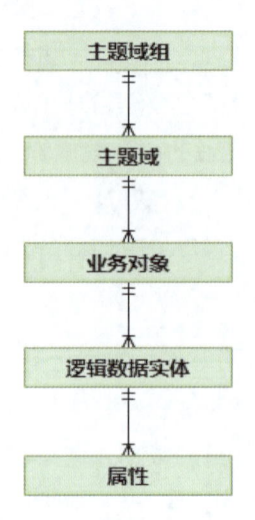

图 8-7 华为数据资产的 5 层结构

图 8-8 中使用了数字编号表示数据资产的层级，分别对应于图 8-8 的 5 个层级。

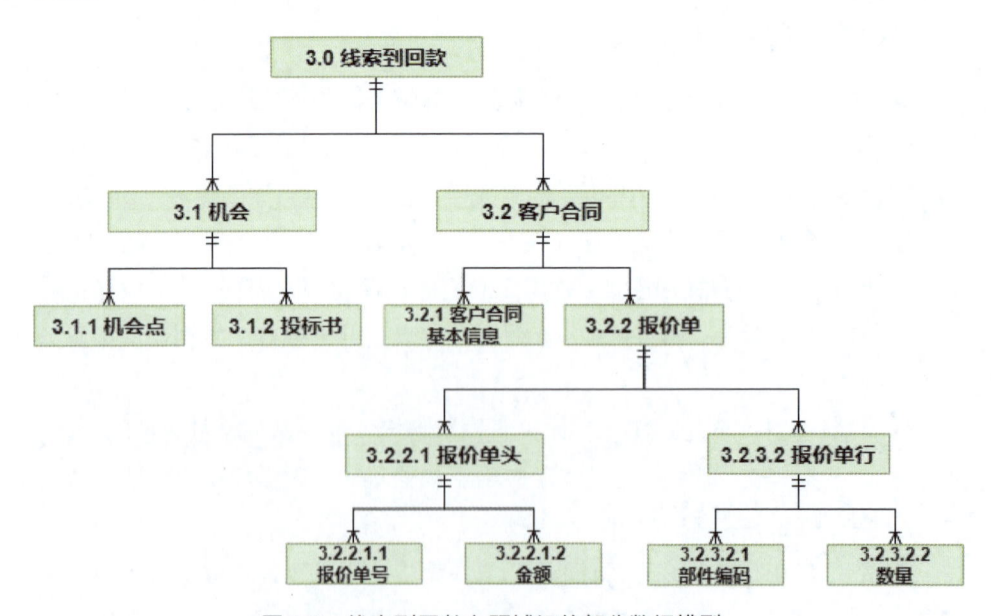

图 8-8 线索到回款主题域组的部分数据模型

图 8-9 是更详细的数据模型,显示了业务对象(客户、合同与产品)和它们的主要属性。

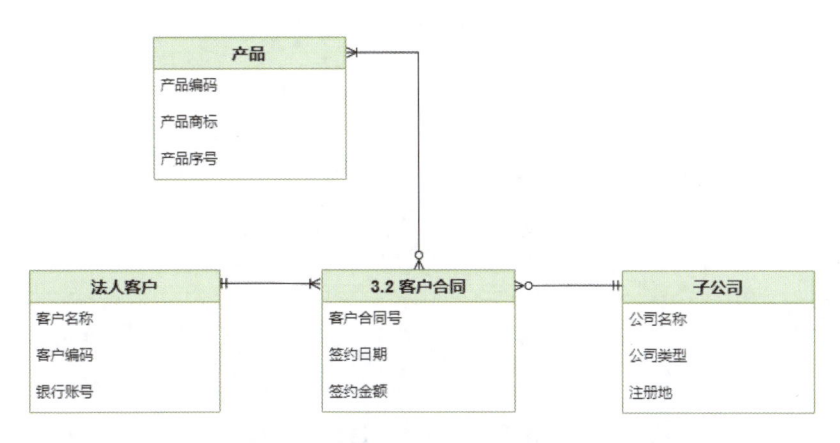

图 8-9　客户、合同与产品数据模型

下面介绍在"数据力学"公众号的文章《华为数据治理体系的前世今生》中提出的华为数据治理体系参考框架和华为的房子图,请参考图 8-10 和图 8-11。

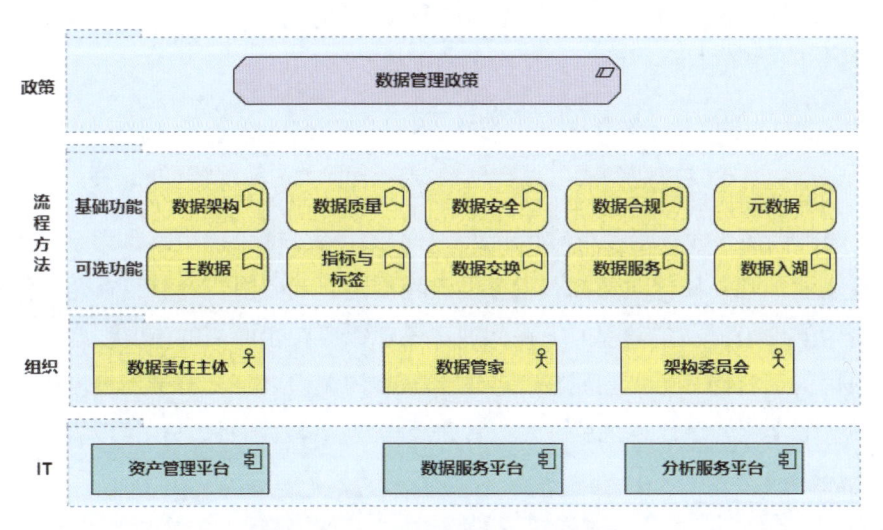

图 8-10　华为数据治理体系参考框架

企业数字化转型最小可行之道
始于流程自动化，终于软件设计自动化

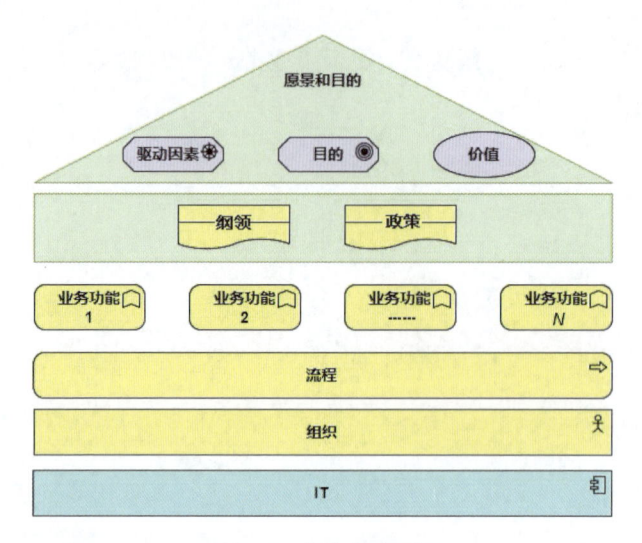

图 8-11 华为的房子图

华为数据治理体系参考框架是基于华为的房子图，其概念来自古希腊的雅典神庙形象，通常用来系统性地呈现一项业务和如何实现业务的模型。

- 屋顶是愿景和目的，用一句话来展现业务追求的目的或者核心的理念。
- 纲领或者政策是需要大家遵从的基本准则。
- 业务功能是核心内容，是房子的主体。
- 流程、组织、IT 是支撑业务的三大支柱。

文章中对于支撑业务的三大支柱在国内企业中的实现评价如下：

国内许多企业几乎没有流程的概念，很难理解流程的作用。华为是一家流程型企业，几乎任何业务都有相应的流程规定。业务对应的流程在企业流程架构中的层级，在某种程度上也体现了该项业务在企业内的重要程度。华为的数据管理流程开始被归属在企业的数据架构流程之下，属于四级流程。经过多次数字化转型变革之后，如今其已经与变革管理流程、IT 管理流程并列为二级流程。

8.2　星展银行数字化转型

2021年,星展银行分别被《欧洲货币》《银行家》及《环球金融》评选为"全球最佳银行",这证明了星展银行在全球银行业中占据领导地位。星展银行亦带领业界以数字化科技重塑银行业未来。此外,星展银行于2009—2021年连续13年被《环球金融》评选为"亚洲最安全的银行"。

星展银行在亚洲提供包括零售银行、中小企业银行及大型企业银行的全面金融服务。其深信与客户建立长久的伙伴关系,以及通过推动企业发展不断回馈社会,是亚洲式银行服务的关键所在。星展银行在亚洲拥有广泛的业务网络,并重点关注与员工的沟通及赋权,为员工提供广阔的发展机会。

2014—2020年,星展银行在其首席执行官Piyush Gupta的领导下开始了第二个战略(战略2.0):数字化浪潮(战略1.0是亚洲浪潮)。其目标是到2020年成为世界最佳银行。星展银行在2019年实现了此目标,在2020年获得"亚洲最佳银行"奖项,并且在2021年再度获得"世界最佳银行"奖项。

在2010—2014年实施的战略1.0的基础上,星展银行的战略2.0通过3个关键原则专注于"让银行业务变得快乐":

(1)如何重新构建技术架构?

(2)如何成为真正的客户痴迷者?

(3)如何营造初创文化?

星展银行将其数字化转型愿景转化为战略所需的领导力和运营能力,其目标是让银行对客户来说是不可见的。

星展银行还成功地发展出一种初创公司的文化,使每个人都具有相同的理解/文化和数字化工具使用能力。

企业数字化转型最小可行之道
始于流程自动化，终于软件设计自动化

2021 年，在《欧洲货币》的《2021 年全球最佳银行：星展银行（DBS）如何化危机为机遇》这篇报道中，指出了星展银行是一家经营良好的银行，因为它不仅在新冠疫情中基本毫发无损，而且将其作为取得进步的机会。

特别是，星展银行的首席执行官 Piyush Gupta 不仅使星展银行保持正常的运转，而且利用危机进行了两次潜在的变革性收购，启动了两个新的交易所，并重新思考银行业应该是什么样子的。

第一个交易所是星展银行的数字化交易所。星展银行的数字化交易所结合了加密交易、加密托管和代币化资产交易的三大支柱理念。

第二个交易所是有关"炭信用"的，这是与渣打银行、淡马锡和新加坡交易所共同推出的碳信用额新交易所。

"过去的 18 个月让我们展示了我们的弹性和我们的差异。"Gupta 说，"这不是一件值得夸耀的事情，但这场危机对星展银行来说是一件好事。""纯数字化银行需要很长的时间才能获得我们建立的业务形象。创建物理数字化（Phygital）模型是明智之举"。

事实上，这场新冠疫情是星展银行多年来一直鼓吹的数字化转型的实验室。星展银行的高管一直强调自己拥有业内最好的数字化业务。

在整个实践中，星展银行花费 8 年建立的数字化业务确实得到了回报。当新冠疫情发生时，超过 90%的员工迅速过渡到在家工作，并且没有任何生产力损失。该银行为中小企业推出了数字化商业贷款，并为近千种食品和饮料企业推出了数字化救济计划，帮助他们在新冠疫情期间在线寻找新的收入来源。

为了不断学习，星展银行创建了一个工作组来开展工作：利用危机来建设和思考未来的工作。从 2021 年 2 月 1 日起，星展银行允许员工在家工作的时间为 40%。"我相信这让我们有机会重新构想我们的工作空间。在接下来的 5 年里，我们可以减少 20%的工作空间。"

但与一般人的预期相反，Gupta 不想要一个没有办公室的世界："有些人认为办公室时代结束了。我不同意他们的看法。大办公室留下来有重要的原因，但工作的性质正在发生变化：减少办公室的占地面积，创造灵活性。我们正在认真考虑这个问题。"

与其他企业一样，星展银行仍然面临着充满挑战的运营环境。但事实是，星展银行从新冠疫情中走出时的状况比进入时要好，其取得了不小的成就。

Gupta 说："没有其他人能够展示出利用这场危机作为机会的能力。而我们有能力克服它并看到机会。这就是我们的出众之处。"

1. 世界最佳银行

Robin Speculand（战略和数字化实施专家）在 2021 年出版了《世界最佳银行：数字化转型战略指南》一书，其中描述了他从两年的星展银行管理层专访中了解的星展银行如何转型技术架构，让客户痴迷和营造初创文化的相关内容。

《世界最佳银行：数字化转型战略指南》是一本详尽的手册，面向希望从传统企业转变为现代化企业的企业领导者和决策者。Speculand 在两年漫长而充满风险的历程中，毫无疏漏地记录和呈现了星展银行这种强大的蜕变，包含企业需要知道的一切。

在《世界最佳银行：数字化转型战略指南》中，Speculand 介绍了推动银行转型成为世界最佳银行需要的热情和复杂性，同时为企业提供了数字化转型的战略指南。

Speculand 深入探讨了企业数字化转型所需的领域，并建议企业重点关注与企业最相关的领域。Speculand 与星展银行首席执行官 Gupta 的联系始于 20 世纪 90 年代，当时二人都在花旗集团工作。在 Gupta 于 2009 年负责星展银行的管理工作后，Speculand 向该银行提供咨询服务，并为它成功实施了亚洲浪潮战略，这是 Speculand 发起的三个战略中的第一个。

第二个战略是数字化浪潮，这正是《世界最佳银行》所关注的。鉴于只有不到五分之一的银行数字化转型成功了，Speculand 强调了其中的经验和教训、最佳实践和成功秘诀，企业可以在自己的实践中采用。

Speculand 在 2018 年年底开始了对《世界最佳银行：数字化转型战略指南》的研究。当让世界发生翻天覆地变化的新冠疫情来袭时，Speculand 刚刚完成了这本书的写作。Speculand 推迟了《世界最佳银行：数字化转型战略指南》的出版，并详细说明银行如何应对疫情及其第三个战略——可持续发展浪潮。

在成为全球最佳银行的过程中，星展银行实现了以下几个"第一"：

- 成为世界上第一家在 12 个月内同时获得《欧洲货币》《银行家》和《全球金融》所评选的"世界最佳银行"称号的银行。（在银行界，这相当于一部电影获得三项奥斯卡奖——最佳电影奖、最佳导演奖和最佳男主角奖。）
- 成为第一家确定如何在其记分卡上捕捉数字化价值的银行。
- 推出全球第一大开放银行 API 平台。
- 开通全球第一个在线金库和现金管理仿真平台。
- 推出全球第一个使用可穿戴技术的校内储蓄和支付项目。

书中还总结了星展银行进行数字化转型时 21 条最佳实践，可以作为其他企业的参考。以下列出了这些最佳实践及其说明。

（1）目的：企业的数字化转型需要一个目的驱动——在星展银行中，那就是"让银行业务变得快乐"。这是星展银行所做的一切的根源。但有趣的是，你不会经常在文件中看到这些话，因为领导团队没有提到它们。这不是因为它们没有被实施，恰恰相反。"让银行业务变得快乐"深深植根于星展银行的理念、措施和行动之中，以至于每个部门都开始接受它。

（2）数字化客户的价值：与传统客户相比，数字化客户为星展银行带来更高的收入。

（3）业务就是技术，技术就是业务：在星展银行中，不再有前台、中台和后台部门。相反，星展银行作为一个单位为客户服务。

（4）年轻员工与年长员工：星展银行笃定年长员工和年轻员工都可以改变。星展银行的首席执行官 Piyush Gupta 看到年长员工的个人生活正在发生变化，他们的职业生活也会因此发生变化。这导致每个人都在改变，避免了在年轻员工和年长员工员工之间产生鸿沟。

（5）生态系统合作关系：当双方或多或少平等地从合作关系中受益时，最有效的生态系统合作关系就会形成。

（6）建立安全心理：首先，星展银行的领导者致力消除员工对失败的恐惧。他们设立了一个奖项来表彰那些尝试过但失败的人，将其称之为"敢于失败奖"。其次，他们通过表彰早期取得成功的员工来给予积极的认可。

（7）让客户痴迷：星展银行不专注于创造产品，相反，其让员工不断尝试为客户寻找最佳解决方案。

（8）让每个领导者参与客户旅程：在客户旅程映射开始时，每个领导者都被要求参与了解客户旅程，这是他们的关键绩效考核指标之一。

（9）数据驱动文化：创建数据驱动文化的首要挑战之一是将数据报告从静态报告转变为实时决策。一开始，星展银行的领导者问每个业务部门打算做出什么决定。然后数据团队研究业务部门需要将哪些数据可视化以做出更好的决策。这让业务部门转变了思考角度：思考要解决哪些问题，而不是要使用哪些数据——这是一个重要的区别。

（10）打造品牌：在当今，品牌的打造与过去不同了：品牌是由消费者向上建立的，而不是由品牌向下推动的。

（11）API 安全性：随着 API 数量的增加，企业希望确保 API 具有持续的高安全性。

（12）团队韧性：为了实现数据驱动和数字化，星展银行的业务发展需要整个团队及领导者的协作。例如，如果某个指标没有向星展银行希望的方向前进，则领导者会问"你现在在做什么？"和"让我们集体讨论可以做些什么。"让指标向目标前进，需要团队具有韧性。具体的实现方法不是说"目标太高了",而是问"我们怎样才能到达那里?"

(13)停止实验计数:2017年,星展银行停止统计正在进行的实验数量——这样做太麻烦了。星展银行一直在跟踪数据,不是因为它们很重要,而是为了催化各种实验。现在,实验计划已被嵌入星展银行的文化中,没有必要继续统计实验数量。

(14)培训全民化:星展银行首先将培训全民化,并为所有员工提供了一个中心框架,以帮助他们推动自己的学习程和实验。

(15)采用云:将少量基础设施转向云端可以节省大约 20% 的费用。对星展银行来说,这不仅是"提升和转移"——虽然将硬件迁移到云端,但仍然使用相同的人员和软件。这种方法不会节省大量成本,并且可能会分散注意力。相反,将遗留系统进行转换并完全迁移到云端可以节省高达 80% 的成本。

(16)无处不在的实验:在星展银行,每个人(包括领导者和员工)都通过参加黑客马拉松、采用敏捷和 4D(发现:Discovery;定义:Define;开发:Develop;交付:Deliver)设计思维来试验新技术。

(17)敏捷的效益:如今的 IT 行业发生了有趣的变化。在过去,对应用所做的变更越多,就越容易出错。因此,对应用做更少的变更会带来更好的性能和稳定性。然而,与其他组织相比,在敏捷组织中,应用的变化率更高,错误率更低。这是因为敏捷组织使用敏捷方法构建应用,然后进行自动化部署和测试,应用在一天中的变更通常很少,并且被包含在一个小的服务区域中。

(18)预测员工离职:星展银行开发了用于预测员工何时可能会辞职的模型,以便 HR 在他们辞职之前就知道。HR 向部门负责人发送有关潜在员工辞职的警报。当领导者采取一定的措施后,辞职率就会降低到原来的一半。人事变更率每减少 1%,星展银行可节省成本高达 500 万新元。

(19)二合一概念:星展银行的技术负责人和业务负责人通过共同的目标和合作了解彼此的业务。具体来说,每个负责人都了解对方的职责,他们可以转换角色。即使在向首席执行官简单汇报时,技术负责人和业务负责人也能够代表彼此汇报工作。

(20)点燃你的战略:以下是辅助战略实现的工具或经验。

- 使用企业平衡记分卡作为指导整个组织的路标。
- 确保各个级别的员工都了解如何进行数字化转型。
- 让高层领导者参与数字化活动,例如黑客马拉松和客户旅程。
- 立即开始转变企业的技术架构和文化。
- 创造早期成功(例如印度的数字化银行 digibank 和数字化钱包手机应用 PayLah)以建立信心和动力。
- 消除数字化转型的最大障碍(对星展银行而言就是会议)。
- 企业所做的一切都应该让客户痴迷。

(21)消除官僚主义:因为企业需要敏捷和快速行动,所以要尽可能地缩短审批流程和消除官僚主义。

企业可以参考以上星展银行的实践并与世界领先的数字化转型企业对标。在对标时,建议重点关注以下 6 点。

(1)拥有数字化目的的重要性:参考上述第(1)条目的。

(2)如何采用客户旅程地图(识别痛点以改善客户体验):参考上述第(8)条让每个领导者参与客户旅程。

(3)如何集成云、DevOps、敏捷并提高企业的技术节奏:参考上述第(15)条采用云和第(17)条敏捷的效益。

(4)为什么数据驱动变得很重要:参考上述第(9)条数据驱动文化。

(5)如何转变为初创文化:参考上述第(16)条无处不在的实验。

(6)如何构建生态系统:参考上述第(5)条生态系统合作关系。

2014 年,星展银行在其普吉岛公司的激励会议中制定了"2020 年成为世界最佳银行"的目标。为了在 2020 年成为世界最佳银行,星展银行需要一个口号来激励所有员工。因此,"让银行业务变得快乐"口号应运而生,即要让客户与星展银行的业务交易变得容易、有趣、方便和有意义。

在启动"让银行业务变得快乐"口号的同时,以下 4 个主题支撑了星展银行的数字化转型。

(1)数字化转型议程需要由目标驱动。在星展银行中,"让银行业务变得快乐"是星展银行中每位员工思考和行动的根源。它激励并推动银行的各个部门采取正确的行动来实施该战略。

(2)数字化转型不仅仅是技术;它既关乎硬件技术,也关乎软件技术——即人的转变,两者都需要努力提升。银行必须考虑客户体验、组织文化和理想工作方式等因素。今天,平衡硬件技术和软件技术是公认的影响企业数字化转型成功的因素,但在 2014 年,情况并非如此。

(3)星展银行从一开始就对整个组织进行了数字化改造。当时,许多组织从某个部门开始数字化,或者有一个新产品实验室(一小群人在完成主要业务之外从事项目创新)。星展银行相信年长员工和年轻员工都能适应这种变革。正如 Gupta 指出的那样,年长员工在采用新技术方面并不迟缓。因为他们的个人生活在不断变化,所以他们也可以在职业生活中适应变化。由于每个人都平等地面对变化,银行避免了在年轻员工和年长员工之间造成鸿沟。

(4)业务就是技术,技术就是业务。在星展银行中,没有更多的前台、中台和后台部门——那是昨天的术语。今天的术语是"成为一家以综合方式为客户服务的银行"。打破前台、中台和后台之间的隔阂是银行传统运营方式的重大转变。

以客户为中心的理念在银行中发挥了不可或缺的作用,早在 2012 年,星展银行已经通过以人为本的设计(HCD,Human Centered Design)向客户旅程和创新迈进。其目标是通过教授人们相关技能来打造创新文化,因此,银行中的任何人都可以进行创新。

星展银行专注于将自己融入客户旅程中。其目标不再是产品或服务,而是让客户痴迷(客户至上)——通过利用技术和在整个组织中采用客户旅程思维，让银行业务隐形。这种方法让每个员工都变得痴迷于客户。银行认为客户在早上起床后是不会想来银行办理业务的；而是想买车、买房子或投资。银行提供了让客户达到目的的手段，而技术为银行提供了使客户旅程中许多步骤隐形的手段。星展银行的领导者也变得更加痴迷于客户，他们不断地问："这种变化是否让星展银行的客户认为来银行办理业务是快乐的？"从这个核心问题出发，星展银行采用了基于客户视角的设计思维和解决方案。

2. 4D 设计思维框架：发现（Discover）、定义（Define）、开发（Develop）、交付（Deliver）

设计思维，在星展银行中被称为"4D"设计思维，用于引导员工了解自己需要做什么。该银行设计了帮助客户完成"要完成的工作"的解决方案。在数字化浪潮中其要完成的总体工作是"让银行业务变得快乐"，这涉及让银行从日常业务中退出，以识别客户旅程并不断改进它。一个典型的例子是星展银行不再专注于向客户销售更多的抵押贷款，相反，它专注于为客户完成"要完成的工作"，即帮助客户实现梦想。星展银行对抵押贷款业务采用"融入客户旅程"的方法始于提前 6 个月与客户沟通，目的是让银行成为客户购房体验中的一部分。银行代表协助客户寻找合适的房屋，并为客户确定最佳抵押贷款方案。如今，该银行通过开发 API 作为其生态系统战略的一部分，同时继续与生态系统中的合作伙伴合作，继续改善客户旅程，实现"让客户痴迷"。

一些企业为客户解决问题的方法是组建团队，集思广益，然后根据客户的需求创建解决方案，由团队决定什么是对客户最好的。随着星展银行变得更加痴迷于客户，其正在确保自己的创新和数字化真正以客户为导向。而这需要创新和设计拓扑方法，因此，星展银行采用了英国设计委员会的 4D 设计思维框架。

之后，4D 设计思维框架成为在整个星展银行开展客户旅程的方法。4D 代表：

- 发现（Discovery）：收集和综合来自客户的意见和灵感；
- 定义（Define）：提炼机会和概念；
- 开发（Develop）：测试风险最大的假设，然后调整和规划实施；
- 交付（Deliver）：落实理念。

采用 4D 设计思维的一个关键优势是企业能够快速为客户创建原型解决方案。而员工不必制作幻灯片、向领导者提出解决方案并请求他们批准以获得资源，员工被授权构建原型解决方案以供客户参考。

星展银行的全球交易服务团队强调，他们的客户需要完成的一项关键"工作"是协助其企业的首席财务官和财务主管免费模拟各种银行和企业的解决方案。这样做将让他们发现可以为客户带来最大价值的潜在机会。当时，这个流程有很多痛点，因此，客户旅程非常适合采用 4D 设计思维。下面介绍的星展银行"现金棱镜"（Treasury Prism）示例演示了星展银行是如何应用 4D 设计思维的。

企业的首席财务官和财务主管通常管理多个国家/地区的不同货币和交易流的多个账户。这个流程涉及与不同银行建立关系，以优化企业的资金和现金管理解决方案。首席财务官和/或财务主管在适应不同市场监管变化方面也面临着一些挑战，其中涉及多方的流程既费力又费时。

2017 年，星展银行推出了"现金棱镜"工具，这是世界上首批在线资产和现金管理模拟工具之一。该工具免费为客户的现金管理结构建模，从适合其业务目标的所有潜在解决方案中选择并确定最佳解决方案，以及分析所选解决方案的收益和成本影响，以支持客户的业务案例。

来自各个部门的 20 人团队负责开发协作平台。该团队使用的算法可以基于收益、成本和风险来产生最佳结果。该算法还可以产生多种选择，因此，如果第一种方法不起作用，则可以启动第二种方法。

星展银行的"现金棱镜"工具已获得 5 项全球和区域创新奖项，并迅速成为企业资产用户的核心社区。通过它已经产生了 3000 多个最佳现金管理结构和解决方案。

这种规模的项目——涉及众多不同部门和参与方——通常需要数年才能完成。但该团队希望在几个月内构建新的解决方案。随着企业文化、技术架构及其核心运营方式的转变，这一雄心勃勃的目标得以实现。例如，该团队使用了一种敏捷方法，让开发团队不再花时间前往银行总部汇报进展，而是让高层领导者出差或通过视频会议与业务及技术团队沟通。高层领导者收到的不是幻灯片演示，而是不断地更新——以使他们了解正在开发的解决方案。

采用基于云的架构使星展银行能够敏捷和无成本地构建业务以超越竞争者。当时，银行中的遗留系统已经成为一个锚，它极大地拖慢了业务进程，增加了企业数字化转型的成本，并为客户提供了更慢的服务和更昂贵的产品。

星展银行的集团战略与全球交易服务团队的需求完美契合。其解决方案是迅速在整个银行实现业务敏捷化。参与其中的每个人都致力于开发一个最小可行产品（MVP），以便在几个月而不是几年内交付。

MVP 不是最小的产品或服务，它是一种战略和以流程为导向的敏捷产品或服务的制造与销售方式。它是构思、原型设计及演示、数据收集及分析、反馈和改进的迭代流程。其概念来自 Eric Reis 的"精益初创"（The Lean Startup）理念。MVEA@1 工具的研发也遵循了 MVP 战略。

（1）发现（Discovery）：收集和综合洞察和启发。

星展银行组建了一支跨职能的团队，所有团队成员在需要改进的领域都是既得利益者。团队规模设置遵循"两个比萨饼规则"——也就是说，团队规模不能超过两个比萨饼可以喂饱的人数（大约是 6 个人）！如果团队中有更多的人，那么敏捷方法的实施往往会遇到困难。

在星展银行中，发现阶段从设想"从客户的角度完成的工作"开始。这成了客户旅程声明，它说明团队的任务或工作将为客户和银行增加价值。任何解决方案都必须使所有人受益。

在发现阶段团队就要确定客户旅程声明并指导团队的工作，以及贯穿所有阶段。一个客户旅程声明示例是:"我们希望让财务和金融专业人士能够以直观、互动、有洞察力和值得信赖的方式优化现金管理,并最终实现拥有更多的客户和业务。"

有了这个声明,团队随后通过询问"谁参与其中?谁将从现金管理优化中受益?"对客户进行利益相关者映射。此时,关键人物角色和利益相关者实际上被绘制在一张地图上,该地图显示了所有参与者及他们之间的联系。

利益相关者地图反映了其中的关键角色和联系,从而可以便于团队起草研究计划。该计划涵盖了将采访谁及将进行多少次采访。然后团队起草讨论大纲,其中包含团队需要向每个利益相关者提出的问题,以确保一致性及确定客户旅程声明。

团队提出的问题包含 3 个要素:

- 功能性"要完成的工作",涉及角色和职责,以及关键绩效指标。
- 社交性"要完成的工作",涉及利益相关者之间的互动,以及他们希望如何被感知。
- 情感性"要完成的工作",涉及利益相关者在执行职能工作时的感受。

然后——而且只有在那时——团队才开始采访客户。

为了优化现金管理,跨职能团队中兼职的 6 名成员在 5 周内与 70 多名企业财务主管、税务经理和首席财务官进行了交谈。他们的反馈被逐字记录下来(不是转述),因此,团队其他成员站在目标客户的角度了解了客户情感性"要完成的工作",这有助于团队定义和开发直接解决客户痛点的解决方案。

例如,对于现金管理,该团队确定了一个客户的痛点,即财务主管需要花额外的时间审查现金管理 RFP(征求建议书)中涉及的更改的业务案例。然后,团队的目标变成了 RFP 审查流程的自动化,以满足财务主管在 RFP 审查期间每天要提早回家这个情感性"要完成的工作"。

还有一位客户提到自己去了 7 家不同的银行寻求优化现金管理解决方案。他收到了 7 个不同的答案,不知道该信任哪家银行。在这些银行中,没有一家说明自己是如何计算收益的——许多银行甚至都没有计算收益！

在完成客户访谈后，该团队综合客户的反馈并结合原始数据，识别线索并将其转移到便利贴上以进行分类。这些线索被整合成 5~10 个见解，团队成员总结了他们的主要发现。作为 4D 设计思维的关键部分，这些见解为团队提供了可以创建解决方案的核心内容。

在现金管理示例中，出现了许多客户洞察——有些是预期中的，有些则不是。一个预期中的客户洞察是，财务主管几乎没有时间跟上最新的监管和税收政策变化，更不用说分析它们对现金管理业务的影响了。一个意想不到的客户洞察是财务主管认为最佳现金管理解决方案的收益难以量化。他们发现很难找到进行现金管理解决文案优化的理由。

产生客户洞察是发现阶段中的关键过程。在 4D 设计思维中，此过程至少应占发现、定义和开发阶段总时长的 50%。对现金管理团队来说（该发现阶段耗时 6 周，但该团队成员都是兼职工作的）。

（2）定义（Define）：改善机会和概念。

该团队随后集思广益，以帮助财务和金融专业人士优化其现金管理解决方案。团队成员意识到他们需要抛弃一些已有的观念，寻找最好的不受约束的解决方案，然后在此基础上让最好的想法出现。他们使用了声明启动器、概念海报、快速评论和众包创意等工具，以实现"让事情变得更容易和更好"。

之后，该团队开始将解决方案定义为在线模拟和解决方案工具。该工具将允许财务主管将现金管理解决方案与产品组合和匹配。这样他们可以动态评估解决方案的相对收益，以及政府的监管和税收环境所带来的影响。由于此工作为团队的兼职工作，这个定义阶段花费时长为两周。

该团队继续完善最佳创意、流程、工作流和解决方案，并评估了该概念在技术上是否可行，以及是否在业务上可行——将任务从定义阶段转移到开发阶段。例如，一个解决方案可能在技术上是可行的，但如果实现预期回报的成本太高，则不可行。

（3）开发（Develop）：测试最高风险的假设并规划实施。

在开发阶段，该团队专注于评估解决方案可以满足客户需求的程度。该工具的第一个原型工具随后被开发出来，并首次与客户针对一些设定的假设进行测试。

测试有多种方式——从物理模型到低分辨率原型。其中的关键是快速构建工具、分享想法和记录反馈。同样重要的是测试有关该概念的最关键和不确定的假设。

在此示例中，该团队创建了一个线框图原型工具，财务主管可以在其中输入财务数据，其将根据收益、成本和风险自动计算最佳的现金管理结构。此线框图原型工具还可以根据财务主管的偏好计算出各种不太理想的现金管理结构。

该原型工具还展示了其如何根据每个国家的监管和税收环境检查现金管理结构。它会建议客户可以做什么和不可以做什么。如果该现金管理结构被允许但仍需要监管部门的批准，那么该工具将建议客户需要做什么。

该团队使用此原型工具在 6 周内对 25 位客户进行了测试。团队成员与客户坐在一起测试原型工具，同时观察客户的行为和反应。

在测试客户时，团队捕捉到他们的反应和情绪，这可以让团队清楚地了解客户喜欢什么和不喜欢什么。然后，团队根据这些反应和情绪重新设计原型工具。

在开发阶段，团队测试了不同的假设，并不断地从中学习。但是，由于并非所有必需的信息都可用，该团队被迫采取了大胆的尝试，然后使用相关技术对最终原型工具进行审查，以确保其仍然可行。

确认最终原型工具值得拥有后，该团队将评估其业务可行性和投资规模。

（4）交付（Deliver）：实施概念。

最终解决方案是在交付阶段构建的。在交付阶段会越来越多地采用敏捷实践来创建 MVP。在这个阶段，通常会形成一个跨职能、同地办公、自治的小团队（Squad）。该团队包括在发现、定义和交付阶段工作的关键成员。他们每两周进行一次冲刺（Sprint）更新，以促进在 MVP 开发期间不断审查客户反馈。

在前面介绍的现金管理示例中，最终交付的是什么？——星展银行的"现金棱镜"工具。在 2016 年和 2018 年被《欧洲货币》评为最佳数字化银行后，许多大型企业的财务部门拜访星展银行，因为他们目前使用的银行或者无法满足其需求，或者正在按照星展银行已经实现的目标前进。

星展银行在使用 4D 设计思维开发"现金棱镜"工具的各阶段投入的人力与时间总结如下。

- 发现阶段：6 周内 6 个兼职工作者访谈 70 多名企业财务主管、税务经理和首席财务官。
- 定义阶段：由于团队是兼职工作的，这个定义阶段用了 2 周。
- 开发阶段：6 周内对 25 位客户进行了测试。团队与客户一起测试原型工具，并观察客户行为和反应。
- 交付阶段：每两周进行一次冲刺（Sprint）更新，以促进在 MVP 开发期间不断审查客户反馈。

以下是星展银行使用 4D 设计思维设计完成的内部和外部客户旅程示例。

外部客户旅程示例：

- 印度数字化银行
- 印度尼西亚数字化银行
- 财富管理 iWealth App
- 数字化投资组合（digiPortfolio）
- 智能银行
- NAV 财务规划工具——智能银行的一部分

内部客户旅程示例：

- 集团法务部拥抱数字化浪潮
- 员工的入职客户旅程
- 解决未来工作中的痛点

4D 设计思维的发现阶段用于收集和综合洞察与启发，读者可以使用附录 C 中的 MVEA@1 工具模板和架构元符号，开发客户旅程地图的架构模型。

（5）企业平衡计分卡与数字化衡量指标。

最后介绍星展银行如何使用平衡计分卡来测量数字化转型为企业带来的收益。星展银行在其 2020 年的年报中详细说明了平衡计分卡是由哪些指标组成的和计分准则。在年报中列出平衡计分卡或许是一个创举。这也证明了星展银行被评为世界最佳银行是名副其实的。企业可以参考使用这些指标来衡量企业的绩效和数字化转型的成果。

星展银行使用平衡计分卡来衡量自己为利益相关者服务和执行长期战略的成功程度。星展银行的平衡记分卡以企业的战略为基础，用于设定目标、推动行为、衡量绩效，并确定员工的薪酬。平衡计分卡由传统关键绩效指标、改造银行目标——"让银行业务变得快乐"和重点领域组成。

传统关键绩效指标占比 40%，包含下一层的指标分解。

- 股东：实现可持续增长——衡量财务成果和与风险相关的关键绩效指标（KPI），以确保绩效增长与所承担的风险水平相平衡。
- 客户：选择星展银行——衡量客户满意度、客户关系深度和品牌定位强度方面的进展。
- 员工：将星展银行定位为首选雇主——衡量成为首选雇主的进展，包括员工敬业度和人员发展计划。

改造银行目标——"让银行业务变得快乐"占比 20%，包含下两层的指标分解：

- 数字化转型：包括以下指标。
  - 生态系统：衡量在与生态系统中的合作伙伴建立有意义的关系，以及推动与这些合作伙伴关系取得成果方面的进展。
- 获得：衡量在利用数字化渠道获取新客户和扩大数字化渠道份额方面的进展。
- 交易：衡量在消除纸质文件和推动自动化以提供即时履行工作方面的进展。
- 参与：衡量在推动星展银行数字化资产中的客户参与、转化和交叉购买方面的进展。

- 捕捉数字化创造的价值：衡量在推动消费者和中小企业客户数字化方面的进展。星展银行的假设是，与传统客户相比，数字化客户为其带来了更高的收入、更好的成本收入比和更高的股本回报率。
- 重新构想客户体验：衡量在将自己融入客户旅程以提供差异化体验方面的进展。

重点领域占比 40%，包含下一层的指标分解：

- 建立发展和成长的心态：在企业中嵌入持续学习和成长的文化，使星展银行的员工具备在银行内部做出数据驱动决策和推动创新的能力。
- 成为一家科技公司：将星展银行的数据能力工业化以推动创新，并利用星展银行的数字化能力在新兴技术趋势中抓住新机遇。增加能对星展银行客户的日常生活和业务产生有意义影响的创新数字产品。
- 扩展星展银行的业务：通过扩张战略和细分战略在整个集团范围内扩展业务和提高业务产生的价值。
- 建立可持续的特许经营机构：加强建设星展银行的风险和合规框架，推动星展银行实现负责任的银行业务、负责任的商业实践和创造社会影响力。

以上指标的详细定义与说明可以参考星展银行 2020 年的年报。其中包含了星展银行从 1998 年到 2020 年的所有年度报告，其集团信息的公开、透明度与完整性也是令人敬佩的。

8.3 数字化转型能力建设："训战结合"和数字化转型架构平台

企业员工不具备数字化能力是企业数字化转型失败的最大原因。在资金充裕的企业中，聘请咨询顾问是一种常见的解决方法。随着咨询项目的结束，咨询顾问的知识和能力并没有转化为员工的，员工还是无法承接后续的数字化转型工作。所以，在引进咨询顾问时，需要优先考虑如何将咨询顾问的能力转化为员工的能力。

提升员工数字化能力的方法不外乎培训、培训、再培训。但是员工有繁忙的工作要做，专门抽出时间进行数周的培训，几乎是不可能的。将培训融入员工的日常工作中是一条"最小可行之道"。

"训战结合"和"看网讲网"（华为术语）就是指针对企业员工目前的工作进行边培训边实操，目的是提高企业员工的数字化转型实践水平，要从"游击战"转入"阵地战"，从战术成功走向战略成功，从项目成功走向平台成功。

以下是作者在国内某家上市公司所开设的企业架构能力建设的"训战结合"课程。这些培训课程和工作坊可以作为企业建设数字化能力的启动点。"训战结合"共计 10 门课程，以下是培训课程清单。

（1）企业架构与 MVEA@1 工具培训与工作坊。

（2）商业模型画布和业务对象培训与工作坊。

（3）客户旅程地图培训与工作坊。

（4）BPMN 流程建模语言培训与工作坊。

（5）数据建模（实体关系图与数据库设计图）培训与工作坊。

（6）ArchiMate 企业架构建模语言培训与应用架构工作坊。

(7) TOGAF（企业架构框架）——架构实施。

(8) 企业架构门户建设与管理机制。

(9) 流程架构与流程梳理。

(10) 流程自动化。

企业数字化转型的核心是顶层设计/企业架构，它包含商业模型与价值主张、流程模型、数据模型、应用系统与基础设施的架构模型。企业依据顶层设计方法论发展业务（含流程）模型、数据模型、架构模型，这些模型中描述了标准的流程、数据和系统。将架构模型导入数字化和 RPA 平台或第三方低代码开发平台，可以集成架构设计与代码开发，实现软件设计自动化。企业可以按照顶层设计的数字化转型路线图制订项目实施计划，逐步实现数字化转型项目的各个目标，完成数字化转型解决方案的实施，以实现企业的数字化转型。

以上培训覆盖了企业数字化转型的核心内容与交付方法。

咨询项目的另外一个缺点是缺乏累积知识的平台/工具，以及知识转移的机制。大部分咨询项目的交付物都是 PowerPoint 文件，很少有咨询顾问能够或愿意使用架构工具，将知识转化为整个企业都可以共享的架构模型和模板，帮助员工学习和后续的开发。

作者建议用 MVEA@1 或类似的工具（如华为曾经采用的 ARIS），作为企业架构平台，以统一数据架构、流程架构、应用架构和业务架构（商业模型和客户体验）。企业使用适当的数字化转型工具对员工进行培训就可以完成企业架构设计与优化。之后，企业可以依据架构图，建设数字化和自动化平台。

基于 MVP 的最小可行企业架构，可以将复杂的顶层设计/企业架构模型种类从数十种简化为 9 种，并以最小和最简方式进行企业和软件架构设计，以及可以通过用户界面、流程逻辑和数据模型的接口，将软件架构设计和软件开发平台（如流程引擎或低代码开发平台）集成在一起，从而基于流程自

企业数字化转型最小可行之道
始于流程自动化，终于软件设计自动化

动化实现软件设计自动化。

在本节列出的"训战结合"课程中的每一门课程都是互相关联的，最终的目标就是把"业务对象、业务流程和业务规则"通过统一的架构平台描述出来，并能成为整个企业的作战地图和演练沙盘。

"训战结合"课程和 MVEA@1 中融合了目前业界口碑和应用效果最好的企业架构框架和方法论，比如 BPMN 流程建模语言、ArchiMate 企业架构建模语言、设计思维和客户旅程地图，以及 TOGAF 企业架构框架等。同时，在交互过程中，"训战结合"课程真正做到让听到"枪炮声"的业务团队能把呼唤炮弹的需求通过最小可行企业架构最有效地传递到后援支持团队，最高效地呼唤到炮弹，甚至是最高效地制造炮弹。

MVEA@1 可以用统一的工具对不同层级的架构内容做自下而上或自上而下的双向描述，以尽可能地减少歧义和提高交流效率。MVEA@1 使业务与 IT 的对接在统一的环境中进行，使企业能够看到统一的客户旅程地图，尽可能地帮助业务团队提高与开发团队的交流效率；MVEA@1 还使各个 IT 领域的对接在统一的环境中进行，从而提高不同技术部门之间的交流效率。

企业在完成企业架构模型和数字化产品/服务包后，可以参考图 7-1 开发运营平台、数字化平台、外部开发者平台和自动化平台（RPA、DPA 与低代码开发平台）。

这 10 门课程的大纲介绍如下，课程的模板和示例存储在 MVEA@1 的后台数据库中。读者也可以采用其他工具，如华为和美的曾经使用的 ARIS。其中的工作坊要求员工使用 MVEA@1 或 ARIS 在统一的架构平台上设计模型、集成模型和共享模型。

1. **企业架构与 MVEA@1 工具培训与工作坊**

（1）MVEA@1 的介绍和使用说明。

- 产品功能与产品配置
- 企业架构国际标准介绍：TOGAF 的架构开发方法与架构框架

- 企业架构核心图简介（参考图 3-1）与 HP 的案例

（2）企业产品/项目的企业架构核心图工作坊。

- 按照项目/功能和产品分组，选举小组长
- 每位组员独立设计工作所属产品/项目/功能的企业架构核心图（40 分钟），完成后按照以上分组开始讨论（20 分钟）
- 小组长总结组员输出，准备 5~10 分钟的小组报告及全员讨论

2．商业模型画布和业务对象培训与工作坊

（1）商业模型画布模板与示例（参考附录 A 的商业模型画布模板与保险公司示例）。

（2）业务对象概念介绍。

- 华为数字化转型
- 华为数据之道（数据驱动的数字化转型）

（3）工作坊——商业模型画布。

- 按照企业产品/项目分组，选举小组长
- 每位组员独立设计工作所属产品/项目的商业模型（40 分钟），完成后按照以上分组开始讨论（20 分钟）
- 小组长总结组员输出，准备 10~15 分钟的小组报告及全员讨论

（4）工作坊——企业产品/项目的业务对象。

- 从画布中的客户开始，进行客户细分，发现客户相关的业务对象
- 发现价值主张中的业务对象：产品与服务
- 发现价值流（面向客户的关键活动，客户旅程地图）中的业务对象
- 客户关系中的业务对象
- 渠道中的业务对象
- 关键资源中的业务对象
- 关键伙伴中的业务对象

3. 客户旅程地图培训与工作坊

（1）设计思维。

（2）客户旅程地图模板与示例（参考附录 C 中的客户旅程地图模板和客户选择银行示例）。

（3）案例——世界最佳银行：星展银行的设计思维和客户旅程。

（4）工作坊——企业产品/项目的客户旅程地图。

4. BPMN 流程建模语言培训与工作坊

（1）第一部分：什么是 BPMN。

- 劣质的 BPMN 与优质的 BPMN
- 模型如何表现意思？

（2）第二部分：方法和风格——BPMN1 级描述型（参考 4.2 节）。

- BPMN 示例
- BPMN1 级描述型符号板
- 建模方法
- BPMN 风格

（3）工作坊——企业产品/项目的业务流程，以及客户旅程地图的演进。

5. 数据建模（实体关系图与数据库设计图）培训与工作坊

（1）华为数据资产结构与业务对象（概念数据模型：CDM）（参考 8.1 节）。

（2）逻辑数据模型（LDM、实体关系图）与物理数据模型（PDM、数据库设计图）概览。

（3）数据模型设计方法和步骤。

（4）金融服务业逻辑数据模型（FS-LDM）案例。

（5）华为信息（数据）架构组件。

（6）工作坊——企业产品/项目的数据建模。

6. ArchiMate 企业架构建模语言培训与应用架构工作坊

（1）ArchiMate 语言概述（参考附录 C 中的客户旅程地图模板和客户选择银行示例）。

（2）ArchiMate 语言的层次和方面。

（3）ArchiMate 架构元素和图示。

- 动机（Motivation）方面的架构元素和图示
- 战略层的架构元素和图示
- 业务层的架构元素和图示
- 应用层的架构元素和图示
- 技术层的架构元素和图示
- 物理层的架构元素和图示
- 实施和迁移层架构元素和图示

（4）ArchiMate 架构元素之间的关系和图示。

（5）ArchiMate 的层和方面与 TOGAF 架构开发方法阶段的映射。

（6）ArchiSurance 案例。

（7）工作坊——企业产品/项目的应用架构。

7. TOGAF（企业架构框架）——架构实施

（1）阶段 E：机会与解决方案（项目）（参考第 2 章）。

根据基线（As Is）架构与目标（To Be）架构进行差距分析，形成工作包与项目清单。

（2）阶段 F：迁移规划。

（3）阶段 G：架构实施治理。

（4）阶段 H：架构变更管理。

（5）需求管理。

（6）工作坊——企业产品/项目的架构实施规划。

8. 企业架构门户建设与管理机制

（1）架构委员会。

（2）架构评审机制。

（3）架构标准分类与入库。

（4）架构资产分类与入库。

（5）工作坊——企业产品/项目的架构治理、评审与发布机制。

9. 流程架构与流程梳理

（1）流程概述。

（2）流程层级与架构。

- 华为业务流程架构
- 流程分类框架

（3）流程梳理与映射。

（4）工作坊：企业现有流程梳理、MVEA@1 和 BPMN 流程建模，流程层级与流程架构映射。

10. 流程自动化

（1）第三部分：方法和风格——BPMN 2 级分析型。

- 事件
- 迭代和实例对齐
- 流程分拆与融入

- 交易
- BPMN 规则

（2）第四部分：BPMN 实施者指南——可执行 BPMN。

- 什么是可执行 BPMN？
- 变量与数据映射
- 服务、消息与事件
- 人员任务
- 可执行 BPMN
- 对齐可执行设计与 BPMN 方法与风格

（3）数字化流程自动化（DPA）开源流程引擎：Flowable 和 Activiti。

（4）工作坊：企业产品/项目的可执行流程建模。

"训战结合"课程将以上的数字化转型理论、知识、建模方法和建模工具融合到企业员工日常工作中。这是最简单和成本最低的企业数字化转型可行之道：始于流程自动化，终于软件设计自动化。

附录 A

商业模型画布模板与示例

附录 A　商业模型画布模板与示例

在企业数字化转型中，最重要的商业模型创新和数字化价值主张（产品和服务包）都可以使用业界主流的战略规划工具：商业模型画布（Business Model Canvas）来表达。图 A-1 是用 MVEA@1 工具制作的商业模型画布模板，其中的架构元素（对象）符号是基于 ArchiMate 企业架构建模语言的。

ArchiMate 是一种图形语言，为企业的战略规划和架构模型提供统一的表示方式，这些模型可以支持完整的架构开发周期。ArchiMate 规范了一种核心语言，以描述业务架构、信息系统架构、技术架构、物理层架构及它们之间的关系。ArchiMate 还包含了其他元素，能够对业务和技术战略、驱动架构开发的动机，以及架构实施和迁移计划进行建模。ArchiMate 的架构元素定义及图示符号在附录 B 中会说明。

图 A-1 中的黄色图标代表的是业务架构建模元素，如"业务行动者"：客户、企业、伙伴和人力资源。

- 蓝色图标代表的是应用架构建模元素，如"应用服务"和"应用组件"。
- 紫色图标代表的是规划阶段的动机建模元素，如"价值"和"原则"（业务规则）。
- 褐色图标代表的是规划阶段的战略建模元素，如"价值流"和"资源"：物理资源、金融资源和知识产权资源。

以下针对"价值流"和"资源"展开说明。

（1）价值流。

价值流表示为客户、利益相关者或最终用户创造总体价值（收入或满足感）的一系列活动。

价值流描述了企业如何组织活动，从而创造价值。价值流的关键原则是始终从利益相关者（客户、最终用户或产品、服务或工作产生的可交付成果的接受者）的角度进行价值定义。价值流的概念也出现在其他标准中，如业务架构方法（如 BIZBOK 指南）和敏捷方法（如大规模敏捷框架 SAFe）。

企业数字化转型最小可行之道
始于流程自动化，终于软件设计自动化

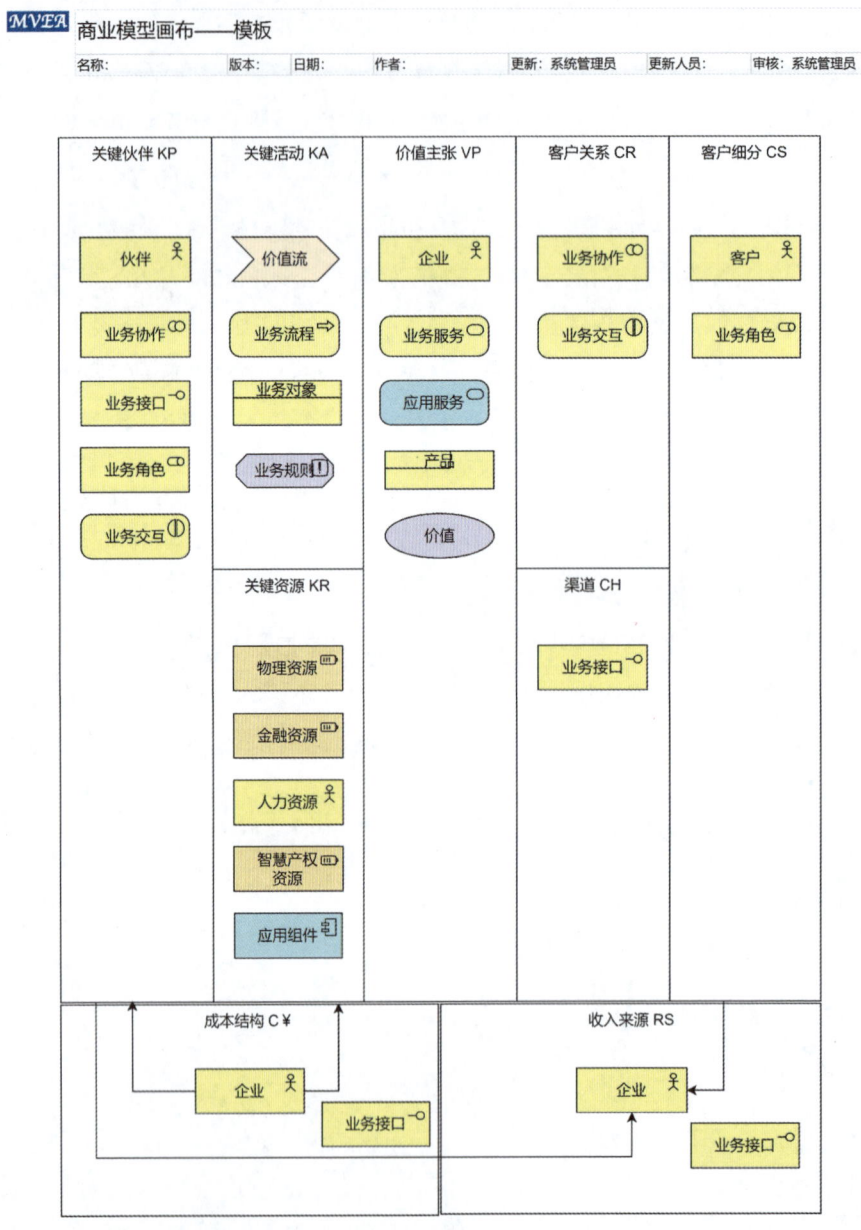

图 A-1 商业模型画布模板

价值流不同于业务流程。业务流程侧重于组织如何执行任务，以生产有形的产品或服务；而价值流则强调创造的价值本身。该价值是客观的，并且更多地基于利益相关者对产品、服务、成果或可交付成果的看法，而非其内在价值，如生产成本。价值流通常由业务流程实现。价值流的各个阶段为组织和定义这些流程提供了一个框架，但是，企业的不同部分可能以各自的方式实施流程，以实现相同的价值流阶段。相反，一个业务流程可能实现价值流中的多个阶段。

（2）资源。

资源表示个人或组织拥有或控制的资产，可分配给价值流，以支持价值流的实现。

这些架构建模元素分别被配置到商业模型画布的 9 个构建块中，可以用这些建模元素来描述这 9 个构建块，这相当于传统的企业战略规划。然后再依据这 9 个构建块中的架构建模元素，展开更详细的顶层设计，如分解价值流和关键流程并进行下一层次的流程建模和分解业务对象，为数据对象进行数据建模。

商业模型画布是一种用来描述商业模型（企业如何获利）、可视化商业模型、评估商业模型，以及改变商业模型的通用语言。商业模型画布用 9 个构建块描述了商业模型。商业模型是企业战略规划的重要部分，通过描述客户、通路/渠道、伙伴、产品和服务（价值主张）、关键资源和收入，以及成本分析，可以设计高层的企业蓝图，让企业上下都能了解企业要卖什么，客户为何要买，如何卖及如何获利。

商业模型画布是由 Dr. Alexander Osterwalder 和 Yves Pigneur 在其 2010 年的畅销书 *Business Model Generation* 中提出的。

图 A-1 展示了商业模型如何与企业架构结合，说明了商业模型的 9 个构建块如何被关联到企业架构的组件中，如流程、组织、人员、产品/服务、应用系统等。使用 ArchiMate 企业架构建模语言符号及工具可以加强说明商业模型。企业可以建立商业模型作为业务架构的蓝图，进行商业模型及企业架构/顶层设计的细节分析、设计与实现。

商业模型中的 9 个构建块的具体说明如下。

（1）客户细分：即我们为谁创造价值？谁是我们最重要的客户？常见的客户类型有大众市场，利基市场，细分、多元化和多边平台。

（2）客户关系：即我们的每个客户希望我们与他们建立和维持什么类型的关系？我们建立了哪些关系？它们如何与我们的其他商业模式相结合？它们的成本是多少？常见的客户关系类型有个人协助、专门的个人协助、自助服务、自动化服务、社区和共创。

（3）渠道：即我们的客户希望通过哪些渠道达成交易？我们现在如何联系他们？我们的渠道是如何整合的？哪些效果最好？哪些性价比最高？我们如何将它们与客户的日常工作相结合？常见的渠道有：

- 认知——即我们如何提高客户对我们产品和服务的认知？
- 评估——即我们如何帮助客户评估我们的价值主张？
- 采购——即我们如何让客户采购特定的产品和服务？
- 交货——即我们如何向客户交付价值主张？
- 售后——即我们如何提供售后支持？

（4）价值主张：即我们交付什么价值给客户？我们正在解决客户的哪一个问题？我们向每个客户提供哪些产品和服务包？我们满足了哪些客户的需要？价值主张的特征有：产品包的新奇性，产品包性能，产品包是否可定制，产品包是否能加快完成工作，产品包的设计，产品包的品牌/地位，产品包的价格，产品包的可访问性，以及产品包的便利性/可用性。

（5）关键活动：即我们的价值主张需要哪些关键活动？我们的分销渠道是什么，客户关系是什么，收入来源是什么？常见的关键活动类型有生产、问题解决和平台/网络。

（6）关键资源：即我们的价值主张需要哪些关键资源？我们的分销渠道是什么，客户关系是什么，收入来源是什么？常见的关键资源类型有物理的、知识产权（品牌专利、版权、数据）、人员和金融。

（7）关键伙伴：即谁是我们的关键伙伴？谁是我们的关键供应商？我们从合作伙伴那里获得了哪些关键资源？合作伙伴执行了哪些关键活动？建立关键伙伴关系的动机有经济、降低风险和不确定性，以及获取特定资源和活动。

（8）成本结构：即我们的商业模式中固有的最重要的成本是什么？哪些关键资源最昂贵？哪些关键活动最昂贵？我们的业务是否更多是成本驱动（最精简的成本结构、低价值主张、尽可能的自动化、广泛的外包）、价值驱动（专注于价值创造、优质价值主张）？常见的成本结构特性有：固定成本（工资、租金、水电费）、可变成本、规模经济和范围经济。

（9）收入来源：即我们的客户真正愿意支付什么价值？他们目前支付什么费用？他们目前如何付款？他们更愿意如何付款？每个收入流对总收入的贡献有多大？表 A-1 中列出了收入类型和价格的关系。

表 A-1 收入类型和价格的关系

收入类型	固定价格	动态价格
资产出售	价格表	谈判（讨价还价）
使用费	产品特性相关	收益管理
订阅费用	客户细分依赖	实时市场
借贷/出租/设备租赁费	客户细分依赖	—
许可费	成交量相关	—
经纪费	—	—
广告费	—	—

图 A-2 是一家虚拟保险公司 ArchiSurance 的商业模型画布示例，此保险公司是由 3 家分别提供汽车保险、旅行与住家保险和法律诉讼费用保险的公司合并而成的。ArchiSurance 是由 The Open Group 国际标准组织提供的研究案例。

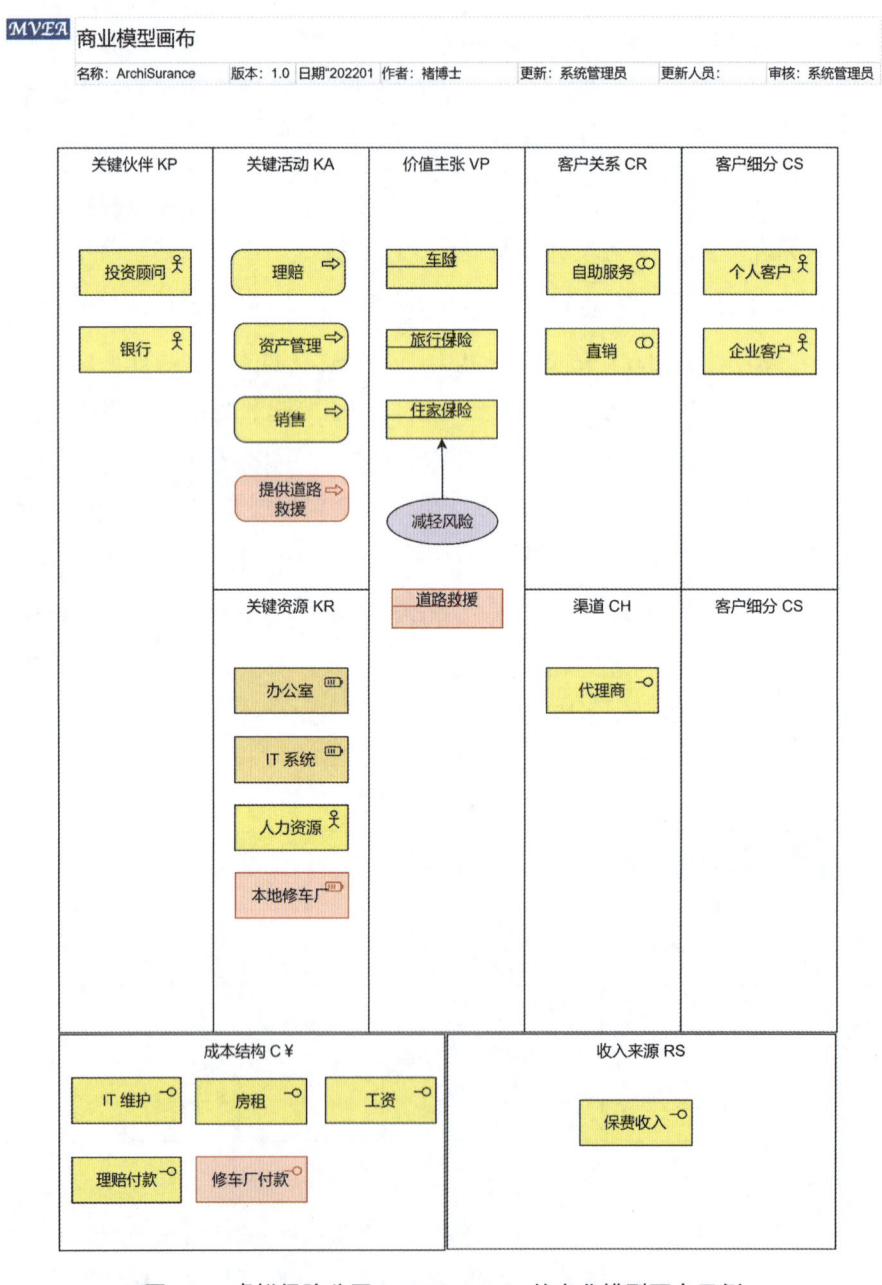

企业数字化转型最小可行之道
始于流程自动化，终于软件设计自动化

MVEA 商业模型画布					
名称：ArchiSurance	版本：1.0	日期："202201	作者：褚博士	更新：系统管理员	更新人员：	审核：系统管理员

关键伙伴 KP	关键活动 KA	价值主张 VP	客户关系 CR	客户细分 CS
投资顾问	理赔	车险	自助服务	个人客户
银行	资产管理	旅行保险	直销	企业客户
	销售	住家保险		
	提供道路救援	减轻风险		
	关键资源 KR	道路救援	渠道 CH	客户细分 CS
	办公室		代理商	
	IT 系统			
	人力资源			
	本地修车厂			

成本结构 C¥	收入来源 RS
IT 维护　房租　工资	保费收入
理赔付款　修车厂付款	

图 A-2　虚拟保险公司 Archi Surance 的商业模型画布示例

对这个虚拟案例的研究阐明了在 TOGAF 框架下如何切实可行地使用 ArchiMate 企业架构建模语言。本案例的研究采用 ArchiMate 或 TOGAF 视角，解释了基线（现状）和目标（未来）业务架构、应用架构、数据架构及技术架构，其中包括两种变更场景：投资合理化和数字化转型。

图 A-2 中的"道路救援"（红色图标）是 ArchiSurance 公司将提供的新产品，"提供道路救援"（红色图标）是新增的关键活动，"本地修车厂"（红色图标）是新增的关键资源，"修车厂付款"（红色图标）是新增的成本支出。这四者必须配套实现，才能满足新的价值主张，为客户随时随地提供本地道路救援。

商业模型的实现也可以遵循 2.1 节中介绍的企业架构开发方法中的阶段 B（业务架构）、阶段 C（信息系统架构：数据和应用）、阶段 D（技术架构）的 9 个步骤，尤其是步骤（2）到步骤（5）。以下是针对商业模型调整后的 9 个步骤。

（1）选择参考商业模型、视图和工具（MVEA@1）。

（2）梳理当前商业模型，作为基线。

（3）定义未来商业模型，作为目标。

（4）进行基线和目标商业模型的差距分析。

（5）消除差距，定义商业模型发展路线图及需要的组件（构建块）。

（6）解决跨商业模型景观的影响。

（7）引导正式的利益相关者审查。

（8）定稿商业模型。

（9）创建商业模型文件。

本案例通过 MVEA@1 工具和架构建模实现商业模型中的"道路救援"产品（价值主张）、"提供道路救援"关键活动、"本地修车厂"关键资源和"修车厂付款"成本结构。图 A-3 为虚拟保险公司商业模型的架构建模,其中说明了如何将商业模型中的价值主张、关键活动、关键资源和成本结构用企业架构的业务服务、业务流程、产品、业务对象、业务行动者、应用服务和应用组件来实现。

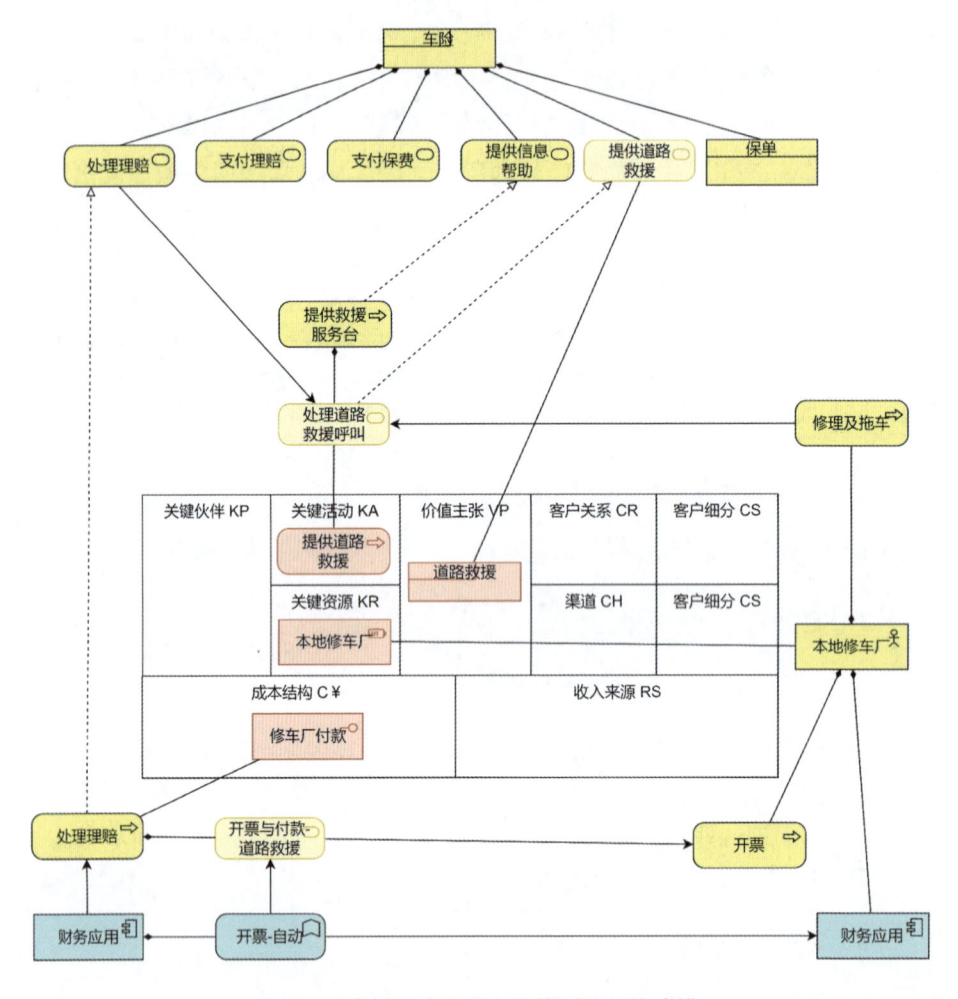

图 A-3　虚拟保险公司商业模型的架构建模

在完成这些架构建模活动后,就可以进入架构实施阶段 E 机会与解决方案和 F 迁移规划。架构实施阶段的主要工作是定义基于差距的工作包和由工作包组成的项目。图 A-4 为虚拟保险公司商业模型新产品"道路救援"的项目实施图，其中描述了差距是由提供"道路救援""处理道路救援呼叫"和"开票与付款—道路救援"这 3 个业务服务组成的。消除差距的项目实施是"道路救援"和"道路救援呼叫处理"。"道路救援呼叫处理"项目是由"道路救援开票与付款处理"工作包和"道路救援呼叫处理"工作包组成的，而"道路救援呼叫处理"工作包还包含了项目变更活动——"自动付款"工作包。

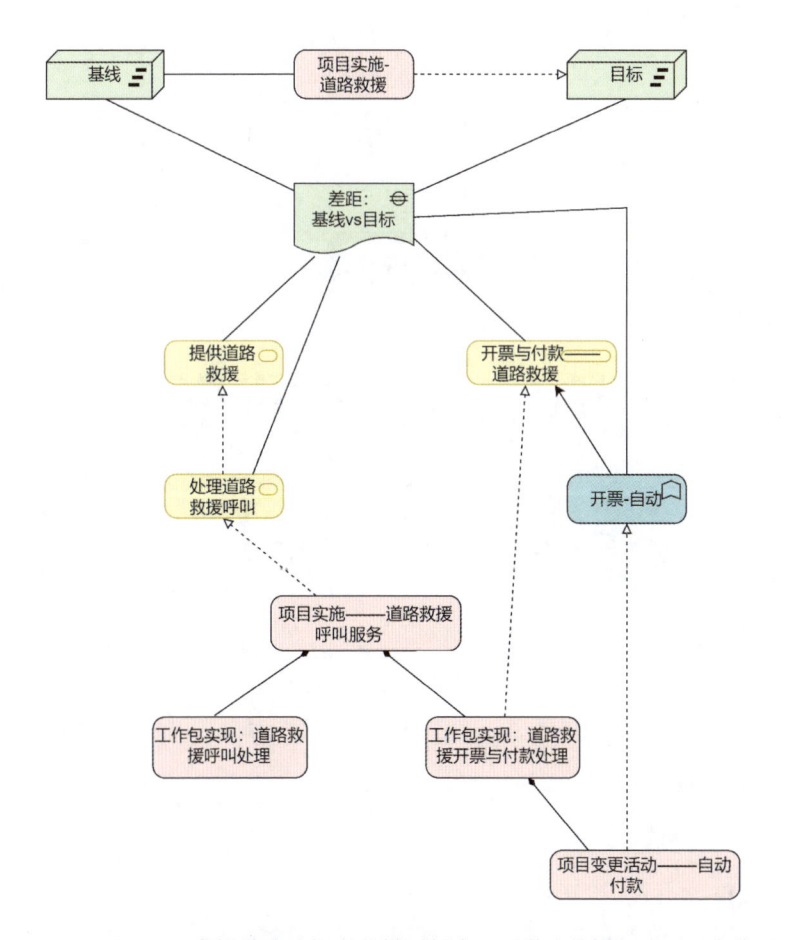

图 A-4　虚拟保险公司商业模型新产品"道路救援"的项目实施图

附录 B

ArchiMate 企业架构建模语言简介

附录 B　ArchiMate 企业架构建模语言简介

ArchiMate 是开放群组制定的标准，是一种开放且独立的企业架构建模语言，并得到世界不同主流工具供应商和咨询公司的支持。ArchiMate 提供了一种通用的语言和元素，使企业、业务解决方案，以及技术架构师、业务分析师、建模人员、软件工程师能够以明确的方式描述、分析和可视化业务领域之间的关系。

正如建筑学中的建筑图描述了建筑物的建造和使用的各个方面一样，ArchiMate 定义了一种通用的语言，用于描述组织的目的、建造和运作。其模型描述了组织的战略和动机，以及业务流程、组织结构、信息流、IT 系统技术和物理基础设施。

ArchiMate 利用建模符号可视化了企业的架构实践，以及帮助企业描述和理解复杂的系统。

ArchiMate 的核心语言定义了通用元素及其关系的结构，可以专门用于不同的层。ArchiMate 的核心语言中定义了 3 层，具体介绍如下。

- 业务层：描述了提供给客户的业务服务，这些服务在组织中由业务行动者履行的业务流程实现。
- 应用层：描述了支持业务的应用服务，以及实现这些服务的应用。
- 技术层：描述了运行应用所需的处理、存储和通信等技术服务，以及实现这些服务的计算机、通信硬件和软件，包括物理元素，用于对这一层的物理设备、材料和分布式网络进行建模。

ArchiMate 的核心语言中也定义了 3 个方面（Aspect），如下所示。

- 主动结构方面：表示结构元素（业务行动者、应用组件和显示实际行为的设备，即活动的"主体"）。
- 行为方面：表示行动者履行的行为（流程、功能、事件和服务）。结构元素被分配给行为元素，以显示谁或什么显示了行为。
- 被动结构方面：表示履行行为的对象；这些通常是业务层中的业务对象和应用层中的数据对象，但它们也可以用来表示物理对象，如服务器和网络。

主动结构、行为和被动结构模拟了自然语言的构造：主语、谓语（动词）和宾语。主动结构相当于主语，行为相当于谓语（动词），被动结构相当于宾语。所以，我们在使用 ArchiMate 说明企业数字化转型的顶层设计/企业架构时，相当于用主语、谓语（动词）和宾语来造句。遵循相应的语法（规则）是打造一篇优秀的文章（顶层蓝图设计）的基本条件和基本要求。一个句子必须有主语、谓语（动词）和宾语；而一个架构描述必须有主动结构、行为和被动结构。例如，流程图的泳道是主动结构，子流程/任务是行为，数据储存和数据对象是被动结构。

需要注意的是，主动结构和行为可分为内部和外部两种。

例如，外部主动结构有业务接口、应用接口和技术接口。接口表示一个或多个服务暴露到环境的访问点。内部主动结构有业务行动者、业务角色、应用组件、节点和通信网络。

外部行为有业务服务、应用服务和技术服务。内部行为有流程、功能和交互，分别对应业务层、应用层和技术层。

被动结构中的业务对象、数据对象和制品相当于数据建模中的概念、逻辑与物理实体。

图 B-1 中描述了 ArchiMate 的层和方面的关系，以及每个层和每个方面交集中的 ArchiMate 架构建模元素。这些架构建模元素之间的关系连接线条的形状也是不同的，后面会统一说明。

ArchiMate 未清楚定义各图示形状的规则，但是矩形一般都表示主动结构元素，如业务行动者、业务角色、业务协作、业务接口、应用组件、应用协作、应用接口、节点、通信网络、技术协作、技术接口和位置。圆角矩形一般都表示行为元素，如业务流程、应用功能、技术服务、事件和交互。

被动结构一般以矩形来显示，但是会在矩形内部加上一些横线来与主动结构进行区分，如业务对象、数据对象等。制品（Artifact）图示虽然在矩形内部没有横线，但是它确实是被动结构，可通过制品来实现数据对象和应用组件。

六角形图示则表示动机（Motivation）方面的架构元素，如利益相关者、目的、成果（Outcome）、需求和原则等。详细说明请参考表 B-1 动机方面的 ArchiMate 架构元素和定义。

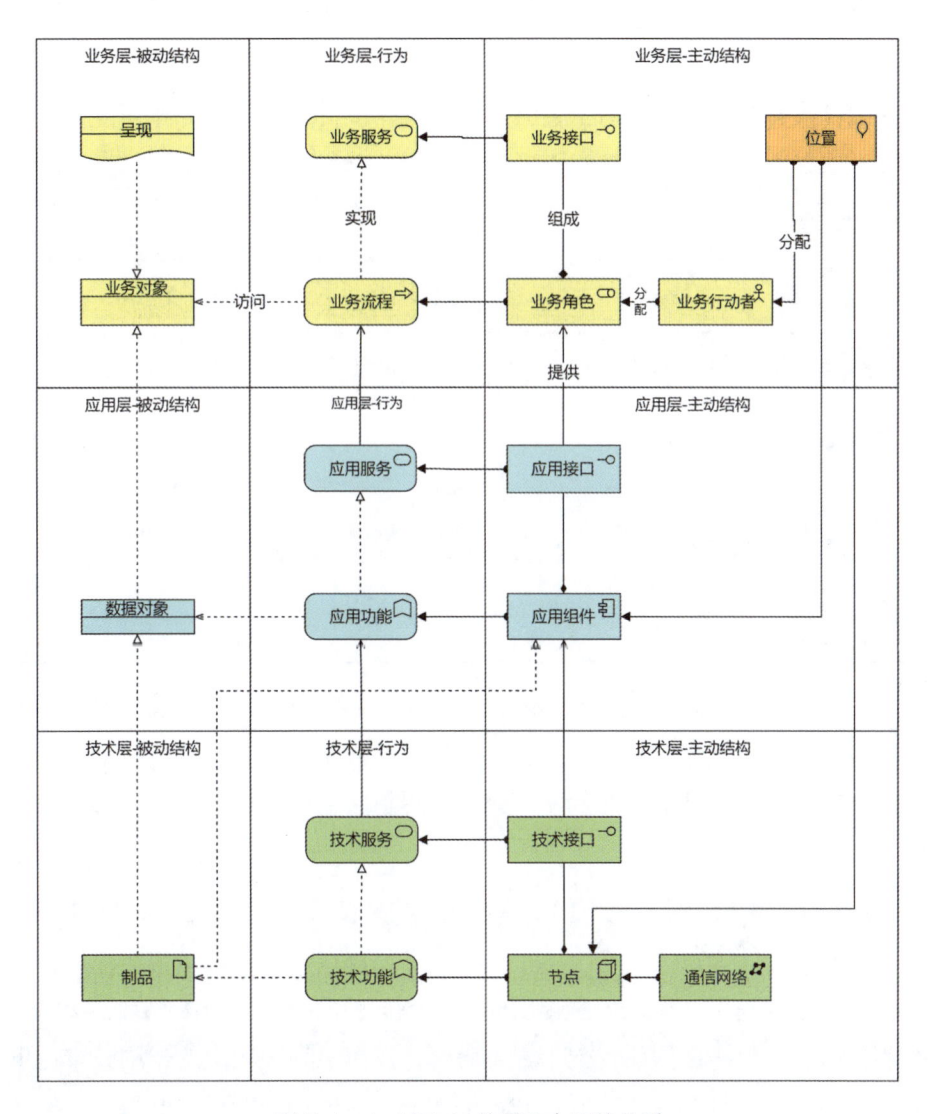

图 B-1　ArchiMate 的层和方面的关系

表 B-1　动机方面的 ArchiMate 架构元素和定义

元素名称和图示	动机方面的架构元素描述
利益相关者	表示个人、团队或组织（或在其中的类）的角色，代表他们对架构效果的兴趣
驱动因素	表示激励组织定义其目标并实施实现目的所需的变革的外部或内部条件
评估	表示对某些驱动因素的事态分析的结果
目的	表示组织及其利益相关者的意图、方向或者期望的最终状态的高层级声明
成果	表示最终结果
原则	表示定义适用于架构的特定上下文中的任何系统的一般属性的意图声明
需求	表示需要的声明，定义适用于架构所描述的特定系统的属性
约束	表示限制目标实现的因素
含意	表示在特定上下文的概念中存在的知识或专业知识，或对概念的解释
价值	表示一个概念的相对价值、效用或重要性

不同层内的模型的一般结构都是相似的，例如都有流程、功能、交互和服务的内部与外部行为元素，以及接口和协作的外部与内部主动结构元素。各层都使用了相同类型的架构元素和关系，尽管它们的确切性质和颗粒度是不同的。

与面向服务概念相一致，层与层之间最重要的连接是由"提供"（Serving）关系形成的，它显示了一层中的架构元素（如应用服务和应用接口）如何为其他层的架构元素（如业务流程和业务角色）提供服务。但请注意，架构元素不仅可以为另一层的架构元素提供服务，还可以为同一层的架构元素提供服务。另一种连接是由"实现"（Realization）关系形成的：较低层的架构元素可以"实现"较高层的同类架构元素，例如，"数据对象"（应用层）可以实现"业务对象"（业务层）；或"制品"（技术层）可以实现"数据对象"或"应用组件"（应用层）。

表 B-1 中列出了 ArchiMate 的所有元素和图示（依据层和方面来划分）。

动机方面的架构元素用于对指导企业架构/顶层设计，以及变革的动机或原因进行建模。企业在进行数字化转型规划时，首先需要发现其利益相关者，并对利益相关者的关注点或痛点进行"评估"分析，关注通常以"驱动因素"和"目的"来呈现。"驱动因素"和"目的"会产生企业必须遵循的"原则"及实现它们的"需求"列表。"成果"是实现"目的"后的最终结果，并需要得到利益相关者的认可，实现"价值"，满足"约束"，并阐明所有相关的"含意（Meaning）"。

表 B-2 中列出了战略层的架构元素和图示。战略层的架构元素通常用于对企业的战略方向和选择进行建模，直到分解出可实现企业战略关注的架构元素为止。它们可用于表达企业希望如何为其利益相关者创造价值、为此所需的能力、支持这些能力所需的资源，以及计划如何配置及使用这些能力和资源来实现其目的。而业务层的架构元素用于为企业的运营组织建模。

表 B-2　战略层的架构元素和图示

元素名称和图示	战略层的架构元素描述
资源	表示个人或组织拥有或控制的有形或无形资产
能力	表示主动结构元素，如组织、个人或系统所拥有的能力
价值流	表示为客户、利益相关者或最终用户创造整体结果/价值的一系列活动
行动方针	表示用于配置企业的某些能力和资源的方法或计划，以实现目标

表 B-3 是业务层的架构元素和图示。其中比较常用的业务架构元素有"业务行动者""业务角色""业务接口""业务流程""业务服务""业务对象""呈

现"和"产品"。但是，由于 ArchiMate 的流程建模功能有限，所以强烈建议采用 BPMN 流程建模语言。在数据建模方面，应该采用在 3.1 节中描述的实体关系图。

表 B-3　业务层的架构元素和图示

元素名称和图示	业务层的架构元素描述
业务行动者	表示能够执行行为的业务实体
业务角色	表示执行特定行为的责任，可以指派行动者，或者行动者在特定动作或事件中扮演的角色
业务协作	表示共同工作以执行集体行为的两个或多个业务内部主动结构元素的集合
业务接口	表示在环境内可用的业务服务访问点
业务流程	表示实现特定结果的一系列业务行为，例如将一组已定义的产品或业务服务作为特定结果
业务功能	表示基于与组织密切相关的一组选定标准（通常需要业务资源和/或胜任能力）的业务行为集合，但不一定由组织明确治理
业务交互	表示由两个或多个业务行动者、业务角色或业务协作执行的集体业务行为单元
业务事件	表示组织状态变更
业务服务	表示业务角色、业务行动者或业务协作向其环境公开的明确定义的行为
业务对象	表示在特定业务领域中使用的概念
合同	表示供应商和消费者之间协议的正式或非正式规范，该协议规定了与产品相关的权利和义务，并为交互建立了功能和非功能参数
呈现	表示业务对象携带的信息的可感知形式
产品	表示服务和/或被动结构元素的有条理的集合，伴随着合同/协议集，作为一个整体提供给（内部或外部）客户

表 B-4 是应用层的架构元素和图示。应用层的架构元素通常用于对描述企业应用程序的结构、行为和交互的应用架构进行建模。其中比较常用的架构元素有"应用组件""应用接口""应用功能""应用服务"和"数据对象"。这些应用层的架构元素是比较适合用来进行应用建模的，但仍然建议用实体关系图中的逻辑数据实体来取代"数据对象"。

表 B-4 应用层的架构元素和图示

元素名称和图示	应用层的架构元素描述
应用组件	表示与实施结构一致的应用功能的封装，它是模块化的和可替换的
应用协作	表示两个或多个应用内部主动结构元素的集合，它们一起工作以执行集体应用行为
应用接口	表示用户、另一个应用组件或节点可以使用的应用服务的访问点
应用功能	表示可由应用组件执行的自动化行为
应用流程	表示实现特定结果的一系列应用行为
应用事件	表示应用状态变更
应用服务	表示显式定义的公开应用行为
数据对象	表示用于自动化处理的数据结构

表 B-5 是技术层的架构元素和图示。技术层的架构元素通常用于对企业的技术架构进行建模，描述企业技术基础设施的结构和行为。

表 B-5 技术层的架构元素和图示

元素名称和图示	技术层的架构元素描述
节点	表示托管、操作或者与其他计算或物理资源交互的计算或物理资源
设备	表示一个物理资源,系统软件和工件/制品可以在其上存储或部署以供执行
系统软件	表示为存储、执行和使用部署在其中的软件或者数据的环境而提供或贡献的软件
技术协作	表示两个或多个技术内部主动结构元素的集合,它们协同工作以执行集体技术行为
技术接口	表示可以访问节点提供的技术服务的访问点
路径	表示两个或多个节点之间的连接,通过这些节点可以交换数据、能量或材料
通信网络	表示连接节点以进行数据传输、路由和接收的一组结构和行为
技术功能	表示可以由节点执行的技术行为的集合
技术流程	表示实现特定结果的一系列技术行为
技术交互	表示由两个或多个节点(的协作)执行的集体技术行为单元
技术事件	表示技术状态变化
技术服务	表示明确定义的公开技术行为
制品	表示在软件开发过程中或通过 IT 系统的部署和操作使用或产生的数据块

表 B-6 是物理层（技术层的扩展）的架构元素和图示。物理层的架构元素作为技术层的扩展被包括在技术层内，用于对物理世界进行建模。

表 B-6 物理层的架构元素和图示

元素名称和图示	物理层的架构元素描述
生产设备	表示可以创建、使用、存储、移动或转换材料的一种或多种物理机器、工具或仪器
设施	表示物理结构或环境
配送网路	表示用于运输材料或能源的物理网络
材料	代表有形的物理物质或能量

表 B-7 是实施和迁移层的架构元素和图示。实施和迁移层的架构元素支持架构的实现和迁移，包括建模实施计划和项目以支持计划、组合和项目管理，还包括对迁移计划的支持。

表 B-7 实施和迁移层的架构元素和图示

元素名称和图示	实施和迁移层的架构元素描述
工作包	表示为在指定的时间和资源限制内实现特定结果而确定和设计的一系列行动
交付物	表示一个工作包的精确定义的结果
实施事件	表示与实施或迁移相关的状态变更
稳定期	表示在有限的时间内存在的架构的相对稳定状态
差距	表示对两个稳定期之间差异的陈述

表 B-8 是复合架构元素和图示。复合架构元素由其他概念组成。"分组"和"位置"是通用的复合架构元素。复合架构元素本身可以聚合或组成其他复合元素。

表 B-8　复合架构元素和图示

元素名称和图示	复合架构元素描述
分组	表示基于某些共同特征聚合或组成在一起的概念
位置	表示可以定位结构元素或可以执行行为的地方或正确位置

除以上描述的架构元素之外，ArchiMate 还定义了一组核心通用关系，每个通用关系都可以连接一组预定义的源（Source）和目标（Target）概念（在大多数情况下是元素，但在少数情况下也可以是其他关系）。这些关系中有许多是"超载"（Overloaded）的，即它们的确切含义取决于它们连接的源和目标概念。关系有 5 种：结构关系、依赖关系、动态关系、其他关系和关系连接器。

表 B-9 是架构元素之间的结构关系和图示。根据架构元素之间的结构关系，可以对相同或不同类型概念的静态构造或组合进行建模。

表 B-9　架构元素之间的结构关系和图示

元素名称和图示	结构关系描述
组成	表示一个元素由一个或多个其他概念组成
聚合	表示一个元素结合了一个或多个其他概念
实现	表示一个实体在一个更抽象的实体的创造、完成、支持或运作中扮演着关键的角色
分配	表示责任的分配，行为的表现、存储或执行

表 B-10 是架构元素之间的依赖关系和图示。根据架构元素之间的依赖关系，可以对架构元素如何支持其他架构元素进行建模。

附录 B　ArchiMate 企业架构建模语言简介

表 B-10　架构元素之间的依赖关系和图示

元素名称和图示	依赖关系描述
──── 提供 ────▶	表示一个元素向另一个元素提供其功能
┈┈┈ 访问 ┈┈┈◁▷	表示行为和主动结构元素观察或作用于被动结构元素的能力
+- ──── 影响 ────▶	表示一个元素影响某个动机元素的实现或完成。+和−符号分别代表增强和减少影响
──── 关联 ────	代表一种未指定的关系，或另一种 ArchiMate 关系未表示的关系

表 B-11 是架构元素之间的动态关系、其他关系、关系连接器和图示。动态关系用于对元素之间的行为依赖性进行建模。其他关系是不属于上述类别之一的。"特殊化"是重要的其他关系，相当于面向对象学科中的"继承"概念。

表 B-11　架构元素之间的动态关系、其他关系、关系连接器和图示

元素名称和图示	动态关系描述
──── 触发 ────▶	表示元素之间的时间或因果关系
┈┈┈ 流 ┈┈┈▶	表示从一个元素到另一个元素的转移
元素名称和图示	**其他关系描述**
──── 特殊化 ────▷	表示一个元素是另一个元素的特定种类
元素名称和图示	**关系连接器描述**
● 合并 ○ (And) Junction　(Or) Junction	用于连接相同类型的关系 （和）连接器，（或）连接器

关系连接器有两种：And（和）连接器和 Or（或）连接器，用于合并或拆分相同类型的关系，类似在 4.2 节中描述的 BPMN 中的网关（Gateway）。"流"关系相当于 BPMN 的顺序流和消息流。触发关系在 BPMN 中以"事件"来实

现，例如定时器事件、消息接收事件等。

是 ArchiMate 的架构元素和关系定义。由于 ArchiMate 完全支持采用 TOGAF 的企业架构开发方法，图 B-2 描述了 ArchiMate 的各个层和方面与架构开发方法阶段的映射关系。战略层和动机方面对应的阶段是架构开发方法的预备、架构愿景、需求管理和架构变更管理。实施和迁移层对应的阶段是机会与解决方案、迁移规划和实施治理。

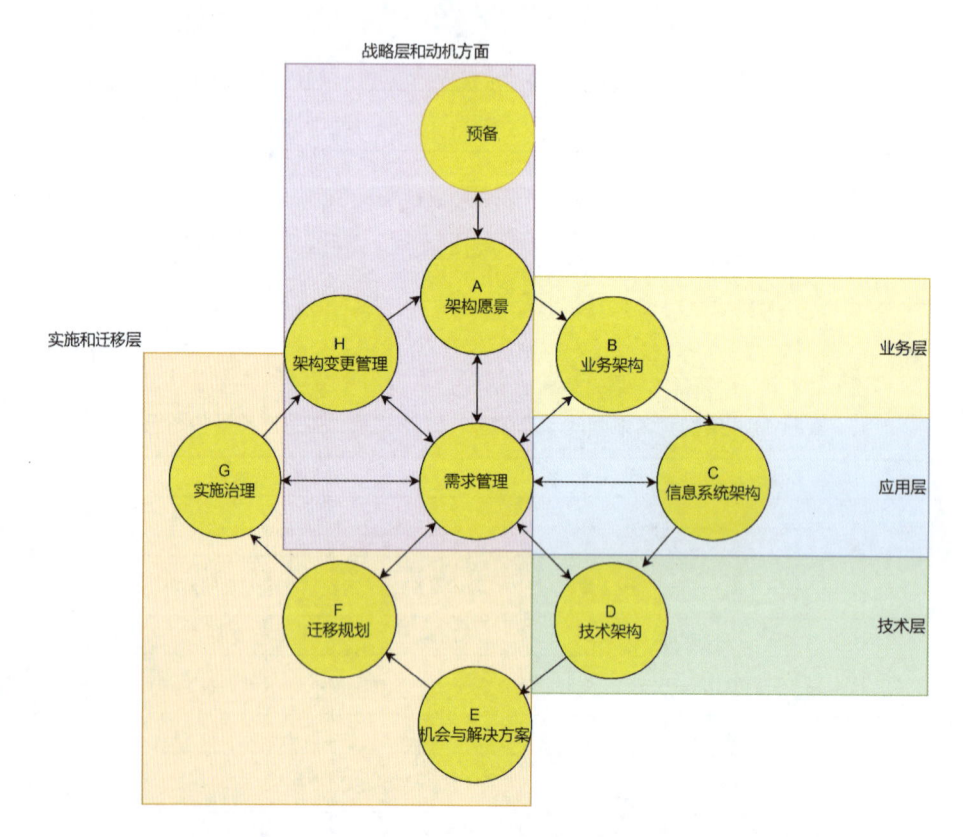

图 B-2 ArchiMate 的各个层和方面与架构开发方法阶段的映射关系

附录 C

客户旅程地图模板与示例

企业数字化转型最小可行之道
始于流程自动化，终于软件设计自动化

客户旅程地图随处可见。它们可以成为构建客户研究数据、获取有价值的客户洞察并将这些洞察转化为绝佳的行动的工具。在开发新服务时，一个简单的场景结构是"客户旅程"。这种结构描绘了想象中的客户从服务体验开始到结束所经历的阶段（旅程步骤）。其起点可能是虚构的，也可能直接来自对客户（例如购买机票或决定是否选择其他银行）的观察。在任何情况下，描述客户旅程的价值在于，它阐明了客户与服务或品牌交互的位置，即"接触点"。每一个"接触点"都指向一个机会，可以为公司的目标客户提供价值——或者让他们永远离开（参考资料：*Change by Design, Revised and Updated: How Design Thinking Transforms Organizations and Inspires Innovation*，作者 Tim Brown）。

Change by Design, Revised and Updated: How Design Thinking Transforms Organizations and Inspires Innovation 这本书介绍了设计思维，即利用设计师的敏感性和方法来满足人们需要的协作过程，其不仅在技术上是可行的，而且在成本上也是可行的。设计思维需要被转化为要求。这是一种以人为本的解决问题的方法，可以帮助人们和企业变得更具创新性和创造力。而在设计思维中，客户旅程地图是表达设计思维的一种主流方式。

在此书中，设计人员借用了一些技术来说明电影和其他创意产业如何构建非物质体验的原型。这些技术包括场景、讲故事的形式、使用文字和图片描述一些潜在的未来情况或状态。例如，我们可能会创造我们感兴趣的角色——例如，一个已婚的职业女性，有两个小孩——并围绕她的日常生活发展一个可信的场景，以便"观察"她会如何选择银行或在线购物。

旅程步骤是由场景组成的，在一般企业中，使用比较多的术语是业务场景、端到端业务流或价值流。旅程步骤、业务场景及端到端业务流都是以一系列的步骤来呈现的，其中列出了客户与企业的接触点，所以它们都可以用传统的业务流程来表示。流程是从开始事件到结束事件中，按照顺序执行的一系列任务/活动。

图 C-1 是客户旅程地图模板。它是使用 ArchiMate 架构建模语言元素和

MVEA@1 工具制作的，是针对客户选择产品和/或服务的历程，其主要内容和对应的架构元素如图 C-1 所示。

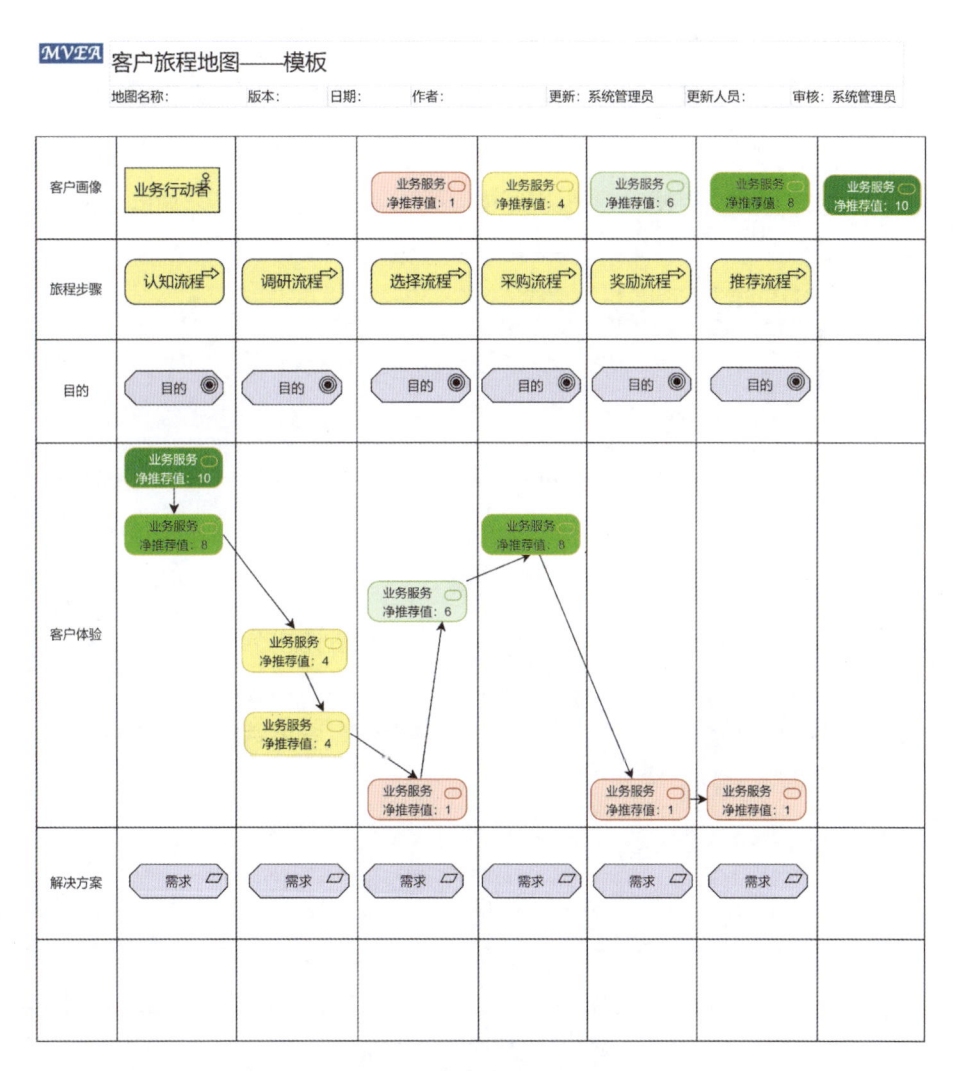

图 C-1 客户旅程地图模板

（1）客户画像：描述客户，并使用 ArchiMate 的"业务行动者"架构元素和其属性来描述客户的背景与数据。客户画像是客户旅程地图所跟踪的人或群组。客户画像的描述让观察者能深入了解他们的利益和关注。

（2）旅程步骤：客户选择产品和/或服务的步骤，可总结为对产品/服务的认知、市场调研、选择产品/服务、采购产品/服务、对客户的奖励（如常客计划）和推荐产品/服务。旅程步骤对应的架构元素是业务流程。

（3）目的：为每个旅程步骤定义目的。目的是指客户的意图、方向或期望的最终状态的高层级声明。对应的架构元素是"目的"。

（4）客户体验：描述客户与企业的接触点，以及用 1～10 分来评估客户与企业交互的体验，尤其是痛点（评分为 1～4）。这些体验组成了热图（Heatmap）。客户体验对应的架构元素是"业务服务"。

（5）解决方案：解决从客户体验中发现的客户痛点。解决方案对应的架构元素是"需求"。

通过客户画像，可以定义不同的客户旅程。旅程步骤和目的视图能使企业理解客户画像的思维过程；通过接触点构成的热图可以清楚地了解哪些互动是积极的，以及哪些是需要改进的。建议的解决方案包含改进客户体验与热图痛点的需求。

图 C-2 是客户选择银行的客户旅程地图。针对旅程步骤中的每个流程，可以发现客户目的和客户体验接触点，并对客户的接触史做出净推荐值评价，评分为 1（差）～10（优秀）分。

以下描述了 6 个旅程步骤的目的。

- 认知流程的目的是让客户了解存在哪些可能性并研制要询问的问题列表。
- 调研流程的目的是让客户扩大考虑范围并决定做出选择的最终准则。
- 选择流程的目的是让客户将候选名单中的候选对象缩小到 2～3 个。
- 采购流程的目的是让客户做出最终决定。
- 奖励流程的目的是让客户因使用产品/服务而获得奖励。
- 推荐流程的目的是让客户感到满意，因此促使其向朋友、家人和社交媒体推荐产品/服务。

附录 C 客户旅程地图模板与示例

例如，张三选择银行旅程的第一步是认知。在这里，张三通过社交媒体看到广告或寻求推荐。张三的目的是了解他有什么选择，以便他做进一步的调查，并研制要询问的问题列表。为确保该银行最终进入他的候选名单，建议该银行在社交媒体上进行更多的营销。

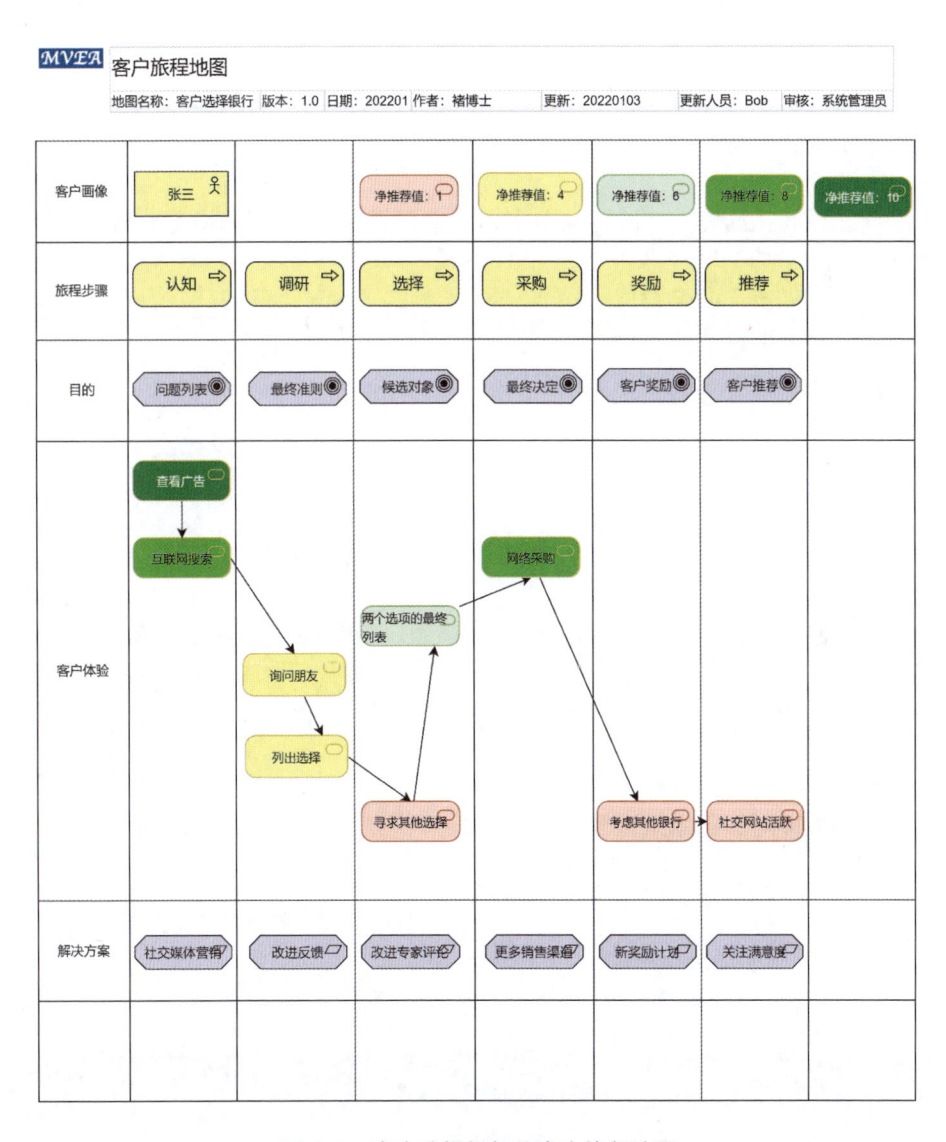

图 C-2 客户选择银行的客户旅程地图

在客户体验中,每次张三与银行互动时都会新增接触点。市场调查定义了每个步骤中客户体验的净推荐值。净推荐值驱动热图,下面对净推荐值为 1 分(差)的接触点定义改进解决方案。

客户体验共有 9 个接触点,说明如下(接触点的顺序基于客户接触发生的时间)。

- 查看广告(净推荐值:10 分):消费者查看营销广告或者通过社交媒体和朋友获得推荐。
- 互联网搜索(净推荐值:8 分):选择从互联网搜索开始(百度、评论网站、社交媒体)。
- 询问朋友(净推荐值:4 分):接下来张三会与拥有该产品的朋友交谈,了解要问什么。
- 列出选择(净推荐值:4 分):列出选择清单。
- 寻求其他选择(净推荐值:1 分):研究阶段以张三接触社交媒体网络以寻求其他选择而告终。
- 两个选项的最终列表(净推荐值:6 分):两个选项的最终列表是根据张三选定的评论网站决定的。
- 网络采购(净推荐值:8 分):张三通过网站或移动设备购买。
- 考虑其他银行(净推荐值:1 分):张三会考虑其他银行,如果他们提供了让其改变选择的动力。所以奖励计划非常重要。
- 社交网站活跃(净推荐值:1 分):张三在社交媒体上非常活跃。他的满意度对银行是关键的。

解决方案需要实现以下 6 个需求。

- 社交媒体营销:通过社交媒体进行更多的营销。
- 改进反馈:改进客户在社交媒体上的反馈。
- 改进专家评论:改进专家评论选定的评论网站。
- 更多销售渠道:更多可用的销售渠道。
- 新奖励计划:设计新客户奖励计划。

- 关注满意度：关注向上移动细分市场的满意度。

图 C-3 根据图 C-2 描述了张三的客户画像内容。MVEA@1 工具的"提示"（Tooltip）中包含了所有的客户资料，然后将"提示"中的资料分解为数据属性和数据值，如客户姓名：张三，年龄：29 等。这是进行下一步数据建模的依据。

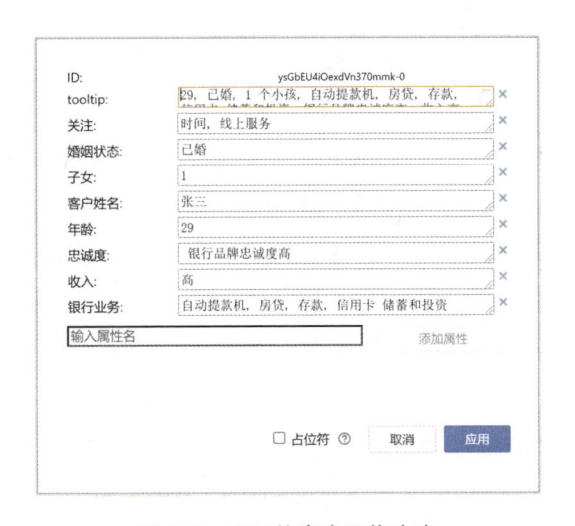

图 C-3　张三的客户画像内容

以下是创建客户旅程地图的技巧提示。

- 不要忘记客户是谁！创建没有主角描述的客户旅程地图会使主角隐身，导致无法为企业提供所需的洞察。例如图 C-2 所示的示例，即使这只是一个假设，随着企业进行越来越多的研究，企业可以开始和发展客户旅程地图的内容。企业很可能已经在某处以另一种方式描述了客户。在 MVEA@1 工具中保持此信息可见的一种方法是将其放在客户画像的提示中。
- 创造"大局"！不要迷失在细节、精确的措辞中，以及试图捕捉地图中的一切，而是要从更大的视角开始。以后可以随时向下钻取。
- 不要想太多！尽量避免花太多的时间思考和分析，继续和企业的设计思维或敏捷团队一起在地图上添加架构元素。

- 从哪里开始？找出客户旅程的起点有时可能很棘手。为了避开这一点，从中间阶段开始会更容易。然后在绘制客户旅程地图时从那里开始前后移动。
- 记住客户的观点！在创建架构元素时，要问自己一些问题，例如"客户现在处于什么情况"或者"客户有什么活动"。
- 使用架构元素的提示（tooltip）。在架构元素中记录详情，尽量保持内容简短，例如标题。如果需要详细说明或想添加更多的数据，则需要创建提示（tooltip）。可以在此处放置描述、报价和其他信息。
- 分享客户旅程地图——协作！要确保邀请团队和利益相关者加入客户旅程地图的协作中。保密的客户旅程地图是无用的，团队合作是关键。
- 可视化。使用图像或插图可以更容易地找到解决方法。
- 如果客户旅程地图的阶段对于特定的旅程或范围来说太公式了——别担心，只需要复制模板并调整/更改需要的内容。也许还需要考虑更高的层次或抽象。
- 企业的客户旅程地图应该有多详细？详细级别为从 1 到 4（类似于业务流程的从 1 级流程到 4 级流程）的框架，是一种经过验证的框架，可以处理大多数组织的不同客户旅程级别。
- 假设与经过验证的洞察。洞察可以是从企业的假设到基于研究的客户洞察的所有内容，如果企业没有经过验证的客户洞察，那么企业可以从假设开始。请务必注意企业的不同见解基于什么。

另外一种创建客户旅程地图的方式是将客户生命周期分为 3 个时期，再对每个时期进行分解。

- 前期（营销）：认知，考虑，决定。
- 中期（销售）：购买，使用。
- 后期（售后）：离开，推荐。

在绘制客户的购买步骤和情况时（不用担心，它不一定是完美的），要尝试找到可以对步骤进行分类的主题或阶段，并开始创建阶段（即研究、考虑等）。